經濟博弈與應用
（第二版）

張照貴 著

再版前言

「兵來將擋，水來土掩」。博弈論最初作為數學的一種方法出現在運籌學(博弈論在運籌學中常被稱為對策論)中，用於研究在有競爭對手時決策雙方的最優選擇。但由於新古典經濟學的基礎——完全競爭市場與信息對稱的假設與現實不相吻合，新古典經濟學的一些結論受到挑戰或被博弈論重新加以解釋。如納什用「囚徒困境」這個例子對個人理性的選擇會自然達到集體理性的結論提出了質疑。又如對於壟斷企業制定的產品價格一般低於微觀經濟學定義的最優壟斷價格的現象，傳統經濟學的解釋是：如果價格等於壟斷價格，其他企業看到有利可圖，就會進入；相反，如果價格低一些，其他企業看到利益微薄，就不會進入，壟斷企業就可以繼續保持其壟斷地位。但博弈論的解釋是：由於壟斷者與進入者之間信息不對稱，即壟斷者知道自己的成本，而進入者不知道，但進入者可觀察到壟斷者的價格。因此，壟斷者企圖用低於微觀經濟學定義的最優壟斷價格向進入者傳遞壟斷者是低成本企業的信息，讓進入者相信進入是不利的，從而用低價格來嚇退進入者，等等。這時，博弈論開始侵入經濟學，當主流經濟學代替新古典經濟學的主導地位時，博弈論成了主流經濟學的基石。特別是當 1994 年的諾貝爾經濟學獎授予納什、澤爾騰和海薩尼三位博弈論專家後，博弈論真正得到了經濟學科的接納和運用，貫穿了幾乎整個微觀經濟學，並且已擴展到宏觀經濟學、產業組織理論；在環境、勞動、福利經濟學等方面的研究中也佔有重要地位，大有「吞噬」整個西方現代經濟理論的趨勢。正是在這個意義上，著名經濟學家保羅‧薩繆爾森說：「要想在現代社會做一個有文化的人，你必須對博弈論有一個大致的瞭解。」

本書的框架結構是按照博弈論中一種將信息與行動順序結合的分類來安排的。第一章為博弈論概述，主要論述博弈論與經濟學的關係，博弈論的發展及它的一些基本概念。第二章為完全信息靜態博弈，主要論述完全信息靜態博弈的概念、納什均衡及其應用。第三章為完全信息動態博弈，主要論述完全信息動態博弈的概念、精煉納什均衡及其應用。第四章為不完全信息靜態博弈，主要論述不完全信息靜態博弈的概念、貝葉斯納什均衡及應用。第五章為不完全信息動態博弈，主要論述不完全信息動態博弈的概念、精煉貝葉斯納什均衡及應用。第六章為有關博弈論的幾個問題，主要論述了合作博弈與非合作博弈、完全理性與有限理性、效用與期望

效用和博弈論的發展趨勢等問題。

　　本書在修訂過程中，參閱了一些博弈論的著作及文獻，書中某些例子就引自這些著作及文獻，在這裡一併致謝。 同時，感謝西南財經大學及統計學院的領導與同仁在編寫本書時給予的支持和幫助。

　　博弈論是一門相對年輕的學科，但在近十幾年，無論是在理論上還是在應用上都得到了飛躍式的發展。同時，一些原來被人們認為無可置疑的假設與結論也在不斷受到挑戰。限於筆者對博弈論的認識和理解，書中難免存在錯誤與疏漏，望讀者不吝賜教。

張照貴

目　錄

第一章　博弈論概述 ……………………………………………… (1)
　　引例：囚徒困境 ……………………………………………… (1)
　　第一節　博弈論與經濟學 …………………………………… (1)
　　第二節　博弈論及其發展 …………………………………… (4)
　　第三節　博弈論的構成要素及分類 ………………………… (5)

第二章　完全信息靜態博弈 ……………………………………… (11)
　　引例：夫妻露宿 ……………………………………………… (11)
　　第一節　零和博弈 …………………………………………… (11)
　　第二節　非零和博弈 ………………………………………… (17)
　　第三節　納什均衡的存在性及多重性 ……………………… (32)
　　第四節　納什均衡的應用 …………………………………… (37)

第三章　完全信息動態博弈 ……………………………………… (61)
　　引例：海盜分寶 ……………………………………………… (61)
　　第一節　幾個基本問題 ……………………………………… (61)
　　第二節　完全且完美信息的動態博弈 ……………………… (74)
　　第三節　完全信息動態博弈的應用 ………………………… (85)
　　第四節　重複博弈 …………………………………………… (97)
　　第五節　重複博弈的應用 …………………………………… (106)

第四章　不完全信息靜態博弈 …………………………………… (113)
　　引例：市場阻撓 ……………………………………………… (113)
　　第一節　不完全信息靜態博弈和貝葉斯納什均衡 ………… (113)
　　第二節　不完全信息下的混合戰略 ………………………… (118)
　　第三節　不完全信息靜態博弈的應用 ……………………… (121)

第五章　不完全信息動態博弈 …………………………………… (141)
　　引例：生死博弈 ……………………………………………… (141)
　　第一節　不完全信息動態博弈及精煉貝葉斯均衡 ………… (141)

第二節　「委託—代理」模型的理論框架 …………………（147）
　　　第三節　不完全信息動態博弈的應用 ……………………（153）
　　　第四節　精煉貝葉斯均衡的再精煉 ………………………（202）

第六章　有關博弈論的幾個問題 …………………………（207）
　　　引例：誰是傻瓜 ……………………………………………（207）
　　　第一節　合作博弈與非合作博弈 …………………………（207）
　　　第二節　完全理性與有限理性 ……………………………（219）
　　　第三節　效用、期望與均衡的選擇 ………………………（238）

參考文獻 ……………………………………………………（243）

第一章　博弈論概述

引例：囚徒困境

話說兩個小偷因偷盜嫌疑被警察抓住，分別關在不同的房子裡審訊。警察告訴他們：如果兩人都坦白，各判刑3年；如果兩個都抵賴(可能是因證據不足)，各判刑1年；如果一人坦白一人抵賴，坦白的獲釋，抵賴的判刑5年。如果一個小偷用X表示，另一個小偷用Y表示，下面給出了兩個小偷在不同行動組合下的得益矩陣：

		Y	
		坦白(y_1)	抵賴(y_2)
X	坦白(x_1)	3,3	0,5
	抵賴(x_2)	5,0	1,1

矩陣中前面的數值表示在小偷Y選擇一個特定行動時，小偷X選擇某一個行動時所判刑的年數；矩陣中後面的數值表示在小偷X選擇一個特定行動時，小偷Y選擇某一個行動時所判刑的年數。例如，矩陣中的第一欄中的數值的含義是：前面的3表示，當Y選擇坦白X也選擇坦白時，X將被判3年刑期；後面的3表示，當X選擇坦白Y也選擇坦白時，Y將被判3年刑期。假設這兩個小偷都是經濟學假設中的理性人(即在給定的約束條件下最大化自己利益的人)，他們各自有坦白或抵賴兩種選擇。那麼，什麼是他們的最優選擇呢？這為什麼會被稱為「困境」呢？

第一節　博弈論與經濟學

一、從新古典經濟學到主流經濟學

在引例中，兩個理性的小偷的最優選擇是什麼呢？小偷X這樣思考：當小偷Y選擇坦白時，他選擇坦白判3年，選擇抵賴判5年，故坦白是他的最優選擇；當小偷Y選擇抵賴時，他選擇坦白判0年(被釋放)，選擇抵賴判1

年,故坦白也是他的最優選擇。因此,無論小偷Y選擇什麼,坦白都是小偷X的最優選擇。同理,無論小偷X選擇什麼,坦白都是小偷Y的最優選擇。這個博弈的納什均衡(完全信息靜態博弈的解)是兩個小偷都選擇坦白,即(坦白,坦白)。很顯然,在這個博弈中,當兩個小偷都選擇抵賴時,各判刑1年是該博弈的最好結果,但在理性人的假設下,這是辦不到的。若假設這兩個小偷事前達成一個攻守同盟,被抓後都進行抵賴,情況是否會有所變化呢?小偷X會這樣想,當小偷Y遵守同盟選擇抵賴時,自己選擇抵賴判1年,而選擇坦白被釋放。在沒有強有力的約束時,小偷X沒有自覺自願遵守同盟的積極性,而有不遵守同盟的積極性去選擇坦白。小偷Y也會有同樣的想法。因此,在一次性博弈或有限次重複博弈時,坦白是雙方唯一的選擇,即使訂立攻守同盟也不會改變這個結果,這就是所謂的「囚徒困境」。

囚徒困境幾乎是所有講述博弈論的書籍必然引用的一個經典示例。它之所以經典,是因為這個例子揭示了一個很深刻的問題,就是個人理性與集體理性之間的矛盾,從而顛覆了新古典經濟學中一個重要的結論,即個人理性的選擇會自然而然地達到集體理性。自從20世紀50年代博弈論專家納什引入這個示例後,作為數學領域一個分支的博弈論開始侵入經濟學領域,直至成為主流經濟學基石的發展過程,也是主流經濟學取代新古典經濟學而占據主導地位的經濟學演變的過程。

有人認為,經濟學在20世紀經歷了兩場革命,一場是全面運用邊際分析法分析經濟問題的「邊際革命」,另一場就是用博弈論的方法改造整個經濟學的「博弈論革命」。邊際分析有效地解決了完全壟斷市場和完全競爭市場中企業決策的理論問題。在完全壟斷市場中,由於不存在競爭者,其決策是簡單的,在無差異商品的市場中,壟斷者只需根據市場需求確定生產和供應多少商品以實現利潤最大化。這時,壟斷者是價格的決定者。在完全競爭市場中,由於競爭對手相當多,單個競爭者對市場價格的影響微乎其微,這時的決策也是簡單的,單個競爭者在給定市場價格的條件下確定生產和供應多少商品以實現利潤最大化。這時,競爭者是價格的接受者。

由此可見,無論是完全壟斷市場還是完全競爭市場,決策者都是自主地進行決策的,即一個決策者在進行決策時,不考慮別的決策者的決策對自己決策的影響,也不考慮自己的決策對別的決策者的決策的影響。此時,博弈論似乎沒有什麼用武之地。

但是,現代經濟已超出了完全壟斷市場和完全競爭市場這兩種極端的模式,如一個行業裡只有少數幾個企業的所謂寡頭競爭模式,這時的決策者在決策時就必須考慮競爭對手的決策。因為,以完全競爭市場為條件的新古典經濟學有兩個基本假定:① 市場參與者的人數足夠多,從而市場是完全競爭的;② 參與人之間的信息是對稱的。但這兩個假設在現實中一般

是不滿足的。首先,在現實中,買賣雙方的人數往往是非常有限的,特別是在一個行業裡只有少數幾個企業的寡頭競爭市場中,這時的市場不可能是完全競爭的。在不完全競爭的市場上,人們的行為不是相互獨立的,而是相互影響的。如消費者到市場購買東西時,往往要詢問其他消費者購買的價格,而不是直接和賣者討價還價。這時,一個人在決策時就必須考慮對方的決策,這正是博弈論要研究的問題。其次,在現實市場中參與者的信息一般是不對稱的,如賣者對商品質量的瞭解通常比買者多;競爭企業之間並不知道對方的成本、產量、利潤等。當參與人之間的信息不對稱時,決策者就不得不在信息不完全時進行決策,而這正是不完全信息博弈研究的內容。最後,不完全信息使得價格制度(市場制度)常常不是實現合作和解決衝突最有效的制度安排。如學校、家庭、政府、企業等的一些決策問題,用非價格制度來解決衝突也許更為有效。非價格制度最顯著的特徵是參與人之間行為的相互作用。而博弈論最鮮明的特點正是研究理性人如何在給定的約束條件下選擇行動及行動間的相互作用。

新古典經濟學認為,經濟學研究的是面對人的無限慾望與有限資源,如何有效配置這些稀缺資源。而主流經濟學家認為,經濟學的研究對象主要是人的行為及行為間的相互影響及相互作用,而這正是博弈論所要研究的。

因此,當主流經濟學取代新古典經濟學而占據經濟學的主導地位時,特別是當1994年經濟學諾貝爾獎授予納什、澤爾騰和海薩尼三位博弈論專家後,博弈論被當成經濟學的一部分,並逐漸成為經濟學的基石。當經濟學面臨「博弈論革命」時,我們若不掌握一些博弈論的基本知識,就不能很好地理解經濟學。故著名經濟學家保羅·薩繆爾森說:「要想在現代社會做一個有文化的人,你必須對博弈論有一個大致的瞭解。」

二、博弈論與經濟學的關係

博弈論在運籌學中的名稱叫對策論。運籌學作為數學的一個分支在各個領域都取得了許多輝煌的成果,特別是在第二次世界大戰中應用於作戰研究。因此,博弈論在很長時間裡都被人們作為一種數學方法進行研究。如納什《n人博弈的均衡點》(1950)、《非合作博弈》(1951)的有關「納什均衡」的奠基性文章就是發表在數學雜誌上,而不是經濟學雜誌上,人們也不認為納什是經濟學家。但1994年經濟學諾貝爾獎授予納什、澤爾騰和海薩尼三位博弈論專家後,博弈論被當成經濟學的一部分。其原因在於:首先是博弈論的許多成果是借助於經濟學的例子發展起來的,在經濟學中的應用最廣泛、最成功;其次是因為經濟學家對博弈論的研究也越來越深入,如克瑞普斯(Kreps)和威爾遜(Wilson)等將不完全信息引入動態博弈中,提出

了「精煉貝葉斯納什均衡」，而克瑞普斯和威爾遜都是經濟學家。

博弈論真正成為主流經濟學的基石是信息經濟學的發展造就的。信息經濟學常常從博弈論入手，並按博弈論的思維去研究，故 1996 年和 2001 年的經濟學諾貝爾獎授予了從事信息經濟學研究的學者。

第二節　博弈論及其發展

一、博弈及博弈論

「博弈論」譯自英文 Game Theory。Game 是游戲，Game Theory 就是「游戲理論」。因此，博弈就是游戲的意思，博弈論的英文直譯就是「游戲理論」。

游戲是大家非常熟悉的活動，如下棋、打牌、博彩、田徑、球賽等。這些游戲一般有如下特徵：第一，一般均有兩個及兩個以上的參與人。第二，都有一定的規則。如可以做什麼，不能做什麼，按什麼次序做，什麼時候結束及犯規如何處罰等。第三，總有一個結果。如一方輸，一方贏，平局或參與者各有所得等，且結果一般能用正或負的數量表示。第四，戰略（也稱計謀或策略）的不同選擇對應不同的游戲結果。戰略在游戲中的作用至關重要且戰略間有相互依存性，即游戲的每個參加者所得的結果，不僅取決於自己戰略的選擇，同時也取決於其他參加者的戰略選擇。

人們發現許多經濟、政治、軍事活動中的決策問題，也與游戲有著基本相似的特徵。為了擴大游戲及游戲理論的應用領域，人們一般將 Game 譯成博弈，而將 Game Theory 譯成博弈論。

博弈就是參與人（可能是個人，也可能是團體，如國家、企業、國際組織等）在一定的規則下，同時或先或後，一次或多次，從各自允許選擇的行動或戰略中進行選擇並加以實施，而取得相應結果（支付函數）的過程。

博弈論就是系統研究具有上述特徵的博弈問題，尋求各博弈方合理選擇戰略情況下博弈的解，並對這些解進行討論分析的理論。

二、博弈及博弈論的發展

應該說自從游戲的產生，就有了博弈的實踐活動。如我國戰國時代為大家所熟悉的「田忌賽馬」。之後進一步擴展到軍事領域，從《三國演義》中可以找到很多著名的博弈例子。

但將博弈上升到理論階段，卻是在 20 世紀。20 世紀 20 年代，法國數學家波雷爾用最佳策略的概念研究了下棋和其他一些具體的博弈問題，並試圖將其作為應用數學的分支加以系統研究。第二次世界大戰期間，博弈論

(運籌學中稱為對策論)的思想及研究方法被運用到軍事領域和戰時的其他活動之中。如用博弈的方法研究盟軍日本空軍敢死隊(神風突擊隊)在各種攻擊情況下的應對措施。

1944年,約翰·馮·諾依曼(J. von Neumann)和摩根斯特恩(Morgenstern)合著的《競賽論與經濟行為》被認為是系統研究博弈理論的開端。

20世紀50～80年代,被認為是博弈論巨人產生的年代。50年代,納什(Nash)定義了「囚徒困境」並提出「納什均衡」,奠定了非合作博弈的基石。60年代,澤爾騰(Selten,1965)將納什均衡的概念引入動態博弈,提出「精煉納什均衡」概念;海薩尼(Harsanyi,1967)則把不完全信息引入博弈論的研究,提出「貝葉斯納什均衡」。到80年代,克瑞普斯(Kreps)和威爾遜(Wilson)等將不完全信息引入動態博弈中,提出了「精煉貝葉斯納什均衡」。

但在20世紀70年代中期之前,博弈論主要還是作為數學的一個分支。博弈論真正得到重視並成為主流經濟學的一部分不過是最近一二十年的事。現在,博弈論正在得到經濟學科的接納和運用,貫穿了幾乎整個微觀經濟學,並且已擴展到宏觀經濟學、產業組織理論,在環境、勞動、福利經濟學等方面的研究中也佔有重要地位,大有「吞噬」整個西方現代經濟理論的趨勢。

第三節　博弈論的構成要素及分類

一、博弈論的構成要素

(一) 參與人

參與人是指在博弈中獨立決策,獨自承擔博弈結果且各自的決策會影響到其他參與人的決策者,也稱博弈方或局中人。參與人可以是個人,也可以是團體(如國家、企業、國際組織等)。參與人一般用 n_i 表示,$i = 1, 2, 3, \cdots, n$。在囚徒困境中,兩個小偷是該博弈的兩個參與人,而警察不是該博弈的參與人。單個的大學生去單位應聘工作時,由於每個學生的行動(如對工資、工作條件、福利等方面的要求)對應聘單位的影響是微乎其微的,故單個學生與應聘單位之間的問題不能用博弈的知識來進行分析。

有時(如在動態博弈中),人們將「自然」作為虛擬參與人。虛擬參與人在博弈的特定時點上以特定的概率隨機選擇行動。

由於博弈中的戰略具有依存性,故博弈中的參與人的多少非常重要。

一般而言,參與人越少,問題越簡單;參與人越多,則問題越複雜難解。

有且只有兩個參與人的博弈,稱為雙人博弈。這是最普遍,也是研究最多的博弈類型。很多博弈均可簡化為雙人博弈來進行分析,如研究中國的電視企業與國外電視企業的貿易戰。中國有許多電視生產廠家,國外也有許多電視生產廠家,這時可將中國的許多電視生產廠家合併為一個參與人,而將國外的電視生產廠家合併為另一參與人,從而構成雙人博弈進行分析。

雙人博弈有如下一些特點:首先,兩個參與人之間的關係並不總是相互對抗的,有時會出現利益一致的情況。大多數博弈論研究的是非合作博弈,本書也主要是探討非合作博弈問題,在非合作博弈中,理性參與人的基本關係是相互對抗的。其次,信息多的一方不能保證得益也較多。這是博弈決策與一般的最優化決策(也稱單人決策,如線性規劃決策,這時的決策者進行決策時不考慮其他決策者的選擇)最大的區別。如一些股份公司在發行股票時,這些股份公司內部的職工清楚公司的經營情況並不如報表所反應的好(信息更多),從而不願購買本公司的股票,而不清楚該公司經營情況的人購買了股票而賺錢的事例並不少見。

參與人為 3 人及以上的博弈,稱為多人博弈。多人博弈中,參與人之間的戰略相互依存關係較雙人博弈更為複雜,分析的難度也更大,博弈的結果也更難預測。

(二) 行動

行動是參與人在某個時點的決策變量。一般用 a_i 表示第 i 個參與人的特定行動。

$A_i = \{a_i\}$ 表示可供 i 選擇的行動集合。在囚徒困境中,每個參與人只有兩種行動可供選擇,即 $A_i = \{$坦白,抵賴$\}$。

n 個參與人的行動的有序集合 $a = (a_1, a_2, \cdots, a_n)$,稱為行動組合。在囚徒困境中,若小偷 X 選擇抵賴,小偷 Y 選擇坦白,則(抵賴,坦白)是一個行動組合。該例中共有 4 個行動組合。

行動的順序對博弈的結果至關重要。有關靜態博弈與動態博弈的劃分就是依據行動的順序而進行的。靜態博弈是指參與人同時選擇行動的博弈,動態博弈是指參與人不同時選擇行動的博弈。

需要注意的是,「同時」是一個信息概念,而不是一個時間概念。在囚徒困境中,如 X 先選擇坦白,但 Y 後選擇時並不知道 X 的選擇是什麼,則是靜態博弈;但 X 後行動時知道了 Y 的選擇,則是動態博弈。

(三) 信息

知己知彼,百戰不殆。信息在博弈中有著非常重要的作用。信息是參與

人有關博弈的知識，如博弈的規則、參與人的理性、參與人的行動、參與人的戰略、參與人的決策能力、「自然」(虛擬參與人)的選擇，特別是有關博弈的得益等與博弈有關的知識。這裡特別指出有關博弈得益的知識，是因為博弈的行動或戰略的選擇都是以參與人的得益為依據的，有關博弈的知識，都可以轉化為或者說集中在博弈的得益中加以體現。有關完全信息與不完全信息的劃分就是根據參與人的得益來區分的。

信息集是描述參與人信息特徵的一個概念(準確的概念在動態博弈中給出)，這裡可理解為參與人在特定時刻有關變量的值的知識。如囚徒困境中，如果 X 先行動而 Y 後行動，如果 Y 在行動前準確知道 X 選擇了什麼行動，則 Y(有關 X 的行動)的信息集為｛坦白｝或｛抵賴｝，反之，Y 的信息集為｛坦白,抵賴｝。

完全信息與不完全信息：博弈中最重要的信息之一是關於得益的信息，即每個參與人在每種戰略組合下的得益情況。如囚徒困境中的 4 種可能情況下 X、Y 的收益(判刑年數)。

如果參與人完全瞭解所有參與人各種情況下的得益(支付函數)，稱此參與人具有完全信息。如果參與人不完全瞭解其他參與人的得益，則該參與人具有不完全信息。

所有參與人均具有完全信息的博弈，稱為完全信息博弈。至少有一個參與人具有不完全信息的博弈，稱為不完全信息博弈。

完美信息與不完美信息：在動態博弈中，若參與人完全瞭解自己行動之前的整個博弈過程，稱此參與人具有完美信息(又稱完美回憶)。若參與人不完全瞭解自己行動之前的整個博弈過程，則該參與人具有不完美信息。

所有參與人都具有完美信息的博弈，稱為完美信息博弈。至少有一個參與人具有不完美信息的博弈，稱為不完美信息博弈。如打牌時，打了幾輪過後，當輪到某一個牌手出牌時，他記不清前幾輪的打牌人出了些什麼牌了，則該牌手具有不完美信息。

完全信息與完美信息的關係：首先，完全與不完全信息是按參與人有關得益的信息來劃分的，這是指參與人對博弈有關信息事前是否有清楚的瞭解，而完美與不完美信息是按參與人有關博弈過程的信息來劃分的，這是指參與人在博弈進程中對信息的瞭解程度，故在動態博弈中才進行這種劃分。其次，不完全信息意味著不完美信息，但逆定理不成立。在囚徒困境中，如果至少有一個參與人不知道各種可能情況下的得益，則信息是不完全的，也是不完美的。如果兩個小偷均知道各種情況下的得益，則信息是完全的，若 Y 後行動，X 先行動，但 Y 不知道 X 的選擇，則信息是不完美的。

「共同知識」是與信息有關的一個重要概念。共同知識是指「所有參與

人知道,所有參與人知道所有參與人知道,所有參與人知道所有參與人知道所有參與人知道……」的知識。而知識一般可理解為人們對某個事實的認識,如「地球繞著太陽轉」這是個事實,但在哥白尼之前人們並不知道這個事實,而今天這個事實為大家認同,於是「地球繞著太陽轉」構成人們的知識。

而共同知識是一個群體的人們對某個事實「知道」的關係。如在只有兩個參與人A和B的情況下,A和B均知道一件事實e,e是A、B的知識,但此時還不是他們的共同知識。當A、B雙方均知道對方知道e,並且他們各自都知道對方知道自己知道e,等等,此時,e成了A、B的共同知識。在由多人組成的群體中,共同知識不僅指任意兩個人這樣一個雙方「知道」的過程,而且指其中任何一個人知道其他人知道其他人知道……事實e。而在有多個參與人時,對某個事實「知道」的關係將變得非常複雜。

「共同知識」是博弈論中一個非常強的假設。博弈論通常均假設「參與人是理性的」「有關博弈的知識對所有參與人是共同知識」。這個問題在後面我們將進行更深入的討論。

(四) 戰略

戰略(也稱策略或計謀)是參與人在給定信息集情況下的行動規則,它規定參與人在什麼時候選擇什麼行動。一般用 s_i 表示第 i 個參與人的一個特定的戰略。

用 $S_i = \{s_i\}$ 代表第 i 個參與人所有可選擇的戰略集合。

在 n 人博弈中,n 維向量 $s = (s_1, s_2, \cdots, s_n)$ 稱為一個戰略組合。

在囚徒困境中,如果小偷X先行動,小偷Y後行動。則小偷X有兩個戰略 X = {坦白,抵賴}。而小偷Y有四個戰略{坦白,抵賴}、{坦白,坦白}、{抵賴,抵賴}、{抵賴,坦白}。戰略{A,B}內的第一個元素對應X選擇坦白時Y的行動,第二個元素對應X選擇抵賴時Y的行動。

在囚徒困境中有8個戰略組合,如 $s = (\{坦白,抵賴\} 坦白)$ 是一個戰略組合,意味著Y的戰略是「如果X坦白,我坦白;如果X抵賴,我也抵賴」,X的戰略是坦白。讀者可寫出其他7個戰略組合。

戰略與行動的關係:首先,戰略與行動是兩個不同的概念,戰略是行動的規則,而不是行動的本身。如「敵進我退,敵退我進」是一個戰略,「退」與「進」是兩種行動,戰略規定什麼時候選「進」,什麼時候選「退」。其次,作為參與人的行動規則,戰略依賴於參與人獲得的信息。但在靜態博弈中,所有參與人同時行動,沒有任何人能獲得他人行動的信息,故戰略與行動是一回事。這時的戰略選擇就變成簡單的行動選擇。但在動態博弈中則是兩個不同的概念。最後,戰略必須是完備的,作為一種行動的規則,在制定戰略時,必須給出參與人在每一種可能情況下的行動選擇,即使參與人清楚這

種情況實際上並不會發生。

如在囚徒困境中,小偷 X 和 Y 都知道在個人理性的條件下,他們的最優選擇都是坦白。若 Y 在 X 之後行動,Y 的戰略不僅要給出 X 選擇「坦白」時,Y 如何選擇,還必須給出 X 選擇「抵賴」時,Y 應當如何選擇,即使 Y 確信 X 會選擇「坦白」,而不會選擇「抵賴」。因為一種特定情況是否真的會發生,往往依賴於參與人的戰略。這一點對於動態博弈的均衡是非常重要的。

(五) 得益

得益(或支付)是指在一個特定的戰略組合下參與人所獲得的利益。它是博弈中參與人追求的主要目標,也是行動和戰略選擇的依據。

得益可以是確定的收益,也可以用效用水平或期望效用水平來表示。得益常需要用數量來表示,可正,可負。在囚徒困境中,兩個小偷在不同戰略組合下所判刑的年數就是他們的得益,具體數量見囚徒困境的得益矩陣。

按得益之和的不同情況,博弈可分為零和博弈、常和博弈、變和博弈。

零和博弈是指一方的收益必為另一方的損失,其支付之和為零的博弈。許多游戲均為零和博弈。零和博弈由於參與方的利益總是相對立的,具有你死我活的關係;即使重複若干次,也無法改變相互對立的關係,一般不會產生合作博弈,且結果總是不能完全確定。

常和博弈是指得益之和為一非零常數(或正或負)的博弈。參與人之間的基本關係仍然是對立的,但不一定會產生輸家,利益的對立性有時體現在利益的多少上(如遺產分配、獎金分配等),可能產生妥協或合作;在重複博弈中,可能創造出許多新結果,如使總得益增加,達到雙贏結果。

變和博弈是指得益之和不為零,且不同戰略組合下的得益之和也各不相同的博弈。這是最一般的博弈,也是被研究得最多的博弈類型。囚徒困境就是一個變和博弈。

(六) 均衡

均衡是所有參與人的最優戰略組合,一般記為 $s^* = (s_1^*, \cdots, s_i^*, \cdots, s_n^*)$,$s_i^*$ 表示第 i 個參與人在均衡情況下的最優戰略。

博弈分析的目的就是預測博弈的均衡及均衡結果,均衡也就是博弈的解。在不同的博弈中,有各種各樣的均衡概念,上述均衡概念描述了所有均衡的共同特徵。

均衡的不唯一性,正如許多數學題有多個解一樣,一個博弈可能只有一個均衡存在,也可能有多個均衡存在。在有多個均衡存在的博弈中,要預測實際上哪一個均衡會發生則會產生困難。

均衡與均衡結果是兩個非常容易混淆的概念。一般講「均衡」常指的是

「均衡結果」。許多情況下,兩者的區別並不重要,但理解兩者的區別對理解博弈的理論很重要,特別是在動態博弈中。

在囚徒困境中,若 X 先選擇,Y 後選擇,X 的最優戰略是「坦白」,A 的最優戰略是「如果 X 坦白,我坦白;如果 X 抵賴,我還是坦白」。均衡是({坦白,坦白},坦白),而均衡結果是(坦白,坦白),即 X 坦白,Y 坦白。

二、博弈的類型

(一) 按參與人能否形成約束性協議的博弈分類

根據參與人能否形成約束性協議,博弈可分為合作博弈和非合作博弈。

合作博弈是指參與人從自己的利益(短期利益、長期利益等)出發與其他參與者談判達成協議或形成聯盟,使博弈結果對所有參與人均有利的博弈。

非合作博弈是指參與人在行動選擇時無法達成約束性協議的博弈。

理性的參與人在最大化自己的利益時,需要相互合作,而合作中又存在衝突。現實的情況是,衝突是永恆的,而合作是暫時的、有條件的、有時可能是困難的。合作博弈強調的是集體理性、公正、公平;而非合作博弈強調的是個人理性、個人最優決策。而現代經濟學認為,解決個人理性與集體理性的衝突不是否認個人理性(如果一種制度安排不能滿足個人理性的話,這種制度就不可能有效),而是設計一種機制,在滿足個人理性的前提下達到集體理性。這或許就是博弈論主要是研究非合作博弈的原因之一吧,博弈論在研究非合作博弈的基礎上來尋求合作的契機。本書主要討論非合作博弈。

(二) 按行動順序與信息情況結合的博弈分類

根據行動順序與信息情況結合的博弈可分為完全信息靜態博弈、完全信息動態博弈、不完全信息靜態博弈、不完全信息動態博弈四大類。本書的結構就是按照這種分類來安排的。

此外,博弈按得益之和的情況還可分為零和博弈和非零和博弈;按參與人多少可分為兩人博弈和多人博弈等。

第二章 完全信息靜態博弈

引例：夫妻露宿

一對夫妻到一旅遊地準備搭帳篷露宿，但在選擇露宿地點時發生了分歧。男的希望住在最高的地方，女的希望住在最低的地方，雙方互不相讓。正好該地東西向與南北向各有4條道路，他們於是約定，男的在東西向的4條道路中選一條道路，女的在南北向的4條道路上選一條道路，然後在道路的交叉處住宿。假定他們都是理性的，他們各自會選中哪一條路呢？表2.1給出了4條道路交叉處的海拔高度。

表2.1　　　　　4條道路交叉處的海拔高度　　　　　單位：千米

		女		
男	Y_1	Y_2	Y_3	Y_4
X_1	6	1	5	1
X_2	1	2	3	4
X_3	4	3	5	5
X_4	4	2	1	6

第一節　零和博弈

一、有純戰略的雙人零和博弈

兩人完全信息靜態零和博弈的特點是：有且只有兩個參與人；一方的收益必為另一方的損失；非合作博弈；雙方具有完全信息；雙方同時行動。零和博弈主要存在於許多游戲中，在經濟現象中則較為少見，且兩人零和博弈均衡的尋找也較為簡單，故一般的博弈論書籍已很少討論這種博弈類型。本書將在這一節討論零和博弈的原因在於其均衡尋找的思路引起了我們極大的興趣。

(一)純戰略的尋找

在夫妻露宿博弈中,在露宿地點的高、低的選擇上夫妻發生了衝突且互不相讓(理性的經濟人)。那麼男方使自己利益最大化的道路是哪一條呢?男方是這樣思考的:如果選X_1,女方會選Y_2或Y_4,交叉點的高度是1千米;如果選X_2,女方會選Y_1,交叉點的高度是1千米;如果選X_3,女方會選Y_2,交叉點的高度是3千米;如果選X_4,女方會選Y_3,交叉點的高度是1千米。男方本來是希望住得越高越好,但在尋找他自己的最優道路時,卻站在女方的角度進行思考,即男方先找出東西向4條道路與南北向4條道路交叉點最低的高度。同理,女方本來是希望住得越低越好,但在尋找她自己的最優道路時,卻站在男方的角度進行思考,即女方先找出南北向4條道路與東西向4條道路交叉點最高的高度,如表2.2所示。

表2.2　　　　　　　　純戰略的尋找　　　　　　　　單位:千米

		女			
	Y_1	Y_2	Y_3	Y_4	行最小值
X_1	6	1	5	1	1
X_2	1	2	3	4	1
X_3	4	3	5	5	3
X_4	4	2	1	6	1
列最大值	6	3	5	6	

男

在得益矩陣中,若存在每行的最小值中的最大值等於每列最大值中的最小值,該值對應的戰略稱為純戰略。由於人們對零和博弈的研究遠早於納什提出納什均衡的概念,故零和博弈的純戰略的解不稱為納什均衡,而用一個非常形象的名稱「鞍點」來表示。

定義2.1:如果對於某個i^*和j^*,使得$a_{i^*j^*} = \max_i \min_j a_{ij} = \min_j \max_i a_{ij}$,那麼我們稱$i^*$行$j^*$列的那一點為矩陣的鞍點(Saddle Point)。

定理2.1:如果矩陣博弈中存在鞍點,則該點就是該博弈的純戰略點,對應的參與人的支付被稱為雙人零和博弈的值(Value)。

而所謂純戰略,是在一個博弈中,參與人均有唯一的最優戰略,在重複博弈中,參與人的最優行動就是連續不變地使用他的最優戰略,這樣的戰略稱為純戰略。在零和博弈中,當行最小值的最大值等於列最大值的最小值時,可判斷該博弈存在純戰略,該戰略又稱為博弈的極小極大解(鞍點)。極小極大解表明各參與人安全水準的最大限度,即他們應在X_3、Y_2的交叉點上露宿,沒有其他的戰略能提供這種程度的安全水準。

可見,在存在純戰略的兩人零和博弈中,純戰略的尋找是簡單的。但令我們感興趣的是:首先,是什麼原因迫使男方在尋找自己最優道路時站到了女方的角度去思考問題,而女方在尋找自己最優道路時站到了男方的角度去思考問題。設想如果男方是一個大男子主義者,他剝奪了女方的選擇權,只允許女方選擇 Y_1,男方自然會選擇 X_1,從而在 6 千米的地方住宿;如果女方是一個「妻管嚴」,她剝奪了男方的選擇權,只允許男方選擇 X_1,女方自然會選擇 Y_3,從而在 1 千米的地方住宿。正是由於雙方都是地位平等的「理性人」,才出現了雙方在選擇自己的最優道路時,不得不考慮對方的利益。有人講,博弈論的本質是悖論,這裡,自利的理性人顧及了他人的利益,我們將此現象稱為「理性人的悖論」。而綜觀現實經濟中的許多現象,卻出現了許多剝奪他人選擇權的事實,許多壟斷企業或處於強勢地位的企業制定的一些規章制度和條例,都是剝奪了或部分剝奪了消費者的選擇權來達到自身利益的最大化。問題在於,你憑什麼剝奪他人的選擇權?這是中國在進行法制化建設中,立法者需要認真思考的問題。現實中,由於參與者的地位往往是不平等的,故法律傾向於保護弱者就不難理解了。至於本例中,男女雙方哪一方自願放棄自己的選擇權而遷就另一方,那就是他們夫妻間的事了。其次,假定這對夫妻每個週末都要到這個地方露宿,他們是否會永遠選擇在 X_3、Y_2 的交叉點上露宿呢?回答是肯定的。我們說極小極大解表明各參與人安全水準的最大限度的意思是,任何參與人單獨改變自己的選擇,吃虧的都是他自己。若男方不選 X_3,而選 X_4,則女方會選 Y_3,交叉點的高度是 1 千米而不是 3 千米,男方吃虧了;若女方不選 Y_2,而選 Y_1,則男方會選 X_1,交叉點的高度是 6 千米而不是 3 千米,女方吃虧了;如此等等。因此,他們會在沒有任何外在壓力的情況下自覺自願地遵守他們的最優選擇。

(二) 博弈值

所謂博弈值是指在同一博弈中,大量重複博弈的平均得益值。在零和的純戰略博弈中,鞍點值就是博弈值。博弈值可用於分析博弈結果對某個參與人是有利還是不利。在夫妻露宿博弈中,博弈值為 3 千米。

在零和博弈中,一方的得是另一方的失,故在支付矩陣中,可只用一個數值表示,一般是根據左邊參與人的得益來編製。在夫妻露宿中,為了有更直觀的感覺,在得益矩陣中直接給出的是各道路交叉點的海拔高度(可改造成零和博弈的表現形式),故零和的含義並不直觀,下面用廣告戰的例子加以說明。

某街道有 A、B 兩個汽修廠,其市場佔有率分別為 55% 和 45%。某電視臺向 A 汽修廠經理推薦了三套廣告方案,每一種方案均可從 B 廠爭取到一部分顧客。但 A 廠經理非常清楚,該電視臺會將同樣的廣告方案向 B 廠推薦。據有經驗的市場人員估計,雙方採用三套廣告方案的支付矩陣如表 2.3 所示:

表2.3　　　　　　　　廣告戰得益矩陣表　　　　　　單位:%

		B			
		Y_1	Y_2	Y_3	行最小值
A	X_1	3	-4	1	-4
	X_2	-3	0	1	-3
	X_3	4	3	2	2
列最大值		4	3	2	

在本例中,若A和B均採用第一套廣告方案時,表2.3中的3意味著A廠可從B廠爭取到3%的市場份額,則意味著B廠將失去3%的市場份額,完整的表示為(3,-3),其和為零。其餘同此道理。

該博弈中存在行最小值的最大值(2)等於列最大值的最小值(2),即判斷該博弈有純戰略(X_3, Y_3),意味著A企業選擇第三套廣告戰略,B企業也選擇第三套廣告戰略。博弈值為2%,表示雙方均選擇第三套廣告戰略時,A企業將從B企業奪得2%的市場份額,B企業將失去2%的市場份額,這也是B企業損失最小的選擇。同時也表明在廣告戰中,A企業處於有利地位。

該博弈也反應出,如果通過廣告戰並沒有擴大消費群,廣告戰對兩個企業是兩敗俱傷的事,而坐收漁翁之利的則是廣告公司。

二、有混合戰略的雙人零和博弈

在有些情況下,博弈可能不存在純戰略。如大家熟悉的手心和手背的游戲,該游戲的規則是,兩個參與人(X,Y)同時選擇出手心或手背,若均為手心或手背,參與人X贏得1元;若一為手心,一為手背,參與人Y贏得1元。其支付矩陣如表2.4所示。

表2.4　　　　　　　　手心與手背的游戲　　　　　　單位:元

		Y		
		Y_1(手心)	Y_2(手背)	行最小值
X	X_1(手心)	1(-1)	-1(1)	-1
	X_2(手背)	-1(1)	1(-1)	-1
列最大值		1	1	

該博弈為雙人零和博弈,一方所得即為另一方所失,支付之和為零。前面已述,零和博弈的支付矩陣一般是根據左邊參與人X的得益來編製的,為後面計算混合策略方便,支付矩陣中括號內的數值為參與人Y的得益。

該博弈中行最小值的最大值不等於列最大值的最小值,即判斷該博弈沒有純戰略。這是容易理解的,實際中人們進行這種游戲時,總是有時出手心,有時出手背,沒有人總是永遠出手心或永遠出手背。

(一) 混合戰略的概念

對於有限博弈,在不存在純戰略的博弈中,一定存在混合戰略(定理後面給出)。

所謂混合戰略是指如果一個戰略規定參與人在給定的信息條件下 ,以某種概率分佈隨機地選擇不同的行動 (更專業的定義將在後面給出)。

(二) 確定混合戰略的原則

我們說混合戰略是以某種概率分佈隨機地選擇不同的行動,問題在於計算不同的行動概率的原則是什麼?在手心與手背的游戲中,每一個參與人都想猜出對方是出手心還是手背,但每一個參與人又都不想讓對方猜出自己是出手心還是手背,故出現有時出手心,有時出手背的情況。假如這個游戲多次重複下去,雙方應按多大概率來選擇出手心,按多大概率來選擇出手背呢?計算概率的原則是選擇每種戰略的概率一定要恰好使對方無機可乘。所謂讓對方無機可乘,就是自己選擇每種戰略的概率要與對方選擇每種戰略的期望值相等。

(三) 概率的計算

上例中,若令 X 出手心的概率為 $P(X_1)$,出手背的概率為 $P(X_2)$。則有:

$$P(X_1) \times (-1) + P(X_2) \times 1 = P(X_1) \times 1 + P(X_2) \times (-1)$$

解之 $\quad P(X_1) = P(X_2)$

因為 $\quad P(X_1) + P(X_2) = 1$

得: $\quad P(X_1) = 0.5 \quad P(X_2) = 0.5$

令 Y 出手心的概率為 $P(Y_1)$,出手背的概率為 $P(Y_2)$。

同理可得: $\quad P(Y_1) = 0.5 \quad P(Y_2) = 0.5$

可見,兩個參與人分別以 $(1/2,1/2)$ 的概率分佈隨機選擇出手心和手背是該博弈的混合戰略組合,而且是該博弈的唯一的混合戰略,因為該博弈沒有純戰略。該博弈在這個混合戰略組合下達到均衡,即雙方均會自覺自願地按這種概率來選擇行動,沒有人會偏離它。因為任何的偏離均會讓自己的得益減少,如果 X 按 60% 的概率出手心,一旦 Y 知道後,則 Y 會按 100% 的概率出手背,這時 X 的得益將會減少。

有混合戰略的博弈值可用期望得益值來計算,即:

$$u = 0.5 \times 0.5 \times 1 + 0.5 \times 0.5 \times -1 + 0.5 \times 0.5 \times -1$$
$$+ 0.5 \times 0.5 \times 1 = 0$$

期望得益值為零表示這是一場公平的游戲,雙方如果均按混合戰略的

原則行事,長期博弈的結果,雙方的期望收益均為零。當然,現實中運用混合戰略博弈時,一定要隨機地(不要形成規律)使用概率分佈。

在 2×2(只有兩個參與人且每個參與人只有兩個行動)的零和博弈時,有一種簡捷計算概率的方法。在馮·諾依曼和摩根斯特恩的《競賽論與經濟行為》書中曾用博弈矩陣來研究福爾摩斯和莫里阿蒂教授之間的博弈。故事中的一個情節是:為逃脫莫里阿蒂教授的追蹤,福爾摩斯準備從倫敦的維多利亞港乘火車到多維爾港轉赴歐洲,中途有一站叫坎特布雷。火車開動時,福爾摩斯發現了莫里阿蒂,他相信莫里阿蒂會用專列來追趕他,若兩人碰面,福爾摩斯必死無疑。福爾摩斯應在什麼地方下車才能逃脫莫里阿蒂教授的追蹤,其支付矩陣如表2.5所示。

表2.5　　　　　　　　　福爾摩斯和莫里阿蒂的博弈

		福			
		Y_1(多)	Y_2(坎)	大減小	互換
莫	X_1(多)	100	0	100	150
	X_2(坎)	-50	100	150	100
	大減小	150	100		
	互換	100	150		250

表2.5中「莫」代表莫里阿蒂教授,「福」代表福爾摩斯,「多」代表終點站多維爾港,「坎」代表中途站坎特布雷。

該支付矩陣中行最小值的最大值不等於列最大值的最小值,可判斷該博弈沒有純戰略。在計算混合戰略時,先計算出支付矩陣行與列中大數減小數的值,再互相交換位置,計算出合計數,則概率可這樣計算:令 $P(X_1)$ 為莫里阿蒂到多維爾港下車的概率,令 $P(X_2)$ 為莫里阿蒂到坎特布雷下車的概率,則:

$P(X_1) = 150/250 = 0.6$　　　　$P(X_2) = 100/250 = 0.4$

令 $P(Y_1)$ 為福爾摩斯到多維爾港下車的概率,令 $P(Y_2)$ 為福爾摩斯到特布雷下車的概率,則:

$P(Y_1) = 100/250 = 0.4$　　　　$P(Y_2) = 150/250 = 0.6$

即莫里阿蒂按60%的概率到多維爾港下車,按40%的概率到特布雷下車;福爾摩斯按40%的概率到多維爾港下車,按60%的概率到特布雷下車。

該博弈的期望得益值為:

$u = 0.4 \times 0.6 \times 100 + 0.4 \times 0.4 \times -50 + 0.6 \times 0.6 \times 0$
$\quad + 0.6 \times 0.4 \times 100 = 40$

由於零和博弈的支付矩陣是按莫里阿蒂的得益來編製的，期望得益值為正40，表明這場博弈對莫里阿蒂教授非常有利，而福爾摩斯則處於非常不利的局面，用馮‧諾依曼的話說，在這場博弈之初，福爾摩斯的頭就幾乎被砍掉了一半。但故事中的結局是福爾摩斯在中途站坎特布雷下車後，向繼續朝多維爾港開去的列車勝利地揮了揮手。福爾摩斯又一次逃脫了莫里阿蒂教授的追蹤。

第二節　　非零和博弈

一、有純戰略的非零和博弈

由於非零和博弈是最一般的博弈，也是研究得最多的博弈類型，而零和博弈大多存在於游戲當中，故現在大多數博弈論的書籍也主要是介紹非零和博弈。完全信息靜態博弈的解稱為納什均衡（定理後面給出），在離散且有限戰略的博弈中，尋找純戰略納什均衡的一種最簡單的方法是劃線法。下面先給出幾個經典的博弈例子。

（一）幾個典型的博弈例子

1. 囚徒困境

囚徒困境講的是兩個嫌疑犯作案後被警察抓住，分別關在不同的房子裡被審訊。警察告訴他們：如果兩個人都坦白，各判刑3年；如果兩個都抵賴（或因證據不足），各判一年；如果一人坦白一人抵賴，坦白的獲釋，抵賴的判刑5年。表2.6給出囚徒困境的戰略式表述：

表2.6　　　　　　　　　　　囚徒困境

		Y	
		坦白(Y_1)	抵賴(Y_2)
X	坦白(X_1)	3,3	0,5
	抵賴(X_2)	5,0	1,1

兩人非零和博弈支付矩陣中，前面的數值是左邊參與人（第一參與人）的得益，後面的數值是上邊參與人（第二參與人）的得益。

劃線法尋找純戰略的思路是，假定當小偷Y選擇坦白(Y_1)時，小偷X選擇坦白(X_1)判3年，選擇抵賴(X_2)判5年，故坦白是他的最優選擇，在（坦白，坦白）下的第一個數值3下劃一短線；當小偷Y選擇抵賴(Y_2)時，小偷X選擇坦白(X_1)判0年（被釋放），選擇抵賴(X_2)判1年，故坦白也是他

的最優選擇,在(坦白,抵賴)下的第一個數值下劃一短線。因此,無論小偷 Y 選擇什麼,坦白都是小偷 X 的最優選擇。同理,無論小偷 X 選擇什麼,坦白都是小偷 Y 的最優選擇,分別在(坦白,坦白)、(抵賴,坦白)下的第二個數值 3 和 0 下劃一短線。若某一個戰略組合下的兩個數值下都劃有短線,該組合就是該博弈的純戰略納什均衡,該博弈有唯一的純戰略納什均衡(坦白,坦白)。

　　囚徒困境這個簡單的博弈模型之所以經典,在於它顛覆了新古典經濟學中一個重要的結論,即個人理性的選擇會自然而然地達到集體理性這個結論,從而為主流經濟學的建立打下了現實的基礎。當然,個人理性與集體理性的矛盾有時對參與人是壞事,對集體而言卻可能是好事。兩個小偷由於都坦白受到更嚴厲的懲罰,至少在關押期間不會再去偷東西,這對整個社會無疑是件好事。此外,納什均衡是一個「僵局」,即給定別人不動時,自己也沒有動的積極性。換句話說,當博弈只有唯一的納什均衡時,這個納什均衡會實際上發生,且參與方會在沒有任何外在壓力時,自覺自願地遵守它。這就給了我們一個很大的啟示,在規章制度的設計時,如果不是納什均衡的規章制度,就不會有人自覺自願地遵守它。

　　現實中,有許多類似於囚徒困境的似乎不合理的現象可以用博弈論的思維得到合理的解釋。如某些公共產品的供給類似於囚徒困境,樓道的路燈壞了多時沒人更換,而室內卻燈火通明。如果及時更換路燈,大家都不會摸黑走路。問題是,如果我出錢換路燈,得不償失;而如果你出錢換路燈,我就會占便宜。因此,每個理性參與人的最優選擇都是「不更換」,這種納什均衡的結果是大家都摸黑走路。類似於囚徒困境的公共產品會趨於供給不足。

　　與類似於囚徒困境的公共產品供給不足的情況相反,某些沒有排他性的公共資源會被過度使用。如近幾年中國北方的沙塵暴現象引起了人們極大的擔憂。據統計,離北京最近的沙漠只有 90 千米,且中國沙漠化的速度還呈上升趨勢,20 世紀 50 年代至 70 年代中期,沙漠區年均擴大 1,560 平方千米,20 世紀 70 年代中期至 80 年代中期,沙漠區年均擴大 2,100 平方千米,而目前沙漠區年均擴大 2,460 平方千米。而沙漠化的原因是人們對土地的「濫墾」「濫牧」「濫伐」「濫採」。如對牧區的一份調查顯示,草原上牲畜超載現象十分嚴重,牧區一般超載 50%～120%,有的牧區超載達 300%。問題是,當公共資源沒有排他性所有權,而牧民又獨自進行選擇時,理性的單個牧民會想,我「多養」幾只羊不會對草原造成多大的影響,而「少養」則自己吃虧,每個牧民的最優選擇都是「多養」,因此草原被「濫牧」了。這也是典型的囚徒困境的例子。

　　再如,幾家生產相同產品的寡頭競爭企業,幾次「價格戰」的折磨已使

得大家都幾乎無利可圖。這些企業當然都知道「物以稀為貴」的市場原理，如果他們能聯合起來，採取「限量穩價」的戰略，雖然每家企業的產量少了，卻都可以獲得更多的利潤。但是，給定別的企業「限量」的情況下，自己卻有「不限量」的衝動，因為這時多生產的產品可以以一個較高的價格售出，「不限量」將使自己獲益。所有理性的企業都這樣想，「不限量」是他們的最優選擇，新一輪的「價格戰」重新開始，這些企業的利潤進一步減少，有些企業更會遭到「破產」的滅頂之災。囚徒困境的「困境」似乎與他們形影不離。前幾年中國幾家彩電巨頭的「價格聯盟」的「流產」，除了有壟斷之嫌外，「價格聯盟」不是納什均衡協議也是「流產」的重要原因。個人理性再一次與集體理性相矛盾，對這些企業當然是十足的壞事，價格戰會再次打下去，消費者當然只好偷著樂了。

還有，在「冷戰」時期美、蘇兩國的軍備競賽也是典型的囚徒困境。愛好和平的人會想，他們花費巨額軍費生產出來的武器是否真的會派上用場，可能大多數武器最後難逃被銷毀的命運，但他們為什麼還會爭相增加軍費來擴大軍備呢？博弈論認為，在一個弱肉強食的世界，如果一方擴軍備戰，另一方就會感到自己的安全受到威脅，因此，雙方的最優選擇都是「增加軍費」，軍備競賽就這樣被「激勵」起來。

2. 智豬博弈

圈裡有大豬、小豬兩頭豬，按鈕時會有10單位飼料供給，但誰去按鈕誰就要付出兩單位成本，支付矩陣如表2.7所示。

表2.7　　　　　　　　　　　智豬博弈

		小豬 按	小豬 不按
大豬	按	5, 1	4, 4
大豬	不按	9, -1	0, 0

在這個抽象化的博弈模型中，用劃線法找納什均衡的過程是：給定小豬按，大豬的最優選擇是不按，給定小豬不按，大豬的最優選擇是按；給定大豬按，小豬的最優選擇是不按，給定大豬不按，小豬的最優選擇還是不按。可見，在該博弈中，無論大豬選擇按還是不按，小豬的最優選擇都是不按。大豬預見到此，故在給定小豬不按的情況下，大豬只好選擇按。本博弈存在唯一的納什均衡(大豬按，小豬不按)。

該博弈得到的結論是：多勞者不多得，小豬占了大豬的便宜。但是否可修改博弈的規則，使大豬和小豬各盡所能，各獲所得呢？如安排大、小兩個踏板，大豬踩大踏板，得到較多的飼料，小豬踩小踏板，得到較少的飼料；或者規定

19

大豬和小豬輪流去踩踏板等。可見,不同的博弈規則會帶來不同的結果。

當然,在現實生活中,由於不同的原因,確實會存在大豬和小豬,由於它們的地位不同,其行為方式也有很大的不同,這是值得關注和研究的。

某些公共產品的供給,就類似智豬博弈的情況。這裡,大豬類似富人(或享用更多公共產品的人),小豬類似窮人(或享用較少公共產品的人)。如「燃油稅」改革方案規定,使用道路多的車多交費,使用道路少的車少交費,行人則不交費,這更體現了公平的原則。原來不管使用道路的多少,均按不同車型(大、小)交一樣的「養路費」的規則顯然有失公允;又如,富人多交稅,窮人少交稅或不交稅等。可見,有的公共產品應該由富人提供,窮人享用。

在現實經濟活動中,大、小企業的行為就很不一樣。大企業財大氣粗,可以設立研發機構,不斷開發新產品,花大本錢做廣告來擴大市場。而小企業實力不濟,則沒有這種積極性。從博弈的角度講,小企業的最優選擇是「仿製」,等大企業開發出市場後坐收漁翁之利,這是典型的「搭便車」行為。因此,不分企業的具體情況就說小企業觀念落後,不注意開發新產品,也不善於開拓市場,似乎是有點不著邊際。

在股市上,「大戶」與「散戶」也類似於智豬博弈中的大豬和小豬。股價的漲落,對「大戶」的盈虧影響很大,對「散戶」卻影響不大。故「大戶」有積極性花成本去搜集影響股價的內、外信息並加以研究,以尋找炒作題材或發現「潛力股」等,而「散戶」則沒有這種積極性。因此,「散戶」的最優戰略是「跟大戶」。但必須注意的是,股市上是股民賺股民的錢,大戶會想方設法迷惑散戶,散戶能否弄清大戶的真正意圖,則是「跟大戶」的前提條件,否則就會後悔莫及。

3. 山羊過橋

這是小學課本中的一則寓言故事,講一條河上有一座獨木橋,每次只允許一只山羊過去。河兩邊各有一只山羊準備過河,它們各有「進」和「退」兩種選擇,其支付矩陣如表2.8所示。

表2.8　　　　　　　　　　山羊博弈

		B 進	B 退
A	進	-5, -5	4, 0
	退	0, 4	0, 0

與前面兩個例子不同的是,前兩個例子都只存在唯一的納什均衡,而該博弈有兩個納什均衡,即(A進,B退),(A退,B進)。研究博弈論的一個重要目的是想預測哪一個納什均衡會實際上發生,但當博弈有兩個及以上

第二章　完全信息　　博弈

的納什均衡時,要預測哪一個納什均衡會發生就會有困難,如 A 預期的是(A 進,B 退),B 預期的是(A 退,B 進),實際上則可能不是納什均衡的情況會發生,如(A 進,B 進),就會產生兩敗俱傷的情況。正如故事中所述的一樣,兩只山羊同時選擇「進」而互不相讓,最終掉下河裡都被淹死。

當博弈有兩個及以上的納什均衡時,要預測哪一個納什均衡會實際發生就會有困難,但有時通過不花什麼成本的「廉價磋商」,會使某一個納什均衡實際發生,從而避免兩敗俱傷的情況發生。中學課本裡有一篇美國幽默小說家歐·亨利的文章《麥琪的禮物》,故事講述的是一對非常恩愛但很貧窮的夫妻吉姆和德娜,丈夫吉姆有一只祖傳的金表,卻沒有表鏈,妻子德娜有一頭漂亮的長發,卻窮得買不起一支發夾。在聖誕節前夜,吉姆想給妻子一個意外的驚喜,背著妻子賣掉懷表換回了一支發夾;德娜也想給丈夫一個意外的驚喜,賣掉那頭漂亮的長發換回一條表鏈。當晚回家相互拿出給對方的禮物時,雙方只好相視而笑擁在一起。我們將這個故事博弈化,有支付矩陣如表 2.9 所示。

表 2.9　　　　　　　　　　麥琪的禮物

		德娜	
		賣發	不賣發
吉姆	賣表	-5, -5	3, 4
	不賣表	4, 3	2, 2

如果博弈矩陣的得益如表 2.9 所示,該博弈也有兩個納什均衡,即(賣表,不賣發),(不賣表,賣發)。很顯然,如果從物質利益的角度來分析,(賣表,賣發)是最糟糕的結果,雙方換回的均是無用的東西。如果一方在賣東西時通知對方,可能對方就不會採取賣的行動,這就是所謂的「廉價磋商」。

但故事裡卻非常欣賞這樣的結局:「麥琪,眾所周知,都是非常聰明的人,他們給 躺在馬槽裡的耶穌帶來了禮物。他們發起了聖誕節贈送禮物的習俗。在所有贈送禮物的人當中,這兩個孩子是最聰明的。」現將支付矩陣改為表 2.10。

表 2.10　　　　　　　　　　麥琪的禮物

		德拉	
		賣發	不賣發
吉姆	賣表	5, 5	4, 2
	不賣表	2, 4	2, 2

在這樣的得益矩陣中，(賣表,賣發)是唯一的納什均衡。可見，博弈的得益是參與方行動選擇的依據，不同的得益將導致不同的結果。

現實生活中也有許多類似於山羊博弈的情況。某些公共產品的供給就類似於山羊博弈，即一部分人提供，另一部分不提供。如慈善基金大多數是由富人提供的，在完全自願的條件下，則有一部分富人樂於行善而捐款，一些富人則不願捐款。從前面幾個例子可以看出，公共產品的供給有的類似於囚徒困境，有的類似於智豬博弈，有的類似於山羊過橋，不同類型的公共產品的性質、提供者、享用者有很大的區別，這對於有興趣研究公共產品的供給部門和學者會帶來有益的啟示。

4. 性別博弈

一對戀人每週末相約去參加一次活動，男方是足球迷，女方更喜歡看電影。既然是談戀愛，當然不會是男的去看足球、女的去看電影，其得益矩陣如表 2.11 所示。

表 2.11　　　　　　　　性別博弈

		女	
		足球	電影
男	足球	3,1	0,0
	電影	-1,-1	1,2

該博弈也有兩個納什均衡，即(足球,足球)，(電影,電影)。前面已述，當博弈有兩個及以上的納什均衡時，要判斷哪一個納什均衡實際會發生是困難的。但在該博弈中，存在先動優勢。現實生活中，如果週末男方先買回兩張足球票，女方只好與男方同去看足球；若週末女方先買回兩張電影票，男方就只好與女方同去看電影。當然，他們也可以達成一個協議：一個星期看足球，另一個星期看電影。

在有些博弈裡，則可能存在後動優勢。在所謂的「單相思性別戰」中，就存在後動優勢。模型中的男方是足球迷，女方更喜歡看電影，男方正追求女方，女方卻不願意，千方百計地想躲開男方。其支付矩陣如表 2.12 所示。

表 2.12　　　　　　　單相思性別博弈

		女	
		足球	電影
男	足球	3,-2	-2,2
	電影	-3,1	2,-1

如果在這個博弈中,女方先行動,男方後行動,則女方存在先動劣勢,而男方有後動優勢。女方先行動時,不管她選擇足球還是電影,男方後行動時都會與女方選擇一致,而達到和女方在一起的目的。在靜態博弈中,該博弈沒有納什均衡。

5. 市場進入阻撓博弈

這是產業組織經濟學中一個著名的例子。一個壟斷企業已在市場上(在位者),另一個企業虎視眈眈地準備進入。進入者有進入與不進入兩種選擇,在位者可選擇默許或鬥爭。其得益矩陣如表 2.13 所示。

表 2.13　　　　　　　　　　市場進入阻撓博弈

在位者

		默許	鬥爭
進入者	進入	30,50	-10,0
	不進	0,100	0,100

該博弈也有兩個納什均衡,即(進入,默許),(不進,鬥爭),但(不進,鬥爭)是一個弱納什均衡。

現實生活中,壟斷者面對進入者一般都會擺出一副血戰到底的鬥爭姿態(如削價銷售),因為他們非常希望能保住高額的壟斷利潤。問題在於,面對表 2.13 所示的得益矩陣,壟斷者發出的鬥爭威脅是否可信呢?換句話說,進入者是否會被壟斷者發出的鬥爭威脅所阻撓而不敢進入呢?回想幾年前,國美電器準備進入某城市時,該市三家知名商家聯盟準備將國美阻於城外,但國美並未被幾家商家的鬥爭威脅嚇退。當國美進入市場時,出乎意料的是,首先瓦解的倒是海誓山盟的三家聯盟,只剩下一家與國美較上了勁。事情發展到後來,兩家似乎達到了雙贏的結果,而退出聯盟的另兩個商家,原設想的「鷸蚌相爭,漁翁得利」的希望卻落了空,這是我們在現實中觀察到的大多數市場進入阻撓的結果。

6. 鷹鴿博弈

博弈論的一個基本假定是參與人都是理性人,而且是「完全的理性人」。但這個假設在現實中卻近乎一個苛刻的要求,因為「完全的理性人」要有追求自己最大利益的理性意識、超人的記憶力、完美的邏輯推理能力、正確的預測力和從不出錯的決策能力等。「完全的理性人」是唯一的,故非合作博弈論中假設參與人都是「完全的理性人」,一方面可簡化分析,另一方面是在此假設下的博弈均衡及均衡結果是一種標準答案。但參與人是人不是神,現實中應該說大都是「有限的理性人」,而有限的理性人的理性缺陷是各不相同的,故有限理性人進行的博弈結果可能會千奇百怪。但有限的

理性人可以通過不斷的學習和協調,而逐步接近或達到完全理性博弈的均衡。鷹鴿博弈試圖模型化這樣一個事實:比人類理性程度更低的動物如何在其進化中通過不斷的學習和協調達到一種穩定程度。設有一群鳥互相為爭奪地盤而爭鬥,在爭鬥中,每只鳥的態度可能是「凶猛的老鷹」,也可能是「溫和的鴿子」。

假設地盤的價值為 V,爭鬥失敗的成本為 c。為簡單直觀,現只有鳥1和鳥2兩只鳥,並令 $V = 4, c = 18$。當兩只鳥相遇時,若都是凶猛的老鷹,則失敗和獲勝的概率均為1/2,各自的期望支付都是 $-7[(V-c)/2 = (4-18)/2]$;若都是溫和的鴿子,則平分其地盤價值 V,各自的支付都是 $2(V/2 = 4/2)$;若一只是凶猛的老鷹,另一只是溫和的鴿子,則老鷹得到整個地盤價值 $V = 4$,而鴿子逃跑得到0。支付矩陣如表2.14所示。

表2.14　　　　　　　　　　鷹鴿博弈

		鳥1 老鷹	鳥1 鴿子
鳥2	老鷹	-7, -7	4, 0
	鴿子	0, 4	2, 2

鷹鴿博弈其實是山羊博弈的一種變化形態。鷹鴿博弈不是指鷹、鴿兩種動物之間的博弈,而是指同一種動物(物種、種群)面臨內部衝突所採取的態度(大概「鷹派」和「鴿派」之稱就來源於此)。在一次性靜態博弈中有兩個完全理性的純戰略:(老鷹,鴿子),(鴿子,老鷹)。另外還存在一個混合戰略,即兩只鳥分別按一定的概率選擇老鷹和鴿子。但在「有限理性」參與人的假設下,令我們感興趣的是,面臨這種衝突,它們是會全都選擇當凶猛的老鷹?還是會全都選擇當溫和的鴿子?或者是一部分是凶猛的老鷹,另一部分是溫和的鴿子,如果是這樣,各自所占的比重又是多少呢?在長期的衝突中,它們能否通過不斷的學習和協調達到一種穩定的博弈均衡的狀態呢?在後面對「完全理性」提出質疑時,我們將再回到這個例子上來。

(二) 納什均衡及尋找

博弈分析的目的是預測(期)博弈的均衡結果,即給定每個參與人都是理性的,每個參與人都知道每個參與人都是理性的條件下,什麼是每個參與人的最優戰略?什麼是所有參與人的最優戰略組合?

納什均衡是完全信息靜態博弈解的一般概念,也是所有其他類型博弈解的基本要求。

下面先討論納什均衡的幾種特殊情況,然後再給出納什均衡的一般概念。

1. 占優戰略均衡

前面在講述戰略的概念時，說戰略具有相互依存性，即每個參與人的最優戰略依賴於所有其他參與人的戰略選擇。

但在一些特殊的博弈中，一個參與人的最優戰略可能並不依賴於其他參與人的戰略選擇，即不論其他參與人選擇什麼戰略，他的最優戰略是唯一的，這樣的最優戰略被稱為「占優戰略」。

在囚徒困境中，無論囚徒 Y 選擇什麼，囚徒 X 的最優戰略是「坦白」；同理，無論囚徒 X 選擇什麼，囚徒 Y 的最優戰略是「坦白」。因此，(坦白，坦白)是(強) 占優戰略均衡。

定義 2.2：[(強) 占優戰略]

s_i^* 稱為參與人 i 的(嚴格) 占優戰略，如果對應所有的 s_{-i}，s_i^* 是 i 的嚴格最優選擇，即：

$$u_i(s_i^*, s_{-i}) > u_i(s_i^{'}, s_{-i}), \forall s_{-i}, \forall s_i^{'} \neq s_i^*$$

對應地，所有的 $s_i^{'} \neq s_i^*$ 被稱為劣戰略。這裡，$s_{-i} = (s_1, \cdots, s_{i-1}, s_{i+1}, \cdots, s_n)$，是 i 之外所有參與人的戰略組合。

定義 2.3：[(強) 占優戰略組合]

在博弈的戰略式表述中，如果對於所有的 i，s_i^* 是 i 的占優戰略，那麼，戰略組合 $s^* = (s_1^*, \cdots, s_n^*)$ 稱為(強) 占優戰略組合。

在一個博弈中，如果所有參與人都有占優戰略存在，那麼，占優戰略是可以預測到的唯一的均衡。

占優戰略均衡只要求每個參與人是理性的，而並不要求每個參與人知道其他參與人是理性的，即不要求「理性」是共同知識。因為不論其他參與人是否是理性的，占優戰略總是一個理性參與人的最優選擇。

2. 重複剔除嚴格劣戰略的占優均衡

在絕大多數博弈中，(強) 占優戰略是不存在的，但可用占優的邏輯找到均衡。基本思路是：首先找出某個參與人的劣戰略(若存在)，剔除這個戰略後，重新構造一個不包含剔除劣戰略的新博弈，然後再剔除某個參與人的劣戰略；重複這個過程，一直到只剩下唯一的戰略組合為止。這個唯一剩下的戰略組合被稱為「重複剔除劣戰略的占優均衡」。

如在智豬博弈中，沒有占優戰略均衡，因為儘管「不按」是小豬的占優戰略，但大豬沒有占優戰略。大豬的占優戰略依賴於小豬的戰略：若小豬「不按」，大豬的最優戰略是「按」；若小豬「按」，大豬的最優戰略是「不按」。

按重複剔除劣戰略的思路，首先剔除小豬的劣戰略「按」，在剩下的博弈中，小豬只有一個戰略「不按」，給定小豬「不按」時，「不按」是大豬的劣

戰略,剔除這個劣戰略,(按,不按)是剩下的唯一戰略組合,這裡用重複剔除劣戰略的方法找到了該博弈的解。

在占優戰略均衡中,我們曾給出「占優戰略」和「劣戰略」的概念,前面所講的「占優戰略」是指一個參與人所有可選擇的戰略中嚴格優於所有其他戰略的那個戰略,即 $s_i^* \in s_i$ 是 i 的占優戰略,意味著對於所有的 $s_i' \in s_i$,$s_i' \neq s_i^*$,$u_i(s_i^*, s_{-i}) > u_i(s_i', s_{-i})$ $\forall s_{-i}$,所有的 $s_i'(s_i' \neq s_i^*)$ 都是(相對於 s_i^*)劣戰略。而在用重複剔除法尋找均衡時,一個戰略是占優戰略或劣戰略可能只是相對於另一個特定的戰略而言的。

因此,在這裡需要對「占優戰略」和「劣戰略」重新定義。

定義 2.4:(嚴格占優戰略與嚴格劣戰略)

令 s_i' 和 s_i'' 是參與人 i 可選擇的兩個戰略。如果對於任意的其他參與人的戰略組合 s_{-i},參與人 i 從選擇 s_i' 得到的支付嚴格小於從選擇 s_i'' 得到的支付,即:

$$u_i(s_i', s_{-i}) < u_i(s_i'', s_{-i}), \forall s_{-i}$$

則說戰略 s_i' 嚴格劣於戰略 s_i''。

通常,s_i' 稱為相對於 s_i'' 的劣戰略;對應地,s_i'' 稱為相對於 s_i' 的占優戰略。占優戰略均衡中的占優戰略 s_i^* 是相對於所有 $s_i' \neq s_i^*$ 的占優戰略。

定義 2.5:(弱占優戰略與弱劣戰略)

s_i' 弱劣於戰略 s_i'',如果對於所有的 s_{-i},有:

$$u_i(s_i', s_{-i}) \leq u_i(s_i'', s_{-i})$$

且對於某些 s_{-i},嚴格不等式成立。s_i'' 稱為相對於 s_i' 的弱占優戰略。

定義 2.6:(重複剔除劣戰略的占優均衡)

戰略組合 $s^* = (s_1^*, \cdots, s_n^*)$ 稱為重複剔除的占優均衡,如果它是重複剔除劣戰略後剩下的唯一的戰略組合,如果這種唯一的戰略組合是存在的,則說該博弈是重複剔除占優可解的。

例 2.1　有如下博弈矩陣(如表 2.15 所示):

表 2.15　　　　　　　　　博弈矩陣

		B		
		Y_1	Y_2	Y_3
A	X_1	2,1	3,3	1,2
	X_2	1,3	1,2	3,1

在該例中,參與人 A 有兩個戰略,參與人 B 有三個戰略。A 的戰略中沒有一個戰略嚴格優於另一個戰略,而對 B 而言,Y_2 嚴格優於 Y_3,Y_3 被剔除;在剩下的博弈中,X_1 嚴格優於 X_2,X_2 被剔除。最後,Y_2 嚴格優於 Y_1,Y_1 被剔

除。(X_1, Y_2) 為唯一戰略組合。

如果每次剔除的是嚴格劣戰略,均衡結果與剔除的順序無關;如果剔除的是弱劣戰略,均衡結果可能與剔除的順序有關,這就是所謂的「路徑依賴」。

例2.2　有如下博弈矩陣(如表2.16所示):

表2.16　　　　　　　　　博弈矩陣

		B		
		Y_1	Y_2	Y_3
A	X_1	2,12	1,10	1,12
	X_2	0,12	0,10	0,11
	X_3	0,12	0,10	0,13

若剔除順序按 X_3, Y_3, X_2, Y_2 進行,則 (X_1, Y_1) 是剩下的戰略組合;若剔除的順序是按 Y_2, X_2, Y_1, X_3 進行,則 (X_1, Y_3) 是剩下的戰略組合。

因此,在用重複剔除劣戰略的方法來尋找博弈的均衡時,一般都是使用嚴格劣戰略剔除,使用嚴格劣戰略剔除法,該博弈是不可解的。

重複剔除嚴格劣戰略的占優均衡不僅要求每個參與人是理性的,而且要求「理性」是共同知識:即所有參與人知道所有參與人是理性的,所有參與人知道所有參與人知道所有參與人是理性的,如此循環。

在例2.1中,如果A不能確信Y是理性的,A就不能排除B選 Y_3 的可能性,則 X_1 就不一定是A的最優選擇;類似地,即使A知道B是理性的,但如果B不知道A知道B是理性的,或者B不知道A是理性的,B就不能排除A選 X_2 的可能性,從而 Y_2 就不一定是B的最優選擇。由於重複剔除嚴格劣戰略的占優均衡不僅要求每個參與人是理性的,而且要求「理性」是共同知識,當參與人的戰略空間越大,對共同知識的要求越嚴格。因此,重複剔除嚴格劣戰略的占優均衡是許多博弈的一個合理預期,但實際中並非總是如此,特別是有極端值時。

例2.3　有如下博弈矩陣(如表2.17所示):

表2.17　　　　　　　　　博弈矩陣

		Y	
		Y_1	Y_2
X	X_1	10,12	－100,10
	X_2	9,7	8,6

(X_1, Y_1) 是重複剔除嚴格劣戰略的占優均衡。但實驗表明，大多數人會選 X_2，儘管 X 百分之百地相信 Y 是理性的，會選 Y_1，但哪怕只有非常小的可能 Y 會選 Y_2，則 X_2 就優於 X_1。該例表明，博弈結果對行為的不確定性是非常敏感的，即使是很小的不確定性。

3. 納什均衡

一些特殊的博弈問題可以用占優戰略或重複剔除嚴格劣戰略的方法求得博弈的解，但許多博弈問題不存在占優戰略均衡或重複剔除嚴格劣戰略均衡，但博弈仍然是有解的，為了求得這些博弈的解，這裡引入納什均衡的概念。

納什均衡的定義：

有 n 個參與人的戰略表述博弈：
$G = \{S_1, \cdots, S_n; u_1, \cdots, u_n\}$，戰略組合：$s^* = (s_1^*, \cdots, s_i^*, \cdots, s_n^*)$ 是一個納什均衡，如果對於每一個 i, s_i^* 是給定其他參與人選擇

$$s_{-i}^* = (s_1^*, \cdots, s_{i-1}^*, s_{i+1}^*, \cdots, s_n^*)$$

的情況下第 i 個參與人的最優戰略，即：

$$u_i(s_i^*, s_{-i}^*) \geq u_i(s_i, s_{-i}^*), \forall s_i \in S_i, \forall i$$

我們可以用納什均衡的定義來檢查一個特定的戰略組合是否是一個納什均衡。實際中，可以用所謂劃線的方法來尋找納什均衡，一般是，在兩人有限戰略博弈中，對於每一個 B 的給定的戰略，找出 A 的最優戰略，在其對應的支付下劃一橫線，再用類似方法找到 B 的最優戰略。如某支付格的兩個數值下都有橫線，這個數字格對應的戰略組合就是一個納什均衡。

4. 有關納什均衡的幾個問題

（1）納什均衡是最一般的定義

許多不存在占優戰略均衡或重複剔除嚴格劣戰略的占優均衡，卻存在納什均衡。如例 2.2 中的 $(X_1, Y_1), (X_1, Y_3)$。

（2）占優戰略均衡、重複剔除占優均衡、納什均衡的關係

每一個占優戰略均衡、重複剔除占優均衡一定是納什均衡，但並非每一個納什均衡都是占優戰略均衡或重複剔除占優均衡。因為構成納什均衡的唯一條件是：它是參與人對其他參與人均衡戰略的最優選擇。而占優戰略均衡則要求它是對所有其他參與人的任何戰略組合的最優選擇，則自然它也是對所有其他參與人的某個特定的戰略組合的最優選擇。而重複剔除占優均衡則要求它是在重複剔除過程中剩下的唯一的戰略組合。

納什均衡一定是在重複剔除嚴格劣戰略（不適合弱劣戰略剔除）過程中沒有被剔除掉的戰略組合，但沒有被剔除的戰略組合不一定是納什均衡，除非它是唯一的。

在囚徒困境中,(坦白,坦白)是一個占優戰略均衡、重複剔除的占優均衡,也是納什均衡;在智豬博弈中(大豬按,小豬等)是一個重複剔除占優均衡,也是納什均衡;

但在下例博弈中,(X_3, Y_3)是一個納什均衡,但不是一個重複剔除的占優均衡,更不是占優戰略均衡。

例2.4 有如下支付矩陣(如表2.18所示):

表2.18 　　　　　　　　　支付矩陣

		B		
		Y_1	Y_2	Y_3
	X_1	1,5	5,1	6,4
A	X_2	5,1	2,5	6,3
	X_3	4,6	3,4	7,7

該例中,沒有任何一個戰略嚴格劣於另外一個戰略,因而沒有一個戰略組合被剔除掉,但(X_3, Y_3)是唯一的一個納什均衡。

(3)納什均衡是弱納什均衡的定義

納什均衡有強弱之分,一個納什均衡是強的,是說如果給定其他參與人的戰略,每一個參與人的最優選擇是唯一的。即說s^*是一個強納什均衡,只當對於所有的$i, s_i' \neq s_i^*, u_i(s_i^*, s_{-i}^*) \geq u_i(s_i', s_{-i}^*)$。

在例2.2中,(X_1, Y_1),(X_1, Y_3)都是納什均衡,但沒有一個是強納什均衡。在重複剔除劣戰略占優均衡中之所以強調重複剔除嚴格劣戰略,是因為用弱劣戰略剔除時,可能將納什均衡剔除掉。在例2.2我們看到,若剔除順序按X_3, Y_3, Y_2, X_2進行,則(X_1, Y_1)是剩下的戰略組合,(X_1, Y_3)被剔除了;若剔除的順序是按Y_2, X_2, Y_1, X_3進行,則(X_1, Y_3)是剩下的戰略組合,(X_1, Y_1)被剔除掉了。

在市場阻撓博弈中,前面講(不進,鬥爭)是一個弱納什均衡。若按重複剔除弱劣戰略的方法,鬥爭是在位者的弱劣戰略,因而被剔除,(進入,默許)是唯一剩下的沒有被剔除的戰略組合,故是重複剔除的占優均衡。可見,納什均衡允許弱劣戰略的存在。

(4)納什均衡是參與人的「一致性」預測

我們說博弈分析的一個重要內容是預測博弈的結果,如果所有參與人預測到一個特定的納什均衡將會出現,則沒有人有興趣做出不同的選擇。因為,只有納什均衡且只有納什均衡有這樣的特徵:參與人預測到均衡,參與人預測到其他參與人預測到均衡,如此等等。對比之下,預測到一個非納什均衡的戰略組合將意味著至少有一個參與人會犯錯誤(可能是關於對手

的選擇的預測是錯誤的,也可能自己的選擇是錯誤的)。

說納什均衡是參與人的「一致性」預測並不意味著納什均衡一定是一個好的預測,因為一個博弈有的有多個納什均衡,為了預測哪一個納什均衡實際會發生,還需要知道博弈進行的具體過程。

二、混合戰略的非零和博弈

(一) 混合戰略的納什均衡

1. 一個抽象的例子

例 2.5　有如下支付矩陣(如表 2.19 所示):

表 2.19　　　　　　　　　　支付矩陣

		Y$_1$	Y$_2$
X	X$_1$	3,4	5,3
	X$_2$	4,2	4,5

該博弈為非零和博弈,用劃線法知不存在純戰略。根據納什均衡的存在性定理(後面給出),則該博弈存在混合戰略的納什均衡。

根據前面所講確定混合戰略的兩個原則,令 X 選擇 X_1, X_2 的概率分別為 $P(X_1), P(X_2)$,則有:

$$4P(X_1) + 2P(X_2) = 3P(X_1) + 5P(X_2)$$

解　　$P(X_1) = 3P(X_2)$

因為

$$P(X_1) + P(X_2) = 1$$

得:　$P(X_1) = 0.75, P(X_2) = 0.25$

令 Y 選擇 Y_1, Y_2 的概率分別為 $P(Y_1), P(Y_2)$,則有:

$$3P(Y_1) + 5P(Y_2) = 4P(Y_1) + 4P(Y_2)$$

解　　$P(Y_1) = P(Y_2)$

因為

$$P(Y_1) + P(Y_2) = 1$$

得:　$P(Y_1) = 0.5, P(Y_2) = 0.5$

2. 混合戰略納什均衡的定義

在 n 個參與人博弈的戰略式表述 $G = \{S_1, \cdots, S_n; u_1, \cdots, u_n\}$ 中,假定參與人 i 有 K 個純戰略: $S_i = \{s_{i1}, \cdots, s_{ik}\}$,那麼,概率分佈 $P_i = (P_{i1}, \cdots, P_{ik})$ 稱為 i 的一個混合戰略,這裡 $P_{ik} = P(s_{ik})$ 是 i 選擇 s_{ik} 的概率,對於所有的 $K = 1, \cdots, k, 0 \leq P_{ik} \leq 1, \sum_1^k P_{ik} = 1$。

在這個定義下,純戰略可理解為是混合戰略的特例,比如說,純戰略 S_{i1} 等價於混合戰略 $P_i = (1,0,\cdots,0)$,即選擇純戰略 S_{i1} 的概率為1,選擇其他純戰略的概率為0。

(二) 納什均衡的奇數定理

威爾遜(Wilson)在1971年證明,幾乎所有有限博弈都有有限奇數個納什均衡。這意味著在一般情況下,如果一個博弈有兩個(或偶數個)純戰略納什均衡,則一定存在第三個(奇數個)混合戰略的納什均衡。

在前面的性別博弈中,有兩個純戰略納什均衡(足球,足球),(電影,電影),則一定存在第三個混合戰略的納什均衡。比如在一個週末,男的買了兩張足球票,女的買了兩張電影票,對到底去看足球比賽還是看電影爭論不休。於是雙方同意各自背地在紙上寫足球或電影,若同為足球或電影,則一起去觀看;若不相同,則待在家裡什麼地方也不去。若雙方均為理性人,他們應以多大的概率來選擇寫足球還是電影呢?(見表2.20)

表2.20　　　　　　　　　　性別博弈

		女	
		足球	電影
男	足球	3,1	0,0
	電影	-1,-1	1,2

令男方以 $P(X_1)$,$P(X_2)$ 的概率選擇寫足球和電影,女方以 $P(Y_1)$,$P(Y_2)$ 的概率選擇寫足球和電影,則有:

$$P(X_1)(1) + P(X_2)(-1) = P(X_1)(0) + P(X_2)(2)$$

解得:　$P(X_1) = 3P(X_2)$

因為

$$P(X_1) + P(X_2) = 1$$

所以　　$P(X_1) = 0.75, P(X_2) = 0.25$

即男的以75%的概率選足球,以25%的概率選電影。

同理有　$P(Y_1)(3) + P(Y_2)(0) = P(Y_1)(-1) + P(Y_2)(1)$

解得:　$4P(Y_1) = P(Y_2)$

因為

$$P(Y_1) + P(Y_2) = 1$$

所以　　$P(Y_1) = 0.2, P(Y_2) = 0.8$

即女的以20%的概率選足球,以80%的概率選電影。

(三) 混合戰略的博弈值

在純戰略非零和博弈中,博弈值就是純戰略下支付格的數值。如性別

博弈中,若純戰略(足球,足球)實際發生,則男方的博弈值為3,女方的博弈值為1;若純戰略(電影,電影)實際發生,則男方的博弈值為1,女方的博弈值為2。

在混合戰略下,男女雙方的博弈值(期望得益)為:

男:$0.75 \times 0.2 \times 3 + 0.25 \times 0.2 \times (-1) + 0.75 \times 0.8 \times 0$
$+ 0.25 \times 0.8 \times 1 = 0.6$

女:$0.75 \times 0.2 \times 1 + 0.25 \times 0.2 \times (-1) + 0.75 \times 0.8 \times 0$
$+ 0.25 \times 0.8 \times 2 = 0.5$

採用混合戰略的結果顯然是令人沮喪的,這是因為不是納什均衡的戰略[本例中的壞結果](足球,電影),(電影,足球)也會以一定的概率發生。這個結果顯然還不如一方遷就另一方的得益高(一方至少可得1)。實際中,人們一般不會採取這種低效率的博弈方式來解決問題,但卻不是不可能發生的。

第三節　　納什均衡的存在性及多重性

一、納什均衡的存在性

在前面我們所舉出的博弈例子中,都至少存在一個納什均衡,不論是占優戰略均衡,重複剔除的占優戰略均衡,純戰略納什均衡,還是混合戰略均衡。一般將這四個均衡統稱為納什均衡。是否所有的博弈都存在納什均衡呢?這不一定。但納什在1950年證明,任何有限個參與人且每個參與人有有限個純戰略的有限博弈中,至少存在著一個納什均衡。

(一)納什均衡的存在性定理1

納什在1950年證明:每一個有限博弈至少存在一個納什均衡(純戰略的或混合戰略的)。即在一個有 n 個博弈方的戰略式博弈 $G = \{S_1, \cdots, S_n;$ $u_1, \cdots, u_n\}$ 中,如果 n 是有限的,且 S_i 也是有限的,則該博弈存在一個納什均衡(純戰略的或混合戰略的)。

這裡不準備對納什均衡的存在性進行嚴格的數學證明(感興趣的讀者可參閱有關的文獻)。這是因為,在引入混合戰略的概念後,博弈在比較弱的條件下可以保證納什均衡的存在性,即納什均衡的存在性並不是博弈論研究的重要內容。我們僅給出一個較直觀的解釋。

納什是用角谷(Kakutani)不動點定理來加以證明的。角谷不動點定理是拓撲學中一個重要的定理,它是對布勞爾(Brouwer)不動點定理的拓展。布勞爾不動點定理是關於一維空間上(一元函數)影射的定理。這個定理是

說:$f(x)$ 是定義在點集 X 上的函數,如果 $f(x)$ 是自身對自身的映射(即 $f:X \rightarrow X$),$f(x)$ 是連續的,X 是非空的、閉的、有界的和凸的,那麼,至少存在著一個 $x^* \in X$,使得 $f(x^*) = x^*$,x^* 稱為不動點(見圖2.1)。

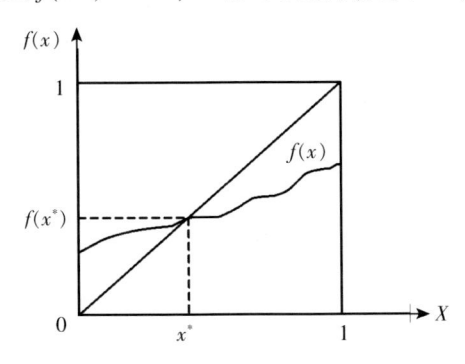

圖 2.1　布勞爾不動點定理

　　布勞爾不動點定理的意義就是函數 $f(x)$ 對應的曲線至少與圖中對角線有一個交點。角谷不動點定理將一維空間影射推廣到 n 維空間影射。其含義是 n 維空間的有界閉凸集上的連續影射,至少存在一個不動點。有許多有趣的實際例子可以加以直觀說明,如攪動一個杯子中的水,當其靜止後,水中必然至少有一點保持在原來的位置上。

　　有限博弈是指有限個參與人且每個參與人有有限個純戰略(納什用角谷不動點理論證明了參與人有有限個純戰略時納什均衡的存在性,但經濟上的許多博弈模型是無限博弈,當參與人有無窮多個時,則有如下的存在性定理)。當然,每個參與人有有限個純戰略是納什均衡存在的充分條件,而不是必要條件。

　　(二) 納什均衡的存在性定理2

　　在 n 人戰略式博弈中,如果每個參與人的純戰略空間 S_i 是歐氏空間上一個非空的、閉的、有界的凸集,支付函數 $u_i(S)$ 是連續的且對 S_i 是擬凹的,那麼,存在著一個純戰略納什均衡(Debreu,1952;Glicksberg,1952;Fan,1952)。

　　納什定理可以看作是上述定理的特例。支付函數的擬凹性是一個很嚴格的條件,這個條件在許多情況下是不滿足的。當支付函數不滿足擬凹性時,純戰略均衡可能不存在。當然,這些條件同樣是充分條件而不是必要條件,當支付函數在純戰略空間上是連續的但不一定是擬凹的,引入混合戰略可以保證納什均衡的存在。

　　(三) 納什均衡存在性定理3

　　在 n 人戰略式博弈中,如果每個參與人的純戰略空間 S_i 是歐氏空間上

一個非空的、閉的、有界的凸集,支付函數 $u_i(S)$ 是連續的,那麼,存在著一個混合戰略納什均衡(Glicksberg,1952)。

二、納什均衡的多重性

博弈分析的目的是想預測參與人的合理的行為方式。我們說納什均衡是對參與人如何博弈的一致性預測,是指如果所有參與人預測一個特定的納什均衡將出現,那麼,沒有人有積極性選擇非納什均衡的戰略,這個納什均衡就會實際發生。這在博弈只有唯一的納什均衡時是沒有多大問題的。

但當一個博弈有多個納什均衡時,如在性別博弈中,有三個納什均衡;在兩人分蛋糕博弈中,每人獨立提出自己所分份額,只要兩人所分份額之和小於1,各自得到自己的份額,若兩者之和大於1,則什麼也得不到。可見,該博弈有無窮多個納什均衡。這時,要所有參與人預測同一個納什均衡會出現是非常困難的,儘管所有參與人都預測納什均衡會出現,但如果不同的參與人預測的不是同一個納什均衡,實際出現的就不是納什均衡,而是非納什均衡。如在山羊博弈中,A山羊的預期可能是(A進,B退),而B山羊的預期可能是(A退,B進),則實際出現的是非納什均衡(A進,B進),兩敗俱傷的悲劇就這樣發生了。

當一個博弈有多個納什均衡時,儘管要預測某一個納什均衡會實際發生是困難的,但某些方法可能會使某一個特定的納什均衡成為參與人的一致性預測。

1. 聚點均衡

博弈論是從現實中各種各樣的博弈中抽象出最基本的組成要素構成一般性的博弈分析框架,這一抽象過程中省略了許多對博弈結果有影響的其他因素,如參與人共同的文化社會背景、風俗習慣、共同的知識、具有特殊意義的事物的象徵、參與人過去博弈的歷史等。

薩林(Schelling,1960)指出,參與人可能利用某些被博弈模型抽象掉的「信息」來達到一個「聚點」均衡。

在性別博弈中,如果某天正好是女方生日,則(電影,電影)很可能是一個「聚點均衡」;在分蛋糕中,如果兩人都有公平意識的話,則(0.5,0.5)可能是一個「聚點均衡」;如兩人約定在某一個時間見面,在一般城市,下班的人可能會約定在6點以後,而在新疆工作的人則可能會約在8點以後,因為新疆要在晚上8點才下班。

以上例子說明,利用某些被博弈模型抽象掉的「信息」來預期在有多個納什均衡的博弈時,確實有可能在某一個納什均衡達成參與人「一致性預測」的聚點均衡,卻難以形成一般性的規律。

2. 廉價磋商

「廉價磋商」是指參與人在博弈開始前進行不花什麼成本的事前磋商。儘管不能保證磋商能達成一個協議,或者參與人儘管達成一個協議也不一定會遵守。但事前磋商確實可以使某些納什均衡會實際發生。

在《麥琪的禮物》中,如果吉姆在賣表前先告訴妻子德娜,則德娜可能就不會去賣頭髮了;或者德娜賣頭髮前先告訴吉姆,吉姆可能就不會去賣表了(當然這樣做會使故事變得索然無味)。當然,這一結論並不總是成立的,考慮如下博弈(見表 2.21):

表 2.21　　　　　　　　　博弈矩陣

		B	
		Y_1	Y_2
A	X_1	10, 10	0, 7
	X_2	7, 0	6, 6

該博弈有兩個納什均衡 (X_1, Y_1),(X_2, Y_2)。

顯然 (X_1, Y_1) 帕累托優於 (X_2, Y_2)。在有事前磋商時,(X_1, Y_1) 可能是一個「聚點均衡」。但奧蒙(Aumann,1990)指出,即使事前磋商也不能保證 (X_1, Y_1) 一定會出現。因為,在未磋商時,X_2 是 A 的最安全的選擇,Y_2 是 B 的最安全的選擇,只要 A 認為 B 選 Y_2 的可能性大於 1/3,X_2 是 A 的最優選擇;同理,只要 B 認為 A 選 X_2 的可能性大於 1/3,Y_2 是 B 的最優選擇。

現假定事前 B 告訴 A 他會選 Y_1,A 是否會相信 B 的話呢?不一定會,因為不論 B 自己選什麼,A 選 X_1 都會使 B 受益,因此,即使 B 並不打算選 Y_1,他也會告訴 A 他將選 Y_1。所以沒有理由認為 A 應該相信 B 的話,(X_2, Y_2) 很可能出現。其實這個例子也說明參與人對風險的態度,在博弈論中,一般是假設參與人是風險中立的。但在這個例子中,如果參與人是風險規避的,當任一方偏離 (X_1, Y_1) 的概率大於 1/3 時,選擇 (X_2, Y_2) 的期望得益就大於 (X_1, Y_1)。雖然 (X_1, Y_1) 帕累托優於 (X_2, Y_2),但從風險意義上看,(X_2, Y_2) 卻優於 (X_1, Y_1),故參與人是風險規避者的話,則 (X_2, Y_2) 是風險較小的納什均衡。

當然,即使事前磋商沒有結果,納什均衡也可能通過參與人的學習過程而出現。假如博弈重複許多次,即使參與人最初難以協調行動,在博弈若干次後,某種特定的協調模式可能會形成。如打橋牌中,參與人的每一次出牌,實際上都在向對方傳送著某種特定的信息,或者說是進行著一種磋商,初次打牌的人,可能會搞不清對方出牌的某種意圖,但長期配對打牌,則會弄清對方出牌的意圖了,即達到了某種默契。當然,這樣的學習過程並不保證必然會導致納什均衡結果的出現。

特別地,假定參與人在每一輪根據其對手以前的「平均」戰略來選擇自己的最優戰略,博弈可能收斂於一個納什均衡。

3. 相關均衡

納什均衡是假定每個參與人獨立行動的,但奧蒙1974年提出了「相關均衡」的概念。所謂相關均衡,就是設計一種機制或規則,這個規則發出「相關信號」,參與人根據他自己觀察到的信號(信息)來選擇自己的行動,這時儘管每個參與人仍是獨立行動的,但他們的行動通過這樣的信號而使他們的選擇相關了,通過這種規則選出的均衡稱為「相關均衡」。而「相關均衡」可能使所有參與人都受益。

如A、B兩個參與人銷售與天氣相關的且配套的產品,如晴天,A出售冰淇淋,B出售裝冰淇淋的杯子;如雨天,A出售燒烤,B出售穿燒烤的竹簽(這種分離假設顯得過分牽強,但更直觀)。因此,當天各人根據天氣的情況來選擇自己的戰略,雖然他們仍然是各自獨立地進行選擇,但通過天氣的變化使兩個參與人的選擇相關了。

更重要的是,奧蒙證明,如果每個人收到不同的但相關的信號,每個人都可以得到更高的期望效用。有如下博弈矩陣(見表2.22)。

表2.22　　　　　　　　　博弈矩陣

	Y_1	Y_2
X_1	6,1	0,0
X_2	5,5	1,6

A (B列頂部)

在該博弈中,有三個納什均衡:(X_1, Y_1),(X_2, Y_2)和一個混合納什均衡。在混合戰略中,兩個參與人均以1/2的概率選擇兩種行動,每個參與人的期望得益為3。為了避免最壞的結果(X_1, Y_2)發生,若他們選用丟硬幣的方法來決定他們的選擇。規則規定,若是正面,A選X_1,B選Y_1;若是反面,A選X_2,B選Y_2。這樣,儘管他們仍然是各自獨立地進行選擇,但通過觀察硬幣的正反面使兩個參與人的選擇相關了。兩個純納什均衡(X_1, Y_1),(X_2, Y_2)各以1/2的概率發生,每個參與人的期望得益為3.5,大於混合戰略的期望得益。

但是,該博弈還可設計出一種信號發射機制而使兩個參與人得到更高的收益。張維迎教授設計了一種擲骰子的信號發射機制來達到使參與人收益更高的目的。這個相關機制是這樣設計的:現假定兩個人同意由第三人通過擲骰子的方法決定每個人的選擇。規定如果出現1或2,A選X_1;如果出

現 3 至 6，A 選 X_2。如果出現 1 至 4，B 選 Y_1；如果出現 5 或 6，B 選 Y_2。第三人只告訴每個人選擇什麼行動，而不告訴出現的點數。

這樣，當 A 被告訴應選 X_2 時，他只知道 3～6 中的一個出現了，並不知道具體出現的是哪個數，特別地，他並不知道 B 被告訴選擇什麼，所以，每個人收到的信號是相關的但不相同。

現在來說明上述規則是一個納什均衡。當 A 被告訴選 X_1，他知道 1 或 2 出現了，因而 B 被告訴選 Y_1，這時，X_1 是 A 的最優選擇；當 A 被告訴選 X_2，他不確定 3～6 中哪一點出現了，因而不知道 B 被告訴選 Y_1 還是選 Y_2，但根據概率，A 知道 B 選 Y_1 和 Y_2 的概率相等（各為 0.5）。這時，A 選 X_1 和選 X_2 的期望效用均為 3，故 A 沒有理由不選 X_2。同理，B 也會自願遵守這個規則。所以，這個規則構成一個納什均衡。

按照這個規則，(X_1,Y_1)，(X_2,Y_2)，(X_2,Y_1) 三種結果各以 1/3 的概率出現，而「壞結果」(X_1,Y_2) 不會出現，每個參與人的期望效用為 4，不僅大於混合戰略納什均衡的期望效用，也大於完全相關信息時的期望效用 3.5。

第四節　納什均衡的應用

一、兩個廠商生產同質產品的產量博弈

在現實的市場結構中，完全競爭與壟斷是兩種極端的市場狀態，處於這兩種極端情況下的廠商的決策相對而言是簡單的。在完全競爭市場上，由於有無窮多個競爭者，個別廠商的行為對市場價格的影響是微乎其微的，故廠商的決策是在均衡價格下各自選擇自己的產量。在壟斷市場上，由於只存在一個廠商，這個廠商是在均衡需求下決定價格。而現實中更多見的是有若干個廠商進行競爭，在生產同質產品的條件下，他們之間的戰略選擇是相互影響的，而且對市場價格的形成有重要的影響，這樣的市場結構稱為「寡頭」。處於寡頭競爭市場下，若干廠商博弈的變量選擇無非是產量或價格。下面先介紹以產量為博弈變量的古諾模型。

奧古斯汀·古諾(Augustin Cournot) 是 19 世紀著名的法國經濟學家。他在 1838 年提出的寡頭競爭模型是納什均衡應用的最早版本，是研究產業組織理論的重要基礎。

在古諾模型中，假設某一市場只有廠商 1 和廠商 2 兩個廠商。他們生產完全相同的產品(產品間有完全的替代性)，每個廠商的戰略是同時選擇產量，支付是利潤，它是兩個廠商產量的函數。若令 q_i 代表第 i 個廠商的產量，

$i = 1,2$,即廠商1選擇產量q_1,廠商2選擇產量q_2,則總產量為:$Q = q_1 + q_2$,設P為市場的出清價格(可以將產品全部賣出去的價格),則P是市場總產量的函數,$P = P(Q) = P(q_1 + q_2)$,為簡化起見,令P取如下的線性形式:$P = a - (q_1 + q_2)$,a可理解為該產品的市場最大的需求量,為常數。$c_i(q_i)$為成本函數。假定兩個廠商均無固定成本,單位邊際成本分別為c_1, c_2。則兩個廠商的利潤函數分別為:

$$u_1 = q_1 p(Q) - c_1 q_1 = q_1[a - (q_1 + q_2)] - c_1 q_1$$
$$= (a - c_1)q_1 - q_1 q_2 - q_1^2$$
$$u_2 = q_2 p(Q) - c_2 q_2 = q_2[a - q_1 + q_2] - c_2 q_2$$
$$= (a - c_2)q_2 - q_1 q_2 - q_2^2$$

該例中兩個參與人有無限多種產量戰略,但納什均衡的概念對此仍然適用,即找到戰略組合,使其利潤最大,這就是數學中求極大值的問題。因此,分別對u_1, u_2求偏導數並令其為零,則有:

$$(a - c_1) - q_2^* - 2q_1^* = 0$$
$$(a - c_2) - q_1^* - 2q_2^* = 0$$

若令$c_1 = c_2 = c$,解此方程組,得納什均衡產量:

$$q_1^* = q_2^* = \frac{1}{3}(a - c)$$

納什均衡產量下的利潤為:

$$u_1 = u_2 = \frac{1}{9}(a - c)^2$$

為讓該問題有個更直觀的概念,令$a = 100$,兩個廠商的邊際成本$c_1 = c_2 = c = 10$,代入則有:

$$q_1^* = q_2^* = \frac{1}{3}(100 - 10) = 30$$
$$u_1 = u_2 = \frac{1}{9}(100 - 10)^2 = 900$$

即兩個廠商在無固定成本,且邊際成本相同時,各自選擇生產30個單位的產量,且每個廠商得到900個單位的利潤,這就是古諾納什均衡。古諾納什均衡下的市場總產量和總利潤為:

$$Q = q_1^* + q_2^* = 60; \quad U = u_1 + u_2 = 1,800$$

若市場上只有一家廠商,這時市場結構為壟斷市場,這個廠商的產量(q_i)就是市場的總產量(即壟斷產量Q)。壟斷利潤為:

$$U = Q(a - Q) - cQ = (a - c)Q - Q^2$$

對U求導,並令其為零,則有:

$$a - c - 2Q = 0$$

解之可得到壟斷產量和壟斷利潤：

$$Q^* = \frac{1}{2}(a-c); \quad U = \frac{1}{4}(a-c)^2$$

當 $a = 100, c = 10$ 時,可得到 $Q = 45, U = 2,025$。

可見,與納什均衡比較,壟斷企業的總產量較小,而總利潤較高。

該問題也可以這樣理解,如果兩個廠商能進行合作,生產獲得利潤最高的產量,即各自生產壟斷產量的一半($q_1 = q_2 = 22.5$),而各自的利潤卻均能得到提高,這時 $u_1 = u_2 = 1,012.5$。但在獨自決策時,這種合作是不容易的,即使達成協議,由於不是納什均衡的協議,也往往由於缺乏足夠的強制力而很難真正執行,這是典型的囚徒困境問題。前幾年中國十幾家家電企業價格聯盟的瓦解也充分證實了這一點。

但從另一個方面看,個人理性與集體理性的衝突,有時對參與人是壞事,但對全社會有可能是好事(該例是消費者可購買到更便宜的商品)。可見,個人理性與集體理性的衝突究竟是好事還是壞事,一般不宜進行抽象的議論,要具體問題具體分析。

值得注意的是,兩個廠商生產同質產品的產量博弈中,決策的變量是產量,這時的價格高於邊際成本。在上例中,兩個廠商的價格均為 $P = 40 (P = a - (q_1 + q_2) = 100 - 30 - 30 = 40)$,高於邊際成本 $c = 10$。在後面的論述中可以看到,隨著廠家的增加,n 個廠家各自的產量會逐漸減少,價格也會逐漸降低,當 n 趨於無窮時,各個廠家的產量會接近於 0,價格等於邊際成本,各廠家的利潤趨近於 0。在應用中,當兩個廠商生產同質產品的價格博弈時,決策的變量是價格。伯川德證明,即使只有兩個廠家時,它們的價格也會等於邊際成本,各廠家的利潤趨近於 0。

在前面的分析中,為了簡便,我們假定兩個廠商沒有固定成本,且邊際成本也相同,這與實際情況不太相符。但這並不影響我們分析的結論,即納什均衡的總產量比壟斷的總產量高,而總利潤卻比壟斷利潤低。現仍假定兩個廠商沒有固定成本,但廠商 1 的邊際成本 $c_1 = 8$,廠商 2 的邊際成本 $c_2 = 12, a = 100$。則廠商 1 的納什均衡產量為：

$$q_1^* = \frac{1}{3}(a - 2c_1 + c_2) = \frac{1}{3}(100 - 2 \times 8 + 12) = 32$$

廠商 2 的納什均衡產量為：

$$q_2^* = \frac{1}{3}(a - 2c_2 + c_1) = \frac{1}{3}(100 - 2 \times 12 + 8) = 28$$

廠商 1 和廠商 2 的利潤分別為：

$$u_1 = q_1[a - (q_1 + q_2)] - c_1 q_1 = 32(100 - 32 - 28) - 8 \times 32 = 1,024$$
$$u_2 = q_2[a - (q_1 + q_2)] - c_2 q_2 = 28(100 - 32 - 28) - 12 \times 28 = 784$$

若我們採用兩個廠商平均邊際成本 $10[(8+12)/2]$ 來計算壟斷時的產量和利潤,則可得到與前面相同的數值。可見,不同邊際成本的納什均衡的總產量(60)仍然比壟斷的總產量(45)高,而總利潤(1,808)仍然比壟斷利潤(2,025)低。若考慮固定成本的因素,其結論也是成立的。

前面是以市場上只存在兩個寡頭企業來尋找納什均衡的。當市場上存在 n 個寡頭企業時,仍然可以求得 n 個廠商的古諾均衡產量和利潤。

若 n 個廠商生產完全同質的產品,均無固定成本,且邊際成本均為 c,$P = P(Q) = a - Q$,$Q = q_1 + q_2 + \cdots + q_n$,各廠家獨自選擇自己的產量。則各個廠家博弈的利潤函數為:

$$u_i = pq_i - cq_i = q_i(a - q_i - \sum_{j \neq i}^n q_j) - cq_i \quad (i = 1, 2, \cdots, n)$$

將利潤函數對 q_i 求導並令其為 0,則有:

$$\frac{\partial u_i}{\partial q_i} = a - \sum_{j \neq i}^n q_j - c - 2q_i = 0$$

從上式中可求得各廠商對其他廠商產量的反應函數為:

$$q_i = (a - \sum_{j \neq i}^n q_j - c)/2$$

根據其對稱性,則有 $q_1^* = q_2^* = \cdots = q_n^*$,將此代入反應函數中,可得:

$$q_i^* = \frac{a - c}{n + 1} \quad (i = 1, 2, \cdots, n)$$

則得到 n 個廠商的古諾均衡的產量,即每個廠商的最優產量是都生產 $(a - c)/(n + 1)$。

各廠商的利潤為:

$$u_i = \frac{(a - c)^2}{(n + 1)^2} \quad (i = 1, 2, \cdots, n)$$

則市場的總產量和總利潤為:

$$Q = \frac{n}{n + 1}(a - c); U = \frac{n}{(n + 1)^2}(a - c)^2$$

若令 $a = 100$,$c = 10$。當 $n = 1$ 時,即市場上只有一個壟斷企業,得到壟斷產量 $q_1 = Q = (100 - 10)/(1 + 1) = 45$,壟斷利潤為 $u_1 = U = 2,025$;當 $n = 2$ 時,得到雙寡頭時的產量,即 $q_1 = q_2 = 30$,總產量 $Q = 60$,每個廠商的利潤 $u_1 = u_2 = 900$,總利潤為 $U = 1,800$;當 $n = 5$ 時,每個廠商的均衡產量為 $q_i = 15$,總產量 $Q = 75$,每個廠商的利潤 $u_i = 225$,總利潤為 $U = 1,125$。可見,隨著廠商數 n 的增加,每個廠商的均衡產量逐漸減少,總產量逐漸增加,每個廠商的利潤和總利潤均逐漸減少。特別地,當 n 趨於無窮時,每個廠商的產量趨於 0:

$$\lim_{n\to\infty}\frac{a-c}{n+1}=0$$

每個廠商的利潤和總利潤趨於 0：

$$\lim_{n\to\infty}\frac{(a-c)^2}{(n+1)^2}=0;\lim_{n\to\infty}\frac{n}{(n+1)^2}(a-c)^2=0$$

市場的總產量趨於 $a-c$：

$$\lim_{n\to\infty}\frac{n}{n+1}(a-c)=a-c$$

這時的價格等於邊際成本，$P=a-Q=a-a+c=c$。

當 n 趨於無窮時，這時實際上已是完全競爭的市場結構了。

(一) 反應函數

在尋找本例的納什均衡時，由於戰略的無限性，支付不能用矩陣的形式表達，這裡運用了反應函數的解法。

反應函數是指每個博弈方針對其他博弈方所有戰略的最佳反應構成的函數。

納什均衡就是各博弈方的一組互為最佳反應對策的戰略，因此，各博弈方的反應函數的交點(如果有的話)，就是納什均衡。

在該例中我們對 u_1,u_2 求偏導數得：

$$(a-c_1)-q_2^*-2q_1^*=0$$
$$(a-c_2)-q_1^*-2q_2^*=0$$

從上兩式中可分別求得廠商 1 和 2 的反應函數：

$$q_1^*=R_1(q_2)=\frac{1}{2}(a-c-q_2)$$

$$q_2^*=R_2(q_1)=\frac{1}{2}(a-c-q_1)$$

當 $a=100,c=10$ 時，有：

$$q_1^*=R_1(q_2)=\frac{1}{2}(90-q_2)$$

$$q_2^*=R_2(q_1)=\frac{1}{2}(90-q_1)$$

這兩個反應函數都是線性函數，可用平面上兩條直線表示(見圖 2.2)。

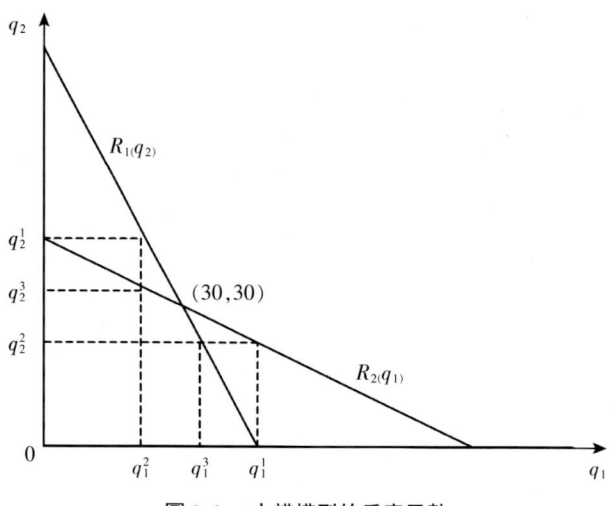

圖 2.2　古諾模型的反應函數

　　為什麼反應函數的交點是納什均衡呢？從圖 2.2 中可看出，古諾模型不存在占優戰略均衡，因為一廠商的最優產量戰略依賴於另一廠商產量的選擇。又由於其戰略（產量）空間是無窮的，也不能使用劃線法來尋找納什均衡。但可用重複剔除嚴格劣戰略的思想來找到本例的納什均衡解。廠商 1 是這樣思考的：如果廠商 2 在博弈之初的產量為 0，即市場上只有廠商 1 一個壟斷企業，廠商 1 這時當然會選擇壟斷產量 q_1^1(45)，因為大於壟斷產量的戰略嚴格劣於 q_1^1，故第一輪博弈得到 $(q_1^1, 0)$；給定廠商 1 選擇 q_1^1 的情況下，廠商 2 對此的最優反應的產量是選擇生產 q_2^2，因為小於 q_2^2 的產量嚴格劣於 q_2^2，故第二輪博弈得到 (q_1^1, q_2^2)；給定廠商 2 選擇 q_2^2 的情況下，廠商 1 對此的最優反應的產量是選擇生產 q_1^3，因為小於 q_1^3 的產量嚴格劣於 q_1^3，故第三輪博弈得到 (q_1^3, q_2^2)；不斷如此重複剔除。廠商 2 的思路與廠商 1 完全相同。由於其戰略（產量）空間是連續的，剔除過程沒有窮盡，但每一次剔除都使其戰略空間不斷縮小，收斂於兩條反應直線的交點上，即 (30, 30)。這與前面根據納什均衡的定義得到的結果是一致的。

　　利用反應函數尋找納什均衡的方法稱為「反應函數法」。這種方法直觀明瞭，對於有無窮多連續戰略的博弈類型和雖然是離散的但有大量戰略且可近似看成連續戰略的博弈類型，是求解納什均衡常用的一種方法。但要注意，這種方法隱含的條件是要求博弈有穩定的納什均衡，而且是唯一的，即要求利潤函數是嚴格凹的（$u'' < 0$），交叉偏導數是負的（$\partial^2 u_i / \partial q_i \partial q_j < 0$），這兩個條件意味著反應函數 R_1 和 R_2 是斜率為負的連續函數；還要求兩條曲線只交叉一次，且在交叉點 R_1 比 R_2 更陡。納什均衡在滿足這些條件時

才是可解的。就是說有的博弈並不能保證支付函數是連續可導的;反應函數也不一定會保證有交點;更不能保證交點是唯一的。這時則不能用「反應函數法」得到納什均衡解。

（二）混合戰略納什均衡的反應函數

在性別博弈中,我們說該博弈有兩個純戰略納什均衡和一個混合戰略均衡,其反應函數圖如下(見圖2.3)。

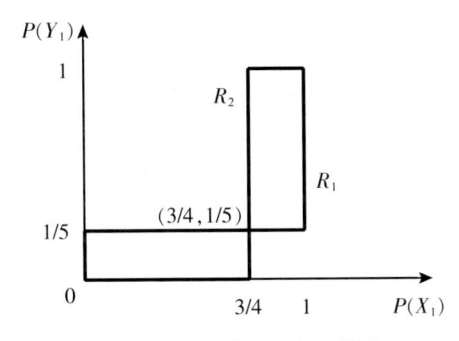

圖2.3　性別博弈反應函數圖

圖2.3中,橫軸表示男的選足球的概率$P(X_1)$,縱軸表示女的選足球的概率$P(Y_1)$。圖中有三個交點,(0,0)和(1,1)表示兩個純戰略納什均衡,而(3/4,1/5)表示混合戰略納什均衡。R_1和R_2分別為男的和女的的反應曲線。

性別博弈中,在求解男方按多大概率選足球和電影時得到：$P(X_1) = 3P(X_2)$;在求解女方按多大概率選足球和電影時得到：$4P(Y_1) = P(Y_2)$。

R_2為女方對男方戰略選擇的反應曲線,其含義為,當男的選擇足球的概率$P(X_1) < 3/4$時,則女的選擇足球的得益為$1P(X_1) - P(X_2) < \frac{1}{2}$,而選擇電影的得益為$2P(X_2) = 2[1 - P(X_1)] > \frac{1}{2}$,因此,女的應選擇電影,即$P(Y_1) = 0$;而當男的選擇足球的概率$P(X_1) > 3/4$時,女的選足球的得益為$1P(X_1) - P(X_2) > \frac{1}{2}$,大於選電影的得益$2P(X_2) = 2[1 - P(X_1)] < \frac{1}{2}$,這時女的應選足球,即$P(Y_1) = 1$;當男的選擇足球的概率$P(X_1) = 3/4$時,$P(Y_1)$取0與1之間的任何值對女的得益均一樣。

R_1為男方對女方戰略選擇的反應曲線,其含義可以做出相似的解釋。

二、兩個廠商生產同質產品的價格博弈

在古諾提出兩個廠商生產同質產品的產量博弈之後約50年,同是法國

的經濟學家伯川德(Bertrand)在1883年提出了兩個廠商生產同質產品的價格博弈模型,即廠商的競爭戰略是價格而不是產量,這一改變使博弈的市場均衡完全不同於古諾納什均衡。

在Bertrand模型中,也是假設某一市場只有廠商1和廠商2兩個廠商。他們生產完全相同的產品,均無固定成本,兩個廠商的邊際成本均相同($c_1 = c_2 = c$),唯一不同的是兩個廠商的戰略是同時選擇價格P_1和P_2。可見,這時產量是價格的函數,若令產量的函數取如下線性形式:

$$q_1 = a - bp_1; q_2 = a - bp_2$$

則兩個廠商的利潤為:

$$u_1 = p_1 q_1 - c q_1 = (p_1 - c) q_1 = (p_1 - c)(a - bp_1)$$
$$u_2 = p_2 q_2 - c q_2 = (p_2 - c) q_2 = (p_2 - c)(a - bp_2)$$

若對廠商1的利潤函數加以討論,則有如下情況:

$$u_1 = \begin{cases} (p_1 - c)(a - bp_1) & 0 < p_1 < p_2 \\ \frac{1}{2}(p_1 - c)(a - bp_1) & 0 < p_1 = p_2 \\ 0 & 0 < p_2 < p_1 \end{cases}$$

可見,伯川德價格博弈模型的利潤函數是不連續的。當$P_1 < P_2$時,廠商1得到整個市場;當$P_1 = P_2$時,兩個廠商平分市場;當$P_1 > P_2$時,廠商1將失去整個市場。廠商2的利潤函數與廠商1有類似的情況。

伯川德價格博弈模型的納什均衡是唯一的,即兩個廠商的價格相同且等於邊際成本,即$P_1 = P_2 = c$。由於他們的利潤函數是不連續的,故不能利用求導的方法解一階條件加以證明,只有通過邏輯推理加以說明。首先,從兩個廠商的利潤函數可以看出,低價的廠商會得到整個市場,而高價的廠商會失去整個市場。故兩個廠商均有降價的積極性,直到價格等於邊際成本為止,即$P_i = c$。當然,價格也不會降到低於邊際成本($P_i < c$),因為這時會使廠商的利潤為負。在$P_i = c$時,兩個廠商的利潤均為$1/2(P_i - c)(a - bP_i)$,即利潤為零。兩個廠商是否可能通過提高價格而增加利潤呢?在參與人是理性人的假定下也是辦不到的。若廠商1選擇$P_1 > c$,而廠商2仍選擇$P_2 = c$,則廠商1會失去整個市場;反之亦然。因為當$P_i = c$時,已使兩個廠商的利潤最大化了。其次,能否出現兩個廠商的價格相等但都高於邊際成本這樣的情況呢,即$P_1 = P_2 > c$。從邏輯推理上也是不成立的。廠商1是這樣來考慮的,當廠商2選擇$P_2 > c$時,廠商1則可在$P_1 \in (c, P_2)$中任選一個價格水平,使自己得到整個市場並獲得正的利潤,而使廠商2的利潤為零。則有這樣的結論,如果$P_2 > c$,必有$P_1 > c$,且$P_1 < P_2$;同理,可推到廠商2的結論,如果$P_1 > c$,必有$P_2 > c$,且$P_2 < P_1$。很顯然,從廠商1和廠商2的結論出發,從邏輯上是相悖的,即一個廠商的價格高於邊際成本,另一

個廠商的價格也必然要高於邊際成本,且一個廠商的價格要低於另一個廠商的價格,這顯然是與結論相矛盾的。

伯川德的結論是,如果廠商生產完全同質的產品,即使只有兩個廠商,價格戰的結果也會使廠商的價格等於邊際成本,所有的廠商均無利可圖。如果廠商的成本不一樣,在長期的價格戰中,高成本的廠商最終會被擠出市場。近幾年的家電價格戰已充分證明了這一點:幾輪價格戰下來,許多廠家都幾乎沒有什麼利潤可圖了。而每一輪價格戰,都會有一些家電廠家被淘汰出局,現在只存在十多家規模較大、成本較低、管理較好的家電企業了。

三、兩個廠商生產異質產品的價格博弈

在伯川德價格博弈中得到的結論是:如果廠商生產完全同質的產品,會使所有廠商的價格等於邊際成本,都無利可圖,利潤均為零。但人們在現實中觀察到的是,廠商之間的競爭並未使均衡價格降到等於邊際成本的水平,而是高於邊際成本,企業仍會獲得一定的超額利潤。這就是著名的伯川德悖論,也稱為伯川德之謎。

為什麼伯川德均衡在現實中不能實現呢?對此現象有多種解釋,第一種是生產能力約束解釋,即埃奇沃斯(Edgeworand)悖論。埃奇沃斯在1897年的一篇論文中指出,由於大多數企業的生產能力是有限的,所以,當一個開價較低的廠商以全部的生產能力所提供的供給量不能滿足全社會需求時,另一個廠商則可以高於邊際成本的價格出售產品來滿足剩餘的需求而獲得正的利潤。如市場上只有兩個廠商,即廠商1和廠商2,兩個廠商的邊際成本均為c。當廠商1的售價為$P_1 = c$時,而它的全部生產能力所提供的供給量小於價格為c的需求量$D(c)$時,雖然這時的需求量都會轉到廠商1,但由於廠商1的生產能力限制,仍有一部分需求不能得到滿足。這部分剩餘的需求就會轉向去廠商2購買,這時廠商2的價格若高於邊際成本($P_2 > c$),消費者只得接受。至於哪些消費者購買低價商品,哪些消費者購買高價商品,則取決於何種配給規則(如需求強度配給、反需求強度配給、比例配給等)。可見,在有生產能力約束時,伯川德均衡($P_1 = P_2 = c$)不能得以實現的結論是確定的。當然,在21世紀的今天,除極少數商品外,大多數企業均表現為生產能力過剩,故這種解釋在現在已不具有很大的說服力了。

第二種是串謀解釋。首先,在論及納什均衡時,我們假設參與人是完全理性的,而且是假定參與人之間不允許達成任何協議的非合作博弈的均衡解。但現實中,價格戰對廠商而言,無疑是兩敗俱傷的事,預見到這一點,廠商之間串謀達成某種協議,公開的卡特爾協議,或是暗中相互串通的價格聯盟,特別是在只有少數幾個寡頭企業時,這種現象很突出。有報導稱國內

幾家航空公司進行價格串通正好印證了這一點。其次,伯川德均衡的實現是建立在兩個廠商競相降價的基礎之上的,這實際上已經是動態博弈了。預見到降價將會引發的價格戰,這不得不迫使廠家對降價在短期中帶來的好處與降價在長期中帶來的損失之間認真思考並做出慎重的選擇。廠商很可能在 $p_1 = p_2 > c$ 的某一個價格上達成某種默契或協議,這也是完全有可能的。儘管許多國家已制定了「反壟斷法」來阻止這種妨礙自由競爭的價格或產量的聯盟,但現實中這種現象仍時有發生,特別是在經濟正處於轉軌期的中國,這種現象更為突出。

第三種是完全同質產品假定的解釋。伯川德價格博弈假定廠商生產的產品是完全同質的(如品牌、質量、包裝、售後服務、地理位置等完全相同)。在這樣的假設下,廠商之間的產品就有完全的替代性,消費者唯一感興趣的就是價格,哪家的價格低就購買誰的產品,這樣就必然引起廠商之間的相互降價,最終使價格等於邊際成本,所有的廠商均無利可圖。但這個假定在現實中一般情況下均不能得到滿足,即廠商間的產品是有差異的。如有的品牌更好,有的在服務上更周到,而有的占據了更好的口岸等。如果產品是有差異的,產品之間的替代性就不是完全的,價格就不是消費者唯一感興趣的變量(如有的消費者寧願花更多的錢購買名牌產品),這時均衡價格將不等於邊際成本。這種由產品的差異性造成的產品價格的巨大差異是企業獲利的一個主要因素,市場上,一些名牌產品的價格高出一般品牌幾倍、幾十倍甚至上百倍的現象比比皆是。由產品的差異性使得伯川德均衡不能實現的理由似乎更有說服力,更直觀,也為大多數人所接受。當然,產品同質性的假設也不是沒有現實依據的。近幾年家電產品的價格戰就充分印證了這一點,由於家電廠家生產的幾乎是同質的產品,幾輪價格戰下來,家電廠家已幾乎無利可圖。受名牌產品高價格、高利潤的啓發,有人認為中國企業效益低下的一個主要原因,就是沒有創造出自己的品牌,故近幾年許多地區提出「品牌戰略」的方針。因此,要走出「伯川德悖論」的怪圈,有人認為,提供有差異性的產品是一個主要的解決辦法。

(一) 豪泰林(Hotelling) 區位博弈

在伯川德價格博弈中,我們已經知道,若兩個廠商生產完全同質的產品,價格等於邊際成本,兩個廠商均無利可圖。解開這個「悖論」的辦法之一就是引入產品的差異性(如品牌、質量、包裝、售後服務、地理位置等)。即如果廠商間生產的產品是有差異的,則價格將不會等於邊際成本。而產品的差異性多種多樣,豪泰林在 1929 年提出了一個經典的區位博弈模型。在豪泰林模型中,他又將其分為價格選擇博弈和位置選擇博弈。在價格選擇博弈中,企業在給定的位置上選擇價格。而在位置選擇博弈中,企業在給定的價格水平上選擇位置。

1. 豪泰林價格博弈

為了讓這個模型有一個直觀而簡單的結論,這裡對模型的有些條件進行了一些改造。

該模型假定有一個長度為1的線性街道,消費者均勻地分佈在[0,1]區間,分佈密度為1。參與人是兩家燒烤店1和2,兩家燒烤店所賣燒烤的品種及服務均一樣,產品的差異表現在地理位置上。這樣,不同位置的顧客到哪一家去吃燒烤,就必須要支付一定的旅行成本,顧客這時就不僅要考慮價格,還要考慮旅行成本(交通費用),即要使商品的價格和交通費用之和為最小,而不是只考慮價格,正好反應了「酒好也怕巷子深」這種情況。我們假定兩家燒烤店分別位於街道兩端,即燒烤店1在 $X = 0$,燒烤店2在 $X = 1$(如圖2.4所示)處。兩家燒烤店提供單位商品的成本均為 c,消費者購買商品的旅行成本與燒烤店的距離成反比,單位距離成本為 t,則住在 X 的顧客在燒烤店1購買的旅行成本為 tX,在燒烤店2購買的旅行成本為 $t(1-X)$。假定顧客具有單位需求,即或者消費1個單位,或者消費0個單位。再假定顧客為消費1個單位最多願意付出 $\bar{S}$,設 $\bar{S}$ 的數值足夠大,以保證顧客總會消費1個單位的商品。這是一個完全信息的靜態博弈,兩家燒烤店分別同時選擇自己的價格。

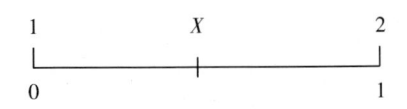

```
1           X           2
|-----------|-----------|
0                       1
```

圖2.4　豪泰林價格博弈

令 p_i 為商店 i 的價格,$D_i(p_1,p_2)$ 為需求函數,$i = 1,2$。顧客當然會在總成本最小的燒烤店去消費。很顯然,在這條街道上存在某一個位置 X,如果住在 X 的顧客在兩家商店之間是無差異的,那麼,所有住在 X 左邊的都在商店1購買,而住在 X 右邊的將在商店2購買,則需求分別為 $D_1 = X$,$D_2 = (1 - X)$。這裡,X 滿足:

$$p_1 + tX = p_2 + t(1 - X)$$

從而得到需求函數:

$$D_1(p_1,p_2) = X = \frac{p_2 - p_1 + t}{2t}$$

$$D_2(p_1,p_2) = (1 - X) = \frac{p_1 - p_2 + t}{2t}$$

則兩家燒烤店的利潤函數為:

$$u_1(p_1,p_2) = (p_1 - c)D_1(p_1,p_2) = \frac{1}{2t}(p_1 - c)(p_2 - p_1 + t)$$

$$u_2(p_1,p_2) = (p_2 - c)D_2(p_1,p_2) = \frac{1}{2t}(p_2 - c)(p_1 - p_2 + t)$$

對利潤函數求偏導數,則有:

$$p_2 - 2p_1 + c + t = 0; \quad p_1 - 2p_2 + c + t = 0$$

則可得到兩家燒烤店的價格反應函數:

$$p_1^*(p_2^*) = \frac{p_2^* + c + t}{2}$$

$$p_2^*(p_1^*) = \frac{p_1^* + c + t}{2}$$

兩個反應函數聯立求解可得到豪泰林價格博弈的納什均衡:

$$p_1^* = p_2^* = c + t$$

可見,兩個廠商在有差異產品的價格博弈中,價格不等於邊際成本。這時,兩個廠商的利潤分別為:

$$u_1^* = u_2^* = \frac{t}{2}$$

在豪泰林價格博弈中,我們已經證明,只要兩個廠商生產的產品不是完全同質的,則價格不等於邊際成本,兩個廠商都會得到一定的利潤。當然,在這個模型中,我們假定消費者是均勻分佈的,兩家商店位於街道兩端,成本也相同,故兩家商店的價格均相同,即在邊際成本上加上單位距離的交通費用。但如果假定條件有所變化,如消費者不是均勻分佈的,則兩家商店的價格就不一定相等。可觀察到的是,有的商店走的是社區道路,即商店開在居民小區內,雖然一些商品的價格高於一些大型超市,但考慮到交通費用,小區居民也大多數會在社區商店購物。

2. 豪泰林位置博弈

在豪泰林位置選擇博弈中,價格是固定的,企業在給定的價格水平上選擇位置。該模型假定有一個長度為 1 的線性街道,消費者均勻地分佈在 [0,1] 區間,分佈密度為 1。參與人是兩家燒烤店 1,2。為簡便起見,假定兩家燒烤店的價格均為 1,邊際成本均為 0(如圖 2.5 所示)。

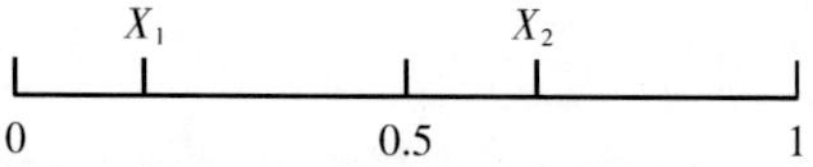

圖 2.5　豪泰林區位博弈

從圖 2.5 中可看出,若最初燒烤店 1 位於 X_1,當兩家燒烤店的價格均為 1,邊際成本均為 0 時,位於 X_1 左邊的顧客在燒烤店 1 消費,並且在兩店距離中間的一半顧客在燒烤店 1 消費。則燒烤店 1 的收益為:

$$u_1 = X_1 + \frac{X_2 - X_1}{2}$$

若最初燒烤店2位於X_2，位於X_2右邊的顧客在燒烤店2消費，並且在兩店距離中間的一半顧客在燒烤店2消費。則燒烤店2的收益為：

$$u_2 = (1 - X_2) + \frac{X_2 - X_1}{2}$$

對兩個收益函數求導並令其為零，則可得$X_1^* = X_2^* = 0.5$。即兩家燒烤店都擠在這條街道的中間位置做生意，這是該博弈的一個穩定的納什均衡。在這種情況下，當兩店銷售的燒烤是完全同質的，兩店的利潤會為零。但他們為什麼會擠在一起做生意呢？似乎有一個合理的安排，店1在1/4處開店，店2在3/4處開店，各占一定的地盤做生意，互不干擾。但從理性人的角度出發，這不是一個穩定的解。燒烤店1會悄悄地向中間移動，這樣，位於自己左邊的顧客仍在自己的店買燒烤，並同樣獲得兩店間一半的顧客，這樣就會擴大自己的顧客人數。燒烤店1這樣想，理性的燒烤店2也會這樣想，即都有將自己的燒烤店往中間移動的積極性，最終在中點位置上達到博弈的均衡，也使雙方均無利可圖。

但這一結論與現實觀察到的現象並不十分吻合：許多商家擠在一起做生意，但其利潤並不為零。對此現象有多種解釋：首先，理性的參與人有擠在一起做生意的自利動機，卻形成了商圈，這往往會增加消費者人數，即將麵包做大了，從而達到雙贏的結果；其次，許多商家的經營各有特色，即並不是銷售完全同質的商品，在銷售不同質的商品時，他們的價格不等於邊際成本，這在異質產品的價格博弈中已有結論；還有，消費者的購買行為也往往是有偏好的，這與消費者購買行為的無差異性假定有出入等。這就使人們在現實中觀察到的情況與博弈中得到的結論並不一致。這個例子給我們的啟示是：首先，現實中觀察到的社會經濟現象，大都是由許多因素共同作用的結果，要對某種現象進行全面、科學的解釋，一般要涉及多種學科的知識，只用某一學科的知識來解釋有可能是片面的，甚至會出現自相矛盾的情況；其次，許多結論都是在一定的假設條件下才成立的，而這些假設條件在現實中往往都是不滿足的，僅僅是作為理論研究時的一種理論抽象。當然，這種理論抽象的研究也是必要的，如前面引用的豪泰林區位博弈模型，如果兩個廠商銷售的是「完全同質」的商品，消費者也無偏好，他們擠在一起的結果，最終會導致雙方均無利可圖，這顯然是可預期的結果，問題的關鍵是兩個廠商銷售的是「完全同質」商品的假設條件不可能完全滿足，故出現了現實的情況與理論的結果不一致。

四、草地的悲劇(公共資源的過度利用)

這是制度經濟學中典型的例子。從1739年開始,許多學者認識到,如果一種資源沒有排他性的所有權時(即這種資源被稱為公共資源),人們就會完全從私人動機出發來使用公共資源,這將導致這些資源的被過度利用,而過度利用的結果是任何利用它的人都無法得到多少實際的好處,甚至都會承受其帶來的災難。如森林的過度砍伐、河流的污染、魚類的過度捕捉、土地的沙漠化、礦產的過度開採等。

哈丁(Hardin)在1968建立了一個模型來說明公共資源是如何被過度利用的。模型假設某村莊有 n 家農戶,該村有一片可供大家自由放羊的草地,但這片草地只能放養一定數目的羊,若超過這個數目,則會使羊的產出(皮、毛、肉的總價值)減少。假定放養只數由各農戶自行同時決策,且都知道總的放羊數目及每只羊的產出。因此,該博弈構成一個完全信息的靜態博弈。

該問題中的參與人是 n 戶農戶,戰略空間是選擇養羊數目 $q_i \in [0, \infty]$,$(i = 1, 2, \cdots, n)$,羊的總數為 $Q = \sum_{i=1}^{n} q_i$;每只羊的產出(價值)是羊的總數的減函數,$V = V(Q) = V(q_1 + q_2 + \cdots + q_n)$,因為該片草地有一個最大可存活的羊群數 Q_{max},當 $Q < Q_{max}$ 時,$V(Q) > 0$;當 $Q > Q_{max}$ 時,$V(Q) = 0$。隨著羊的增加,草地越來越擁擠,因此會造成羊的價值下降,則有 $V'(Q) < 0$。同時,當草地上放養的羊數不多時,增加一只羊對羊的價值影響不大;但當草地上放養的羊數多時,增加一只羊對羊的價值影響很大;當草地上放養的羊數達到容許的極限時,羊的價值會急遽下降,草場也會崩潰,故有 $V''(Q) < 0$。再假定每只羊的放養成本均為 c,則農戶養 q_i 只羊的得益為:

$$u_i = q_i V(Q) - q_i c = q_i V(\sum q_i) - q_i c \quad (i = 1, 2, \cdots, n)$$

最優化的一階條件為:

$$\frac{\partial u_i}{\partial q_i} = V(Q) + q_i V'(Q) - c = 0 \quad (i = 1, 2, \cdots, n)$$

一階條件的含義是,增加一只羊有正負兩方面的效應,正的效應是這只羊本身的價值 V,負的效應是這只羊使所有在它之前的羊的價值下降 $(q_i V' < 0)$。最優解滿足邊際收益等於邊際成本的條件(注意這裡是對農戶個人而言)。

由一階條件可得到參與人 i 的最優反應函數:

$$q_i^* = q_i(q_1, \cdots, q_{i-1}, q_{i+1}, \cdots, q_n) \quad (i = 1, 2, \cdots, n)$$

因為

$$\frac{\partial^2 u_i}{\partial q_i^2} = V'(Q) + V'(Q) + q_i V''(Q) < 0$$

$$\frac{\partial^2 u_i}{\partial q_j \partial q_i} = V'(Q) + q_i V''(Q) < 0$$

所以

$$\frac{\partial q_i}{\partial q_j} = \frac{\dfrac{\partial^2 u_i}{\partial q_j \partial q_i}}{\dfrac{\partial^2 u_i}{\partial q_i^2}} < 0$$

這就是說,第 i 個農戶的最優放羊的數量隨其他農戶的放羊數的增加而遞減。

由最優化的一階條件可得到第 i 個農戶的最優反應函數,對 n 個反應函數聯立求解可得到納什均衡條件下每個農戶的放養只數:$q_1^*,\cdots,q_i^*,\cdots,q_n^*$。納什均衡的總放養只數為:

$$Q^* = \sum_{i=1}^{n} q_i^*$$

而 Q^* 需要滿足如下條件:

$$V(Q^*) + \frac{Q^*}{n} V'(Q^*) - c = 0$$

注意到納什均衡的最優化一階條件滿足邊際收益等於邊際成本,即每個農戶在決定增加自己的放羊數時考慮到了對現有羊的價值的負效應,但他僅考慮的是對自己羊的影響,而不是考慮對所有羊的影響。因此,納什均衡的最優放養只數的個人邊際成本小於社會邊際成本。而社會最優化的目標是使社會總利潤最大化的放養只數,即:

$$\max_Q QV(Q) - Qc$$

最優化的一階條件為:

$$V(Q^{**}) + Q^{**} V'(Q^{**}) - c = 0$$

由於有 $V'(Q) < 0$,所以:

$$V(Q^*) + Q^* V'(Q^*) - c < V(Q^*) + \frac{Q^*}{n} V'Q^* - c$$
$$= 0 = V(Q^{**}) + Q^{**} V'(Q^{**}) - c$$

而 $V + QV' - C$ 的導數為 $2V' + qV'' < 0$,則可得 $Q^* > Q^{**}$,即納什均衡的放羊總數超過了社會最優水平,公共資源被過度利用了。

在上面的結論中,由於羊的數量不是連續可分的,故利潤函數不是連續函數,只能得出較抽象的結論。為了讓讀者有一直觀的印象,從技術上我們認為利潤函數是連續函數,則可對其求導。

現假定該村莊只有兩家農戶，即 $n = 2$，兩家農戶養羊的成本均相同，即 $C_1 = C_2 = 10$，產出函數取如下線性形式：$V = 100 - Q = 100 - (q_1 + q_2)$。

則兩農戶的得益分別為：
$$u_1 = q_1[100 - (q_1 + q_2)] - 10q_1$$
$$u_2 = q_2[100 - (q_1 + q_2)] - 10q_2$$

在利潤函數是連續函數的假設下，可對利潤函數分別求偏導數並令其等於0，求得反應函數：

$$q_1^* = R_1(q_2) = 45 - \frac{1}{2}q_2$$

$$q_2^* = R_2(q_1) = 45 - \frac{1}{2}q_1$$

解此聯立方程組可得：

$$q_1^* = q_2^* = 30$$

即兩家農戶在各自同時選擇放羊只數時均選擇放養30只羊。各自的利潤為 $u_1 = u_2 = 900$。納什均衡下的總放養只數和總利潤分別為：$Q = 60$ 和 $U = 1,800$。

若該村莊只有一家農戶時，他的最佳放羊數就是總的放羊數，他的利潤就是總利潤。其總利潤為：

$$U = Q(100 - Q) - 10Q = 90Q - Q^2$$

對 U 求導得：$90 - 2Q = 0$，解得：$Q = 45$，$U = 2,025$。可見，總體最優的放養只數比納什均衡只數少，而得益卻高於納什均衡的得益。

兩家農戶若能達成協議，即每戶放養只數為 45/2 只，卻能獲得更多的收益。但這個協議不是納什均衡的協議，沒有人有自覺性自願遵守，反而是人人都有不遵守的積極性。因此，草地被過度地使用了，這就是草地的悲劇。

公共資源被過度利用的現象隨處可見，這也是典型的囚徒困境。儘管休謨(Hume)等學者從1739年開始就對此提出警告，但悲劇似乎仍在不斷上演，有的地方，有的領域還有加劇的傾向。人們為此也提出了許多方法來幫助公共資源的利用走出囚徒困境。如將公共資源的所有權明晰化，或國有，或私有；用法律的形式強制保護公共資源，如「封山育林」「禁捕禁獵禁採」等。但防止公共資源被過度利用顯然是一項複雜而又任重道遠的系統工程，大概要全人類共同的努力才能防止悲劇的重複上演。

五、公共物品的供給不足

與公共資源過度使用的情況正好相反，公共物品的私人自願供給會導致供給不足。

公共物品與私人物品的區分不是從所有權上去區別的，公共物品與私

人物品的區別在於,公共物品是可以為一群人同時消費的物品,而私人物品是任何時候都只能為一個使用者提供效用的物品。一般認為,公共物品要滿足兩個條件:一是非排他性,即一種物品被提供後,沒有任何一個消費者可以被排除在消費該物品的過程之外。如電視臺的節目,一個家庭收看某個節目,並不排斥其他家庭也收看同一個節目。二是非競爭性,即某個消費者對一種物品的消費不會減少其餘消費者對該物品的消費。滿足「非排他性」和「非競爭性」這兩個屬性的物品就稱為純公共物品。純公共物品必須以「不擁擠」為前提,一旦擁擠,增加一個消費者便會影響其他人對該物品的消費。如城市道路是公共物品,但使用的人多了就會造成交通堵塞。而「非排他性」也還含有這樣的意思,即某種公共物品對於某個和某些消費者是不必要的,但他也別無選擇,只能消費這類服務。如某些國防產品,某個和某些消費者可能認為是不必要的開支,但這些公共物品並不需要徵求部分消費者的同意,一旦政府認為這些國防產品會提高國家的安全程度,決定生產這些國防產品,則所有消費者都同時消費了這些公共物品。當然,在現實生活中,公共物品的分類並不是純而又純的,因為「擁擠程度」可能由量變累積到質變,「非競爭性」的程度也是會發生變化的。如現在許多城市裡的交通擁擠現象,道路就是具有非排他性但具有競爭性的公共物品;如上網,上網收費可排除未交費的消費者,但在網路未飽和之前是不會由於增加一個消費者而增加成本的,上網就是具有排他性但不具有競爭性的公共物品。對非純的公共物品,一般稱為「準公共品」。

薩繆爾森在1954年提出了一個理論模型來討論公共品提供的原則。該模型試圖描述這樣一種情況:設想有一個由 n 個居民組成的社區正在建設一座防沙林,每個居民自願提供樹苗,樹苗的總供給等於所有居民個人供給之和。樹苗越多,防沙林的防沙效果越好,所有居民都受益。設第 i 個居民提供的樹苗為 q_i,總供給為 $Q = \sum_{i=1}^{n} q_i$。假定居民 i 的效用函數為 $u_i(x_i, Q)$,這裡 x_i 是私人物品的消費量。

假定 $\frac{\partial u_i}{\partial x_i} > 0, \frac{\partial u_i}{\partial Q} > 0$,且私人物品和公共物品的邊際替代率是遞減的。

令 p_x 為私人物品的價格,p_Q 為樹苗的價格,M_i 為個人總預算收入。則每個居民面臨的問題是:給定其他居民選擇的情況下,選擇自己的最優戰略 (x_i, q_i),以最大化下列目標函數:

$$L_i = u_i(x_i, Q) + \lambda(M_i - p_x x_i - p_Q q_i)$$

λ 是拉格朗日乘數。最優化的一階條件為:

$$\frac{\partial u_i}{\partial Q} - \lambda p_Q = 0; \quad \frac{\partial u_i}{\partial x_i} - \lambda p_x = 0$$

則有：
$$\frac{\partial u_i/\partial Q}{\partial u_i/\partial x_i} = \frac{p_Q}{p_x}, (i = 1, 2, \cdots, n)$$
這是消費者理論中的均衡條件。每個居民選擇購買公共物品就如同它是私人物品一樣，假定其他人的選擇給定，n 個均衡條件決定了公共物品自願供給的納什均衡：
$$q_i^* = (q_1^*, \cdots, q_n^*), \quad Q^* = \sum_{i=1}^{n} q_i^*$$
下面我們給出帕累托最優解。假定社會福利函數取下列形式：
$$W = \gamma_1 u_1 + \cdots + \gamma_i u_i + \cdots + \gamma_n u_n, \gamma_i \geq 0$$
總預算約束為：
$$\sum_{i=1}^{n} M_i = p_x \sum_{i=1}^{n} x_i + p_Q Q$$
帕累托最優的一階條件為：
$$\sum_{i=1}^{n} \gamma_i \frac{\partial u_i}{\partial Q} - \lambda p_Q = 0; \quad \gamma_i \frac{\partial u_i}{\partial x_i} - \lambda p_x = 0$$
這裡 λ 是拉格朗日乘數。使用 n 個等式消除掉 γ_i，得到均衡條件：
$$\sum \frac{\partial u_i/\partial Q}{\partial u_i/\partial x_i} = \frac{p_Q}{p_x}$$
這就是所謂的存在公共物品下帕累托最優的薩謬爾遜條件。儘管個人最優選擇導致個人邊際替代率等於價格比率，帕累托最優要求所有居民的邊際替代率之和等於價格比率。上式也可寫為：
$$\frac{\partial u_j/\partial Q}{\partial u_j/\partial x_j} = \frac{p_Q}{p_x} - \sum_{i \neq j} \frac{\partial u_i/\partial Q}{\partial u_i/\partial x_i}$$
這意味著帕累托最優的公共物品的供給大於納什均衡的公共物品的供給。

為了對這一點有更直觀的認識，張維迎教授將個人效用函數具體化並進行了不同情況的討論。這裡假定個人效用函數取柯布—道格拉斯形式，即：
$$u_i = x_i^\alpha Q^\beta, \quad 0 < \alpha < 1, 0 < \beta < 1, \alpha + \beta \leq 1$$
在這個假設下，個人最優的均衡條件為：
$$\frac{\beta x_i^\alpha Q^{\beta-1}}{\alpha x_i^{\alpha-1} Q^\beta} = \frac{p_Q}{p_x}$$
將預算約束條件代入並整理，得到反應函數為：
$$q_i^* = \frac{\beta}{\alpha + \beta} \cdot \frac{M_i}{p_Q} - \frac{\alpha}{\alpha + \beta} \sum_{j \neq i} q_j, \quad i = 1, 2, \cdots, n$$
反應函數意味著，一個人相信其他人提供的公共物品越多，他自己的供給

就越少。

1. 所有居民有相同的收入水平時的納什均衡

所有居民有相同的收入水平時,均衡情況下所有居民提供相同的公共物品,納什均衡為:

$$q_i^* = \frac{\beta}{\alpha n + \beta} \cdot \frac{M}{p_Q}, i = 1, 2, \cdots, n$$

納什均衡的總供給為:

$$Q^* = nq_i^* = \frac{n\beta}{\alpha n + \beta} \cdot \frac{M}{p_Q}$$

所有居民有相同的收入水平時的帕累托最優的一階條件為:

$$n\frac{\beta x_i^\alpha Q^{\beta-1}}{\alpha x_i^{\alpha-1} Q^\beta} = \frac{p_Q}{p_x}$$

將預算約束條件代入,得到單個人的帕累托最優供給和總供給:

$$q_i^{**} = \frac{\beta}{\alpha + \beta} \cdot \frac{M}{p_Q}; \quad Q^{**} = nq_i^{**} = \frac{n\beta}{\alpha + \beta} \cdot \frac{M}{p_Q}$$

納什均衡的總供給與帕累托最優的總供給的比率為:

$$\frac{Q^*}{Q^{**}} = \frac{\alpha + \beta}{\alpha n + \beta} < 1$$

結論:在居民收入相同時,公共物品的納什均衡供給是囚徒困境。納什均衡供給小於帕累托最優供給,且兩者之間的差距隨社區居民人數的增加而擴大。另外,供給不足的程度與效用函數的特徵也有關,比如,β 相對於 α 的比率越大,供給不足就越小;當 α 趨於零時,納什均衡的供給趨近於帕累托最優供給。

2. 收入分配不相等時的納什均衡

結論:奧爾森(Olson,1982)指出,供給不足的程度會隨收入分配差距的擴大而減弱。

為給出更直觀和簡單的結論,假設該社區由兩個人組成。當兩個人的收入完全相同時,令 $M_1 = M_2 = 1.5m$,其納什均衡為:

$$(q_1^*, q_2^*) = (\frac{\beta}{2\alpha + \beta} \cdot \frac{1.5m}{p_Q}, \frac{\beta}{2\alpha + \beta} \cdot \frac{1.5m}{p_Q})$$

納什均衡總供給為:

$$Q^* = q_1^* + q_2^* = \frac{\beta}{2\alpha + \beta} \cdot \frac{3m}{p_Q}$$

如果居民1的收入是居民2的兩倍,即 $M_1 = 2m, M_2 = m$,假定 $\alpha \geq \beta$,納什均衡為:

$$(q_1^*, q_2^*) = (\frac{\beta}{\alpha + \beta} \cdot \frac{2m}{p_Q}, 0)$$

即是說，只有高收入居民提供公共物品，而低收入居民不提供公共物品。

可以驗證，收入平均分配下的納什均衡總供給小於收入分配不平均時的納時均衡總供給：

$$\frac{\beta}{2\alpha+\beta} \cdot \frac{3m}{p_q} \leq \frac{\beta}{\alpha+\beta} \cdot \frac{2m}{p_Q}$$

收入分配不平均時，公共物品的自願供給是一個智豬博弈。高收入者是大豬，低收入者是小豬，原因是高收入者提供公共物品的外部效應較小。

六、打擊走私博弈

打擊走私博弈是監督博弈的一種具體應用。監督博弈在實際中還有許多應用的領域，諸如稅收檢查、質量檢查、懲治犯罪、雇主監督雇員等方面。下面以打擊走私為例來尋找監督博弈的納什均衡。

走私與資本主義一起產生於 14～16 世紀，它是國際經濟活動中的一種違法犯罪行為。古往今來，各個國家都存在著程度不同的走私活動，其原因在於，國家要對「奢侈品」或高檔品（如菸、酒、轎車等）徵收較高的稅率（從關稅的收入功能而言，奢侈品的消費者收入較高，稅負力強，在高稅率下，關稅收入會多一些，而且因為稅率高會減少奢侈品的進口量，不會影響人民的日常生活，還可以起到調節貧富差距的再分配作用，從關稅的保護功能而言，奢侈品工業不需要高保護）。但高的保護關稅政策在一個法制不太健全、監督不太有效的國家會產生大量的尋租活動和走私犯罪。這是因為，隨著人民生活水平的提高，人民對高檔品的需求越來越大，而高關稅壁壘及國內同質產品供給不足，從中尋求各種形式的套利機會便成為一項有利可圖的活動，走私就是套利的形式之一。尋租或走私行為並不直接或間接生產商品和勞務，但能產生利潤或收入。從經濟學的角度講，走私發生的基本前提是預期風險收益大於合法經營的利潤。因此，只要有關稅存在，走私的利益就會存在，如果打擊和懲罰的力度不夠，走私活動就難以避免。下面我們從博弈的角度來分析這個結論。

該博弈的參與人是海關和走私者。海關的戰略是打擊和不打擊，走私者的戰略是走私和不走私，其博弈矩陣如表 2.23 所示。

表 2.23　　　　　　　　　　走私博弈

		走私者	
		走私	不走私
海關	打擊	$Y-c+F, -Y-F$	$Y-c, -Y$
	不打擊	$0, E$	$Y, -Y$

在博弈矩陣中，Y為應交關稅，c是海關打擊走私的成本，F為走私被查到時的罰款，E為走私成功時走私者獲得的利潤（$E > 0$）。

假設$c < Y + F$，即海關打擊走私的成本小於應交關稅與走私被查到時的罰款之和，則該博弈不存在純戰略納什均衡，但存在一個混合戰略納什均衡。

若用P代表海關檢查的概率，用q代表走私者走私的概率。給定q，海關選擇打擊（$P = 1$）和不打擊（$P = 0$）的期望收益分別為：

$$u_1(1,q) = (Y - c + F)q + (Y - c)(1 - q)$$
$$u_1(0,q) = 0 \times q + Y(1 - q)$$

令$u_1(1,q) = u_1(0,q)$，解得：$q^* = \dfrac{c}{Y + F}$。

其含義是，如果走私者走私的概率小於$c/(Y + F)$，海關的最優選擇是不打擊；如果走私者走私的概率大於$c/(Y + F)$，海關的最優選擇是打擊；如果走私者走私的概率等於$c/(Y + F)$，稅收機關隨機選擇打擊和不打擊。

給定p，走私者選擇走私（$q = 1$）和不走私（$q = 0$）的期望收益分別為：

$$u_2(p,1) = (-Y - F)p + E(1 - p)$$
$$u_2(p,0) = -Yp + (-Y)(1 - p)$$

令$u_2(p,1) = u_2(p,0)$，解得：$p^* = \dfrac{Y + E}{Y + F + E}$。

其含義是，如果海關打擊的概率小於$(Y + E)/(Y + F + E)$，走私者的最優選擇是走私；如果海關打擊的概率大於$(Y + E)/(Y + F + E)$，走私者的最優選擇是不走私；如果海關打擊的概率等於$(Y + E)/(Y + F + E)$，走私者隨機選擇不走私或走私。

因此，該博弈的混合納什均衡是：海關以$(Y + E)/(Y + F + E)$的概率檢查和打擊走私，走私者以$c/(Y + F)$的概率選擇走私。對於混合戰略的理解，更為合理的解釋可能是，現實中有許多個進口商，其中有$c/(Y + F)$比例的進口商走私，海關隨機地按$(Y + E)/(Y + F + E)$的比例來檢查進口商的走私情況。

打擊走私博弈的混合納什均衡與應交關稅Y、對走私的懲罰F、檢查成本c及走私成功可以獲得的非法收入E有關。

對走私的懲罰（包括刑事處罰，前面是為數量處理方便而簡單地將其以罰款的形式表示）越重，應交關稅越多，進口商走私的概率就越小。檢查成本越高，走私成功可以獲得的非法收入越多，進口商走私的概率就越大。

當然，這個結論與有關走私技術和檢查成本的假設有關。首先，比如前面是假定海關檢查，走私者就一定會被發現。如果不是這樣，如走私者有很好的走私途徑而不會被發現，則該結論就不一定成立。其次，如果檢查成本

與應交關稅有關,如應交關稅越多,檢查成本越高,上述結論也難以成立。此外,應交關稅較多的進口商如果更有積極性賄賂海關人員,上述結論也難成立。將所有這些情況考慮進去,可以看出打擊走私是一個複雜的系統工程,需要許多部門的相互配合作戰。但有一點是可以肯定的,加大對走私者的懲罰力度,俗話說「亂世用重典」,走私者走私的積極性就會下降,走私的現象就會大大減少。

七、激勵的悖論

悖論(Paradox)源於希臘語,Para 意為「超越」,Doxos 意為「相信」。Paradox 的含義是:本來可以相信的東西不能相信,而有的東西看起來是不正確的卻反而是正確的。歷史上有許多悖論,如一個克里特人說「所有的克里特人都說謊」的說謊者悖論;一個理髮師說「我給所有不給自己理髮的人理髮」的理髮師悖論等。有人說,博弈論的本質是悖論,博弈中的許多例子都體現出悖論的思想,如前面「夫妻露宿」中的理性人的悖論等。激勵的悖論是社會經濟現象中可以經常觀察到的一種悖論現象,即經常出現目標與手段相背離的情況,如同成語「南轅北轍」所描述的情景一樣。

博弈論專家澤爾騰用小偷與守衛之間的博弈揭示了激勵的悖論。

例子是說,一小偷欲偷竊有守衛看守的倉庫,若小偷去偷時守衛睡覺(不負責任),則小偷偷竊成功(令其價值為 V),若守衛沒有睡覺(盡職盡責),則小偷會被抓住坐牢(設其效用為 $-P$);再假設守衛睡覺而未被偷的效用為 S,守衛睡覺而被偷則被解雇,其效用為 $-D$。其得益矩陣如表 2.24 所示。

表 2.24　　　　　　　　小偷與守衛的博弈

		守衛 睡	守衛 不睡
小偷	偷	$V, -D$	$-P, 0$
	不偷	$0, S$	$0, 0$

用劃線法知該博弈沒有純戰略納什均衡,但存在混合戰略。

下面我們用圖解法求小偷偷與不偷,門衛睡與不睡的概率分佈(見圖 2.6)。

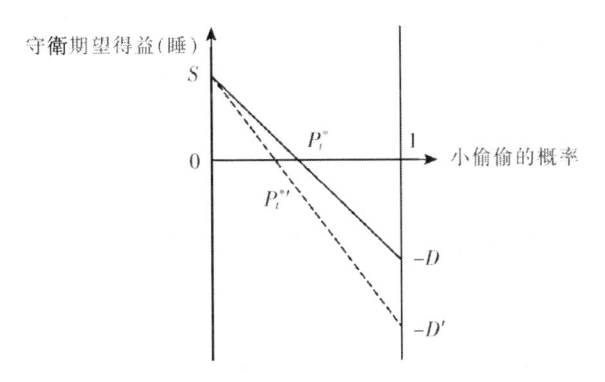

圖2.6　小偷的混合戰略

圖2.6中的橫坐標反應小偷選擇偷的概率,在(0,1)之間,縱坐標反應對應於小偷偷的不同概率,守衛選睡的期望得益。可證明,S到$-D$連線與橫軸的交點P_t^*就是小偷選偷的概率,$1-P_t^*$就是小偷選不偷的概率。因為,S到$-D$連線上每一點的縱坐標就是守衛在小偷選擇該點橫坐標表示的偷的概率時選睡的期望得益:$S(1-P_t)+(-D)P_t$。假定小偷選偷的概率大於P_t^*時,守衛的期望得益小於0,守衛會百分之百選擇不睡,在守衛不睡的情況下,小偷偷一次被抓住一次,因此,大於P_t^*的偷竊概率對小偷是不可取的。反之,小偷選擇偷的概率小於P_t^*時,會使守衛選睡的期望得益大於0而使守衛睡大覺,小偷會使選擇偷的概率趨向於P_t^*。

同理可證,P_g^*和$1-P_g^*$是守衛選擇睡與不睡的混合納什均衡的概率(如圖2.7所示)。

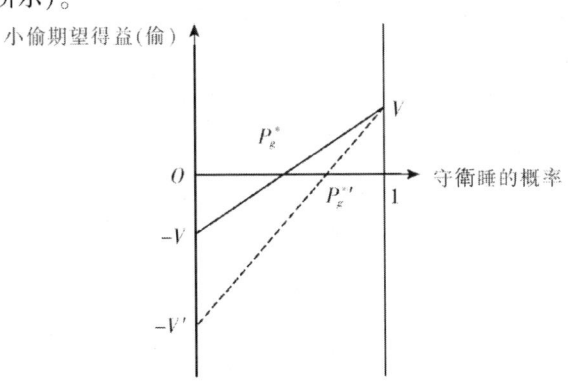

圖2.7　守衛的混合戰略

激勵的悖論是描述這樣一種現象:
當局為減少盜竊而加重對小偷的處罰時,小偷在守衛同樣的混合戰略

下偷的期望值為負,短期內小偷會停止偷竊,但這樣會提高守衛睡覺的概率,從 P_g^* 提高到 $P_g^{*'}$。這時,小偷偷與不偷的期望值又相等,因此小偷又會選擇混合戰略,而混合戰略的概率分佈取決於 S 和 – D。因此,只要 S 和 – D 的值不變,加重對小偷的處罰雖然在短期內能抑制偷竊,但長期來看卻只能使守衛多睡覺,偷竊的情況不會有什麼改善。

若加重對守衛的處罰呢？加重對守衛的處罰意味著守衛的期望值由 – D 變到 – D',此時,在小偷的混合戰略不變的情況下,守衛不敢輕易偷懶睡覺,這樣,小偷首先會選擇不偷;而長期來看小偷仍會選擇混合戰略,但只能減少偷竊,偷竊概率由 P_t^* 降為 $P_t^{*'}$,從而達到新的混合戰略。因此,加重對守衛的處罰在短期中使守衛盡職盡責,而長期中則起到抑制偷竊的作用。只要 V 和 – V 的值不變,守衛在長期中的勤勉程度就不會變化。

這就是所謂的「激勵的悖論」,因為按道理上講,小偷偷東西是一種犯罪行為,而守衛不負責任僅是失職行為;從性質上講,犯罪的性質比失職的性質嚴重得多,理所當然地應該加重對小偷的處罰。但從上面的分析可看出,為了減少偷竊的現象,反而是加重對守衛的處罰效果更好。在社會經濟現象中,存在著許多「激勵的悖論」的現象,如為了減少考試作弊的現象,應加大對監考人員失職的處罰,其效果反而更好等。「激勵的悖論」的現象對我們在制定政策和規章制度時帶來了有益的思考。

第三章　完全信息動態博弈

引例：海盜分寶

五個海盜搶到 100 顆寶石，他們決定按如下方法來分配：先抽簽決定順序 (1,2,3,4,5)；然後先由 1 號提出分配方案，其餘的人進行表決，當且僅當有半數和超過半數的人同意時，則按 1 號所提方案分配，否則將 1 號扔進大海喂鯊魚；當 1 號提出的分配方案被否決後，則由 2 號提出分配方案，其餘的人進行表決，當且僅當有半數和超過半數的人同意時，則按 2 號所提方案分配，否則將 2 號扔進大海喂鯊魚；以後以此類推 。假定這些海盜都是理性人，問第一個海盜應提出怎樣的分配方案才能獲得通過並使自己的收益最大？

第一節　幾個基本問題

一、納什均衡的幾個問題

納什均衡是完全信息靜態博弈的解，但納什均衡存在幾個問題：

首先，一個博弈可能有幾個納什均衡，實踐中哪個納什均衡實際上會發生是未知數。

其次，納什均衡中，參與人在選擇自己的戰略時，把其他人的戰略當成是給定的，不考慮自己的選擇如何影響對手的戰略，這個假設在靜態博弈中成立，而在動態博弈中不成立，即必須考慮他人或自己的選擇對其的影響。

最後，納什均衡是弱納什均衡概念，即允許不可信的「威脅」或「許諾」的納什均衡的存在。完全信息動態博弈的解，「子博弈精煉納什均衡」的中心意思就是將納什均衡中的不可信的「威脅」或「許諾」的納什均衡剔除出去，從而縮小納什均衡的個數，這對預測是非常有意義的。如市場阻撓中的「鬥爭」在動態博弈中是一個不可信的威脅戰略。

二、動態博弈的表述形式

(一) 戰略式表述

完全信息的靜態博弈一般用戰略式表述,兩人有限戰略的博弈的標準型一般可用矩陣表示。戰略表述式一般有三個要素:參與人、每個參與人可供選擇的戰略(或行動)、支付函數。

(二) 擴展式表述

動態博弈一般用擴展式表述,擴展式表述的形象化形式一般用博弈樹來表述,如市場阻擋博弈中,若進入者先行動(可選擇進入、不進入),在位者後選擇鬥爭還是默許(見圖3.1)。

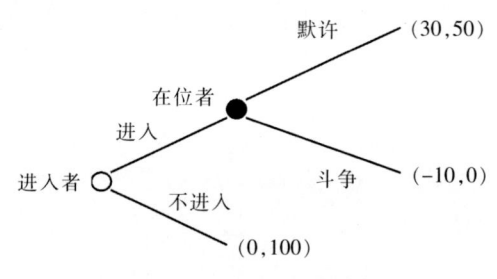

圖 3.1 市場進入的博弈樹

(三) 博弈樹的構成要素

(1) 參與人 $i, i = 1, 2, \cdots, n$。圖 3.1 中有兩個參與人,即進入者與在位者。

(2) 行動順序,反應某個參與人在什麼時候行動。圖 3.1 表示進入者先行動在位者後行動。

(3) 行動空間(行動集合),表示每次行動時,參與人可以進行哪些選擇。圖 3.1 表示進入者在行動時,可選擇進入或不進入,輪到在位者行動時,可選擇默許或鬥爭。

(4) 信息集,表示每次行動時,參與人知道進行選擇時所知道的信息。在圖 3.1 中,先行動的進入者選擇不進入時,則該博弈結束;只有當進入者選擇進入時才輪到在位者行動,因此,當輪到在位者行動時,在位者知道進入者一定選擇了進入。

(5) 支付函數,表示在行動結束之後,每個參與人得到些什麼(支付是所有行動的函數)。在圖 3.1 中,當進入者選擇不進入時,進入者的利潤為0,在位者的利潤為 100;當進入者選擇進入,在位者選擇默許時,進入者的利潤為 30,在位者的利潤為 50;當進入者選擇進入,在位者選擇鬥爭時,進入者的利潤為 – 10,在位者的利潤為 0。

（6）虛擬參與人（自然）N，當有外生事件時，引入虛擬參與人 N 來反應有外生事件時的概率分佈，但沒有自己的利益目標與支付函數。在市場阻擋動態博弈中，沒有虛擬參與人。在不完全信息博弈中，虛擬參與人的引入有重要的作用。

三、博弈樹的構造

博弈樹由一系列的結和它們之間的連線（枝）構成。我們先用一個抽象的例子來說明博弈樹的構造，如圖 3.2 所示。

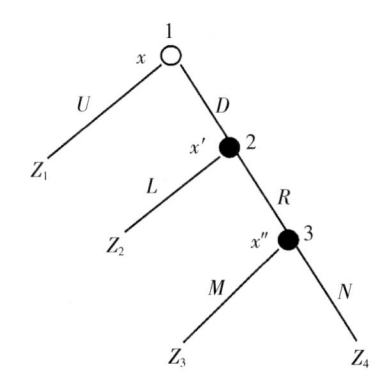

圖 3.2　博弈樹

博弈樹的結包括決策結和終點結。在圖 3.2 中有 3 個決策結（x, x', x''），博弈樹一般均假設只有一個初始結（用空心圓表示），表示先於所有其他的結（如圖 3.2 中的 x）。初始結後的決策結稱為後續結（用實心圓表示），如圖 3.2 中的 x', x''。沒有後續結的結稱為終點結，每個終點結代表了通過博弈樹的一條路徑，表示從博弈開始到結束參與人的一種行動序列，從而達成博弈的一種結局，如圖 3.2 中的 Z_1、Z_2、Z_3、Z_4，在具體博弈中，在終點結下寫下支付函數，表示在這種結局下每個參與人的得益。

博弈樹的結點存在順序關係，用符號「>」表示順序關係，若 $x > x'$，表示 x 在 x' 之前，則 x 是 x' 的前列結，x' 是 x 的後續結。這種關係滿足傳遞性和反對稱性。傳遞性是指：若 $x > x', x' > x''$，那麼 $x > x''$，意味著如果 x 在 x' 之前，x' 在 x'' 之前，那麼 x 在 x'' 之前。反對稱性是指：若 $x > x'$，則不可能有 $x' > x$，即如果 x 在 x' 之前，則 x' 不可能在 x 之前。結的傳遞性和反對稱性保證了博弈樹中沒有一條路徑可以使決策結與自身連接，即避免了具有循環的博弈樹（如圖 3.3 所示）。

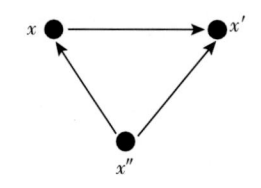

圖 3.3　具有循環的結

博弈樹中不允許出現圖 3.3 中的情況，這就使得如果從某一點向初始結返回時，就只能按反向逐結返回，而不會出現迂迴返回的情況。

博弈樹中還不允許出現圖 3.4 中的情況，即除初始結外，博弈樹中的每一個決策結有且只有一個直接前列結，而不允許有兩個及以上的直接前列結。為此假定，如果 $x > x''$, $x' > x''$，那麼 $x > x'$，或者 $x' > x$，或者 $x' > x$。即如果 x 與 x' 均在 x'' 之前，要麼 x 在 x' 之前，則要麼 x' 在 x 之前。

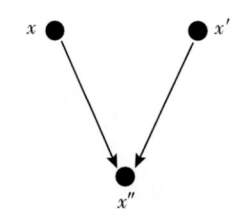

圖 3.4　具有多個直接前列結

這個規則可以保證如果我們從初始結以外的任何一個結出發向初始結返回，只有一條路徑可以返回到初始結，這為動態博弈「逆推歸納」的順利進行提供了條件。

任何一個非初始結的直接前列結是唯一的，一般而言，一個結（除終點結外）的直接後續結有多個，這依賴於可選擇的行動的數量。

博弈樹一般均假設只有一個初始結，但有的博弈可能存在多個起點，這時常常可以將其分解為若干博弈樹，或者引入虛擬參與人「自然」的行動建立唯一的初始結，故博弈樹一般均假設只有一個初始結。

枝是從一個決策結到它的直接後續結的連線，每一個枝代表參與人的一個行動選擇。博弈樹的枝不僅完整地描述了每一個決策結參與人的行動空間，而且給出了從一個決策結到下一個決策結的路徑。正因為如此，每一個終點結才完全決定了博弈樹的路徑。

動態博弈中很重要的一點是參與人選擇自己的行動時所擁有的信息，而博弈樹給出了有限博弈的幾乎所有的信息。博弈樹上所有決策結分割成不同的信息集，每一個信息集是決策結集合的一個子集，即信息集就是一些決策結的集合。

一般用 H 代表信息集的集合，$h \in H$ 代表一個特定的信息集。特別地，將用 $h(x)$ 表示包含決策結 x 的信息集。其解釋如下：$h(x)$ 是一個信息集，意味著在 x 點決策的參與人 i 不確定他是否處在 x 或其他的 $x' \in h(x)$，這一點意味著一個決策結屬於一個並且只屬於一個信息集。如果 $x' \in h(x)$，那麼 $x \in h(x')$，換句話說，一個信息集可能包含多個決策結，也可能只包含一個決策結。只包含一個決策結的信息集稱為單結信息集。如果博弈樹的所有信息集都是單結的，該博弈稱為完美信息博弈。完美信息博弈意味著博弈中沒有任何兩個參與人同時行動，並且所有後行動者能確切地知道先行動者選擇了什麼行動，所有參與人觀測到自然的行動。在博弈樹上，完美信息意味著沒有任何兩個決策結是用虛線連起來的。

圖 3.2 的博弈樹代表的就是一種完美信息博弈，在這個博弈中有 3 個參與人，有 3 個信息集，每個信息集只包含一個決策結，意味著參與人 1 在行動 U 和 D 中選擇，如果選擇 U，則博弈結束，結局為 Z_1；如果選擇 D，則由參與人 2 在 L 和 R 之間進行選擇。輪到參與人 2 進行選擇時，他肯定知道參與人 1 選擇了 D（單結信息），如果選擇 L，則博弈結束，結局為 Z_2；如果選擇 R，則由參與人 3 在 M 和 N 之間進行選擇。輪到參與人 3 進行選擇時，他肯定知道參與人 2 選擇了 R（單結信息），如果選擇 M，結局為 Z_3；如果選擇 N，結局為 Z_4。

前面已述，如果是完美信息博弈，則在博弈樹上沒有任何兩個決策結是用虛線連起來的（如圖 3.5 所示）。反之，如果是不完美信息博弈，則在博弈樹上屬於同一信息集的決策結是用虛線連起來。

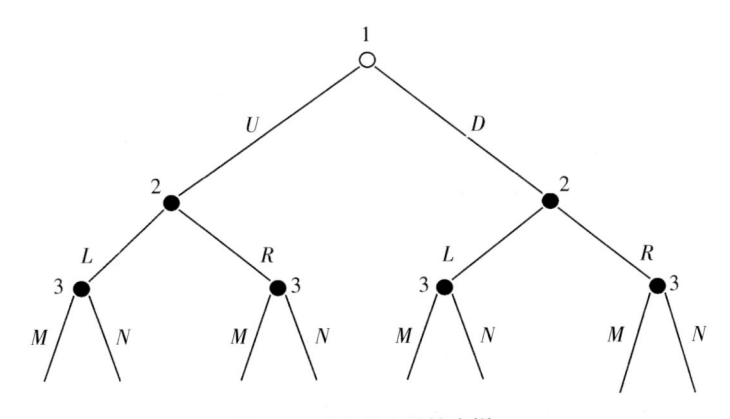

圖 3.5　完美信息的博弈樹

在圖 3.5 中，7 個決策結分割成 7 個信息集，其中一個（初始結）屬於參與人 1，兩個屬於參與人 2，四個屬於參與人 3。每個信息集只包含一個決策結，意味著所有參與人輪到自己選擇時準確地知道自己處於哪一個決策結，

故該博弈樹代表完美信息的博弈。

在圖 3.6 中，7 個決策結分割成 6 個信息集，與圖 3.5 不同的是，參與人 2 的信息集由原來的兩個變為了一個，他的信息集包含兩個決策結，意味著輪到參與人 2 選擇時，他知道該自己行動了，但不知道參與人 1 到底選擇了 U 還是 D，他只好在沒有參與人 1 的任何信息下選擇 L 或 R。這也表明在該博弈中，參與人 1 和參與人 2 是同時進行選擇的。因此，該博弈樹也可變為圖 3.7 的形式。

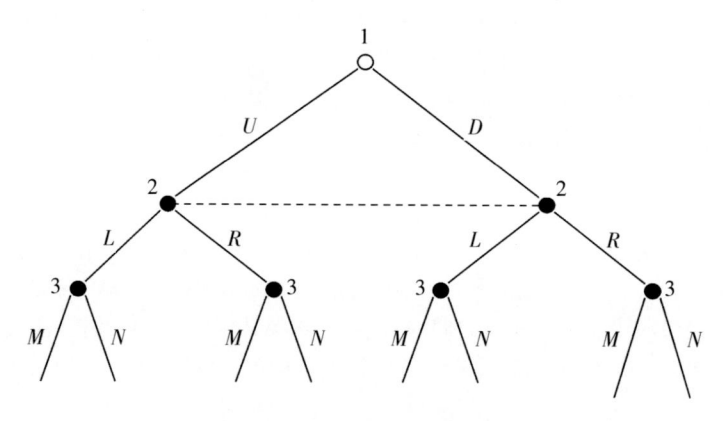

圖 3.6　不完美信息的博弈樹

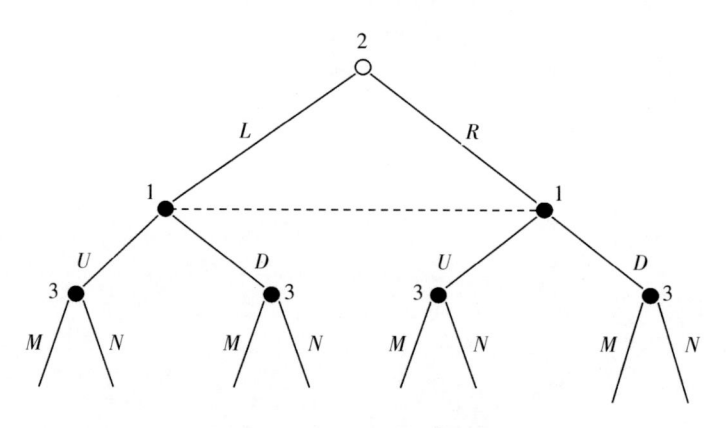

圖 3.7　不完美信息的博弈樹

注意，圖 3.6 與圖 3.7 代表著完全相同的博弈。

在圖 3.8 中，7 個決策結分割成 5 個信息集，與圖 3.5 不同的是，參與人 3 的信息集由原來的四個變為了兩個，每個信息集包含兩個決策結，意味著輪到參與人 3 選擇時，他知道該自己行動了，但不知道參與人 2 到底選擇了

L還是R，但他知道參與人1的選擇，因此參與人3面臨的選擇是：參與人1選擇U時，自己是選擇M還是N；參與人1選擇時D，自己是選擇M還是N。這也表明在該博弈中，參與人3和參與人2是同時進行選擇的。

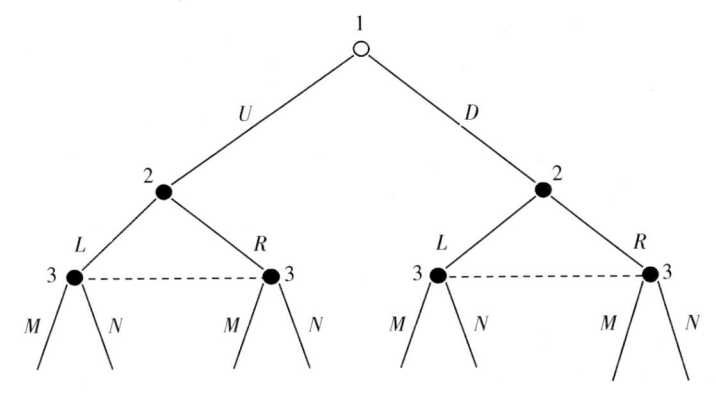

圖3.8　不完美信息的博弈樹

在圖3.9中，7個決策結分割成5個信息集，參與人3的信息集也由原來的四個變為了兩個，每個信息集包含兩個決策結。但與圖3.8不同的是，輪到參與人3選擇時，他知道該自己行動了，但不知道參與人1到底選擇了U還是D，但他知道參與人2的選擇，因此參與人3面臨的選擇是：參與人2選擇L時，自己是選擇M還是N；參與人2選擇R時，自己是選擇M還是N。這也表明在該博弈中，參與人3和參與人1是同時進行選擇的。

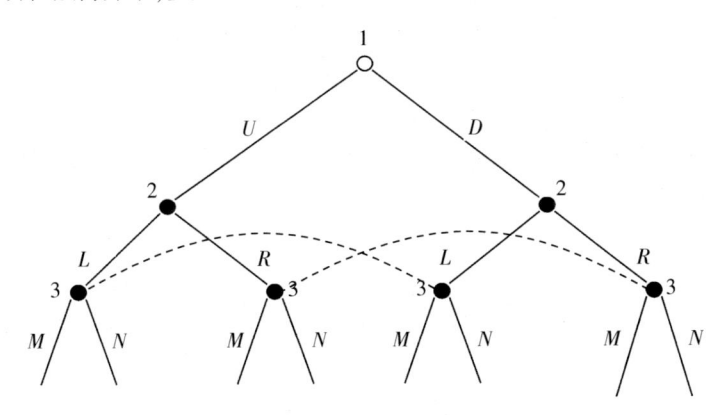

圖3.9　不完美信息的博弈樹

在圖3.10中，7個決策結分割成4個信息集，參與人3的信息集由原來的四個變為了一個，他的信息集包含四個決策結，意味著輪到參與人3選擇時，他知道該自己行動了，但不知道參與人1的選擇，也不知道參與人2的

選擇，他只能在沒有任何信息的條件下選擇 M 或 N。這也表明在該博弈中，參與人 3 和參與人 1、參與人 2 是同時進行選擇的。

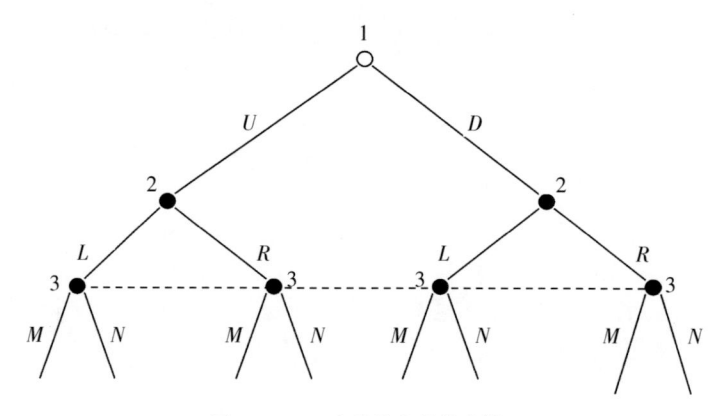

圖 3.10　不完美信息的博弈樹

在圖 3.11 中，7 個決策結分割成 3 個信息集，參與人 2 的信息集由原來的兩個變為了一個，他的信息集包含兩個決策結。參與人 3 的信息集由原來的四個變為了一個，他的信息集包含四個決策結。這意味著三個參與人之間均是同時進行選擇的靜態博弈。可見，有了信息集的概念後，用於表述動態博弈的博弈樹，也可用來表述靜態博弈。因為在靜態博弈中，沒有參與人在決策時知道其他參與人的選擇，故每個參與人都只有一個信息集，博弈樹可以從任何一個參與人的決策結開始。如將靜態囚徒困境用博弈樹表示如圖 3.12 所示。

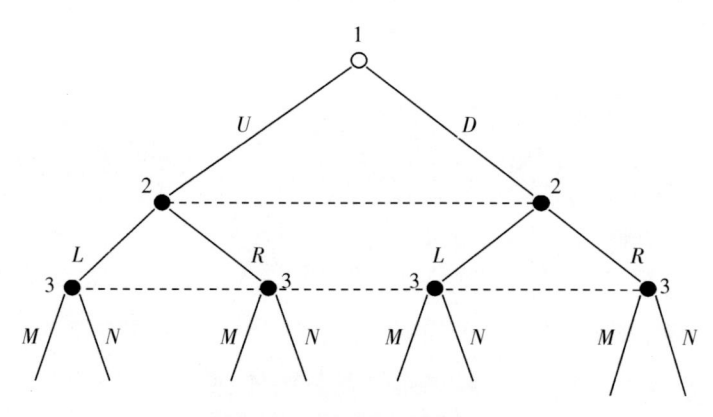

圖 3.11　靜態博弈的博弈樹

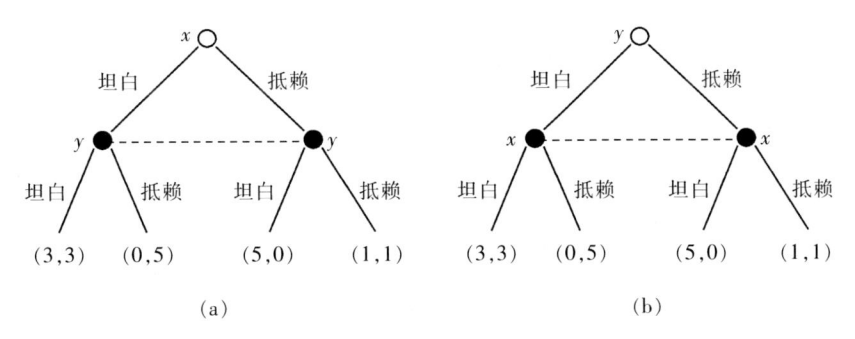

圖 3.12　靜態囚徒困境的博弈樹

圖3.12中的(a)和(b)分別是囚徒困境博弈的兩個不同的博弈樹的表示形式,代表著完全相同的靜態博弈。從形式上看,圖(a)是 x 先行動而 y 後行動,但 y 後行動時未獲得 x 的任何信息的博弈樹,故是兩者同時行動的靜態博弈;圖(b)是 y 先行動而 x 後行動,但 x 後行動時未獲得 y 的任何信息的博弈樹,故也是兩者同時行動的靜態博弈。可見,博弈中的「同時」是一個信息的概念,而非時間概念。

四、逆推歸納法

動態博弈時,行動有先有後,先行動的參與人知道自己的選擇會被後行動的參與人觀察到,並作為他選擇行動的依據。故先行動的參與人在選擇自己的行動時,總是先考慮後行動的參與人在後面階段中的選擇將是怎樣的。因此後面階段的情形是動態博弈中首先需要關注的 這種從最後階段開始來分析問題的思路就是逆推歸納法,逆推歸納法是解析動態博弈的一般方法。其方法是:從博弈樹最後的決策結為起點,求出對應的參與人的最優選擇;然後在給定這種選擇的情況下,倒推至該決策結的前一個決策結求出對應的參與人的最優選擇;然後再向前倒推,直至初始的決策結。當這個倒推過程完成後,則得到一個路徑,這個路徑給出了每一個參與人一個特定的戰略,所有這些戰略構成一個納什均衡,就是動態博弈的解,這個納什均衡被稱為子博弈精煉納什均衡。

在本章引例「海盜分寶」中,最先提分配方案的1號海盜是這樣思考的:該博弈的最後階段是剩下4號、5號兩個海盜,由4號提分配方案,5號表決。很顯然,4號提出的任何分配方案(哪怕提出5號得全部100塊寶石),5號都會否決,因為輪到5號時,他會理直氣壯地得到全部寶石,故在最後階段,4號被扔進大海,5號獨吞全部寶石。倒推到剩下3個海盜的情形,這時由3號提分配方案,由於3號預見到最後階段的結局,他知道4號會力阻博弈進入最後階段,自己提出的任何方案4號都會同意而保住性命,故3號提

出自己得100塊寶石,4號、5號什麼都不得的方案會通過。倒推到剩下4個海盜的情形,這時由2號提分配方案,由於2號預見到下一階段的結局,故2號提出自己得98塊寶石,4號、5號各得1塊寶石,3號什麼都不得的方案會得到4號、5號的同意而通過。倒推到博弈的開始階段,這時由1號提分配方案,由於1號預見到後面各階段的結局,他提出的方案只要有2人支持就能通過。故1號提出自己得97塊寶石,3號得1塊寶石,4號或5號得2塊寶石,2號什麼都不得的方案會得到2個人的同意而通過。這就是在「完全理性」假設下,1號海盜得以通過而又使自己得益最多的分配方案。這樣的結果會出乎許多人的意料之外。現實中這樣的分配方案是否真能獲得通過令人懷疑,在我們對「完全理性」假設提出疑問時會再回到這個問題上來。

從以上的分析可看出,逆推歸納法實際上是重複剔除劣戰略方法在擴展式博弈中的應用,我們從最後一個決策結開始往回倒推,每一步剔除在該決策結上參與人的劣選擇,因此在均衡路徑上,每一個參與人在每一個信息集上的選擇都是占優選擇。

五、子博弈和均衡路徑

(一) 子博弈

子博弈是動態博弈中一個重要的概念,在求解動態博弈時,首先要掌握子博弈的概念。

定義 3.1:由一個動態博弈第一階段以外的某階段開始的後續博弈階段構成的,其初始信息集只包含一個決策結及所有後續結的能自成一個博弈的原博弈的一部分,稱為原動態博弈的「子博弈」。

在判斷一個博弈有無子博弈時,首先,要看其初始信息集是否是單結(即只包含一個決策結);其次,子博弈的初始結不能從原博弈的初始結開始,只能從原博弈後續結開始;最後,子博弈是原博弈的一部分,意味著子博弈不能切割原博弈的信息集,除非它在原博弈中屬於同一信息集,故它們在子博弈中也才屬於同一信息集。因此,在圖3.13中有兩個子博弈,即從x和x'結開始及以後階段構成兩個子博弈,而圖3.14中的x和x'同屬於一個信息集,其初始信息集不是單結的,故除原博弈外,該博弈沒有子博弈。注意圖3.15中從2開始及後面階段構成一個子博弈,這個子博弈與圖3.14的博弈很相似,但圖3.14為什麼沒有子博弈呢?因為子博弈只能從原博弈後續結開始。圖3.16中參與人2的信息集不能構成子博弈,是因為儘管參與人2的兩個信息集是單結的,但因為參與人3的一個信息集有三個決策結,另一個信息集是單結的,故參與人2的信息集不能開始一個子博弈,否則參與人3的信息集將被切割,如從參與人2的右邊開始一個子博弈,參與人3的信息集就由原來的三個決策結變成兩個決策結,即這個子博弈不是

原博弈的一部分，參與人在子博弈的選擇就會不同於原博弈的選擇。而圖 3.15 中參與人 2 構成的子博弈則是原博弈的一部分。

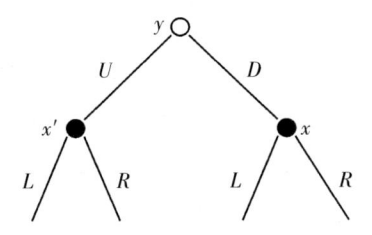

圖 3.13　有子博弈的博弈樹

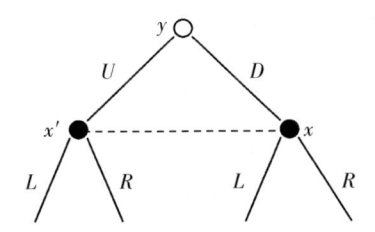

圖 3.14　沒有子博弈的博弈樹

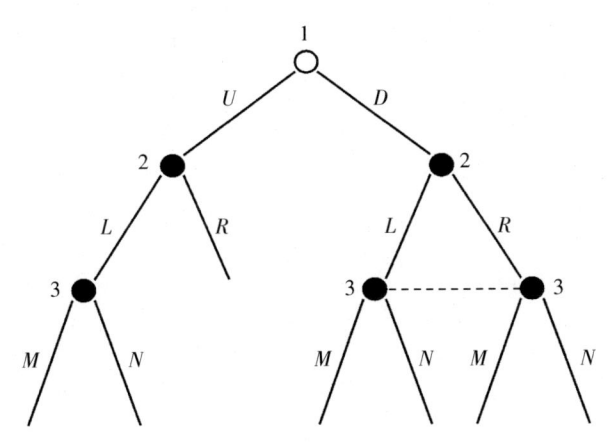

圖 3.15　有子博弈的博弈樹

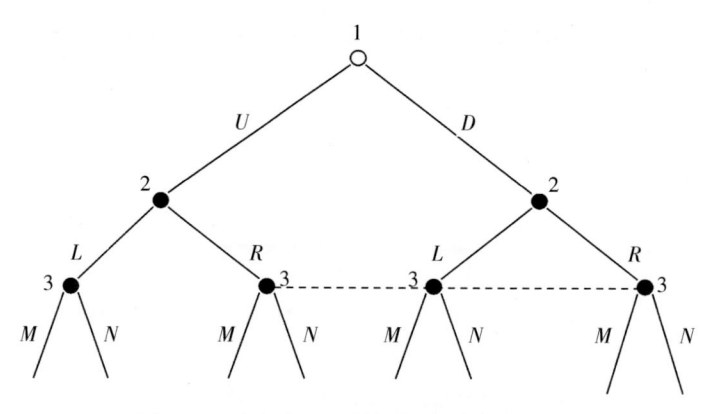

圖3.16　參與人2不能構成子博弈的博弈樹

習慣上，人們把任何原博弈也稱為自身的一個子博弈。

（二）均衡路徑

均衡路徑是相對於非均衡路徑而言的。均衡路徑是說，如果一個博弈有幾個子博弈，一個特定的納什均衡決定了原博弈樹上唯一的一條路徑，這條路徑稱為「均衡路徑」。則博弈樹上的其他路徑稱為非均衡路徑。在市場阻撓的動態博弈樹中（見圖3.1），納什均衡（進入，｛默許，默許｝）所對應的均衡路徑是「進入者→進入→在位者→默許→(30,50)」，其他的路徑都是該納什均衡的非均衡路徑。均衡路徑概念對於理解完全信息靜態博弈與完全信息動態博弈解的區別有重要意義。

六、可信性問題

動態博弈中的一個中心問題是「可信性」問題。「可信性」是指動態博弈中先行動的博弈方是否該相信後行動的參與人會對自己有利或不利的行動。我們將後行動將來會採取對先行動方有利的行動稱為「許諾」，而將來會採取對先行動方不利的行為稱為「威脅」。

澤爾騰在定義子博弈精煉納什均衡時，用一個例子（見表3.1）說明某些納什均衡比其他納什均衡更為合理。

表3.1　　　　　　　　　博弈例子

參與人2

		L	R
參與人1	U	2,2	2,2
	D	3,1	0,0

表 3.1 代表的是一個靜態博弈,用劃線法可知該博弈有兩個純戰略納什均衡:(U,R) 與 (D,L)。澤爾騰指出納什均衡 (U,R) 看來是可疑的,因為它的實現依賴於參與人 2 選擇 R,而參與人 2 選擇 R 看來是不可信的。參與人 1 不相信參與人 2 會選擇 R 而選擇 D 時,輪到參與人 2 選擇時,理性的參與人 2 會選 L 而不會選 R。這在動態博弈中會清楚地看到這一點(見圖 3.17)。

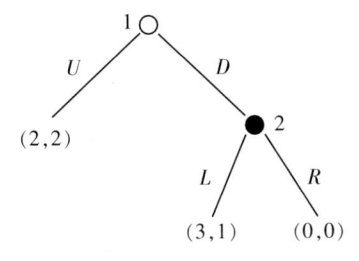

圖 3.17　動態博弈

該博弈在靜態博弈中,有兩個納什均衡:(U,R) 與 (D,L);而在動態博弈中,由於 (D,L) 比 (U,R) 更為合理,則只有一個納什均衡 (D,L)。

澤爾騰在 1965 年定義子博弈精煉納什均衡的中心意義就是將納什均衡中包含的不可信的「許諾」和「威脅」的納什均衡剔除出去,使均衡戰略中不再包含不可置信的威脅。在許多情況下,精煉納什均衡縮小了納什均衡的個數,這一點對預測是非常有意義的,因為研究博弈的一個重要目的就是想預測哪一個博弈結果會實際上發生,特別是對有多個納什均衡的博弈。

實際博弈中,許多「許諾」和「威脅」是不可信的,如「市場阻撓」中在位者發出決一死戰的「威脅」大多數時候是不可信的;在表 3.1 的例子中,參與人 2 做出選擇 R 的「許諾」大多數時候也是不可信的。為了敘述方便,許多書均將「許諾」和「威脅」統稱為「威脅」。

但要注意,不可信的「許諾」和「威脅」可能變為可信的。「可信的」是參與人使自己不可信的「威脅」或「承諾」變為可信的行動。如何判斷一種「威脅」或「承諾」在什麼時候變成可信的呢?只有當當事人不施行這種「威脅」或「承諾」將會受到更大損失時,不可信的「威脅」或「承諾」變為可信的。要將不可信的「威脅」或「承諾」變為可信的,一般要付出成本,成本越高,可信性越大。儘管有時這種成本並不一定真的會發生。

如市場阻撓中,在位者與人打賭,若進入者進入而不鬥爭的話,他將付出 60 單位的賭註,這時,「鬥爭」將變為可信的「威脅」。

第二節　完全且完美信息的動態博弈

一、完全且完美信息動態博弈的概念

所有參與人對博弈的支付函數的信息都是完全信息（共同知識）且對全部博弈的過程信息也是完全清楚的動態博弈稱為完全且完美信息的動態博弈。

二、子博弈精煉納什均衡

定義 3.2：擴展式博弈的戰略組合 $s^* = (s_1^*, \cdots, s_i^*, \cdots, s_n^*)$ 是一個子博弈精煉納什均衡，首先，它是原博弈的納什均衡，其次，它在每一個子博弈是納什均衡。

子博弈精煉納什均衡是完全信息動態博弈解的基本概念。對於這個概念的理解可用第二章市場進入阻撓的例子加以說明（見表 3.2）。

表 3.2　　　　　　　　市場進入阻撓博弈

		在位者	
		默許	鬥爭
進入者	進入	30, 50	-10, 0
	不進	0, 100	0, 100

前面已述，在靜態博弈中，該博弈有兩個純戰略納什均衡，即（進入，默許），（不進，鬥爭），我們說（不進，鬥爭）是一個弱納什均衡。

若在市場進入阻撓中，進入者先行動，在位者後行動，則有如下的博弈樹（見圖 3.18）。

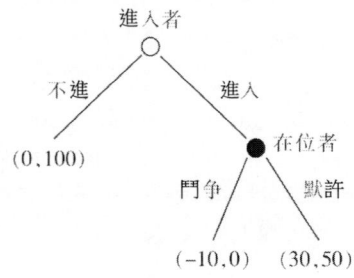

圖 3.18　市場進入阻撓的博弈樹

運用逆推歸納法，在最後階段，在位者選擇默許得到50單位的利潤，選擇鬥爭的利潤為零，故輪到在位者選擇時，在位者會選擇默許；倒推到初始結，給定在位者選擇默許，進入者選不進的利潤為零，選進入的利潤為30，進入者會選進入。得到動態博弈的唯一納什均衡(進入，默許)，這個納什均衡就稱為子博弈精煉納什均衡。

在子博弈精煉納什均衡的概念中，子博弈精煉納什均衡要滿足兩個條件：一是它應是原博弈的納什均衡，這一點很容易理解，在市場進入阻撓的博弈中，(進入，默許)是原博弈的一個納什均衡；二是它應在每一個子博弈都是納什均衡，其意思是，構成子博弈精煉納什均衡的戰略不僅在均衡路徑上的決策結是最優的，而且在非均衡路徑上的決策結也是最優的。該博弈樹包括原博弈，有兩個子博弈，均衡路徑是「進入者 → 進入 → 在位者 → 默許 → (30, 50)」。在輪到在位者選擇時的子博弈中，在位者的最優選擇是默許，因此默許是這個子博弈中的納什均衡；若將整個原博弈當成一個子博弈，給定進入者進入的情況下，鬥爭變為不可信的「威脅」，故在位者的最優選擇也是默許。故(進入，默許)在每一個子博弈都是納什均衡。

可見，在市場阻撓的動態博弈中，只有唯一的納什均衡，(進入，默許)，減少了(精煉)納什均衡的個數。這正是澤爾騰引入子博弈精煉納什均衡的一個重要目的。子博弈精煉納什均衡要求不僅在均衡路徑上的決策結是最優的，而且在非均衡路徑上的決策結也是最優的，這就意味著這樣的戰略組合是無懈可擊的、合理可信的，故子博弈精煉納什均衡也稱為子博弈完美納什均衡。而納什均衡只要求均衡戰略在均衡路徑的決策結是最優的，這正是納什均衡與子博弈納什均衡的實質區別所在。

三、「可信性威脅」與子博弈精煉納什均衡

某些納什均衡之所以不是精煉納什均衡，是因為包含了不可信的「許諾」或「威脅」。但如果參與人在博弈之前採取某種措施改變自己的行動空間、支付函數，原來不可信的「威脅」或「許諾」就可能變得「可信」，博弈的精煉納什均衡就可能相應改變。許多情況下，「可信性」對當事人是很有價值的，原因在於保證不選擇某些行動可以改變對手的最優選擇。

在市場阻撓博弈中，若在位者想阻止進入而與人打賭說：「如果進入者進入時我不與進入者鬥爭到底的話，我將付出60單位的賭金。」這時，「鬥爭」將由不可信的變為可信的，其博弈樹如圖3.19所示。

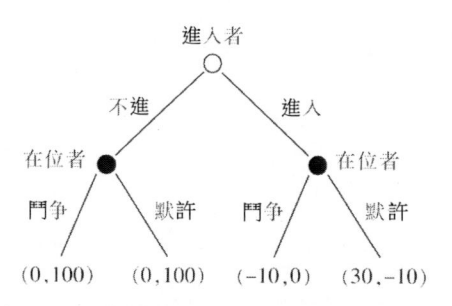

```
                    進入者
                      ○
                 不進／  ＼進入
                   ／      ＼
              在位者●        ●在位者
              鬥爭／＼默許  鬥爭／＼默許
            (0,100) (0,100) (−10,0) (30,−10)
```

圖 3.19　有承諾行為的市場進入阻撓的博弈樹

在圖 3.19 中，由於在位者與人打賭而改變了得益函數，故（進入，默許）不再是該博弈的子博弈精煉納什均衡，而（不進，鬥爭）是該博弈唯一的子博弈精煉納什均衡，在位者通過與人打賭而使「不可信的威脅」變成「可信的威脅」，成功地阻止了進入者的進入，而賭金也未付出。當然，在一般情況下，要將不可信的「威脅」或「承諾」變為可信的，是要付出成本的，這一點在「可信性」問題中已經加以了說明。

四、逆推歸納法存在的問題

（一）逆推歸納法不適用的情況

逆推歸納法是從博弈的最後階段往回倒推，因此，對於無限博弈和不完美信息的博弈就不適用。無限博弈可能是指一個決策結有無窮多個後續結，也可能是指一個路徑含有多個決策結，無論哪種情況，都意味著該博弈沒有最後階段，當然也就無法使用逆推歸納法。而對於不完美信息的博弈，則意味著某個階段的信息集不只包含一個決策結，輪到某個參與人選擇時，他不知道另一個參與人選擇了什麼，由於戰略的相互依存性，則無法定義該參與人的最優選擇，這時也不適用逆推歸納法。

其實，不僅對於無限博弈和不完美信息的博弈，即使是對於有限完美信息博弈，當博弈的路徑或決策結數量很多時，能否用逆推歸納法也值得懷疑。波雷爾在用博弈論研究國際象棋時就提到，下國際象棋是一個有限且完美信息的動態博弈。從理論上講，用逆推歸納法就可以找到子博弈精煉納什均衡並找到每一步的最優對策，但由於下棋的路徑太多，哪怕用最先進的計算機也難以在短時間內找到每一步的最優對策，更不用說人腦了。因此，在實際的對弈中，沒有人會在一開始就用逆推歸納法來下棋的。另外，如果一個博弈在某個階段遇到得益相同的情況時，逆推歸納法也難於進行選擇。因為逆推歸納法是通過逐個階段的唯一最優選擇來尋找均衡路徑的，當遇到無差異行動時，則無法確定唯一的最優路徑，逆推歸納法的思路會在此中斷。如此種種情況，使逆推歸納法受到許多懷疑和批評。

(二) 逆推歸納法對理性的要求

逆推歸納法受到的最大挑戰可能還在於逆推歸納法對理性的要求。對於上述幾種運用逆推歸納法的限制,並未對逆推歸納法構成真正的威脅。在後面的分析中,我們將看到,對於無限博弈和不完美信息的博弈,仍可用逆推歸納的思維來尋找博弈的均衡;下國際象棋時,雖然人們不會在一開始就用逆推歸納法來下棋,但在棋局快結束時,卻有許多人用逆推歸納的思維來尋求對策。但對逆推歸納法理性的要求受到的批評就要嚴重得多,因為逆推歸納法要求「所有參與人是理性的」是所有參與人的「共同知識」的理性要求過高,在現實生活中難以達到,特別是有多個參與人或每個參與人有多次選擇時更是如此。

1. 蜈蚣博弈

蜈蚣博弈是羅森塔爾(Rosenthal,1981)提出的一個對逆推歸納法質疑的博弈問題,由於其博弈樹形似蜈蚣而得名。現有許多不同的版本用以說明不同的問題,圖 3.20 就是其中一個版本。

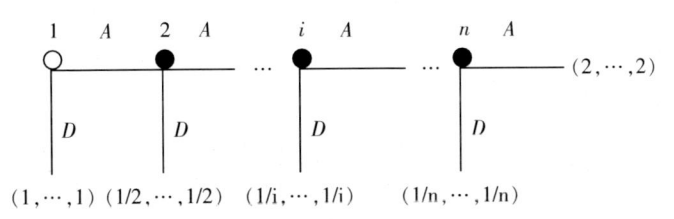

圖 3.20 n 人完全且完美信息博弈的博弈樹

圖 3.20 代表的是一個 n 人完全且完美信息的動態博弈。每個參與人 $i(<n)$ 在決策結上有兩種選擇:選擇 D 結束博弈,所有參與人的得益為 $1/i$;選擇 A 進入下一個參與人的決策結。

用逆推歸納法,子博弈精煉納什均衡是所有參與人將選擇 A,博弈結果將是所有參與人均得到 2 的收益。但是,因為逆推歸納法要求「所有參與人是理性的」是所有參與人的「共同知識」,如果 n 很小,比如只有兩三個參與人,這個結論大概是正確的。但若 n 很大時,這個結果能否在現實中實現就值得懷疑。考慮參與人 1,獲得 2 單位的支付要求其他 $n-1$ 個參與人都選 A,若參與人 1 不能確信其他 $n-1$ 個參與人都選 A,參與人 1 就得考慮是否應選 D 以確保 1 單位的得益。再則,即使參與人 1 確信所有的 $n-1$ 個參與人都將選 A,他也可能懷疑參與人 2 是否相信其他 $n-2$ 個參與人都會選 A,如果參與人 2 不相信其他 $n-2$ 個參與人都會選 A,將導致輪到參與人 2 選擇時選擇 D 結束博弈,所有參與人的得益為 1/2,與其如此,不如參與人 1 在博弈開始就結束博弈來確保 1 單位的得益,等等。換句話說,只要該博弈不能

完全進行到底，n 個參與人中任何一個參與人在中途結束博弈，其結果都不如參與人 1 在博弈開始就結束博弈好。而現實中，中途結束博弈不僅是可能的，而且這種可能性還很大，這種情況下，逆推歸納法得到的結論確實值得懷疑。

圖 3.21 則是羅森塔爾蜈蚣博弈的原版。

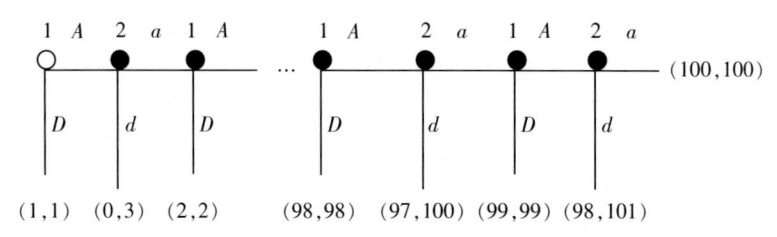

```
    1 A   2 a   1 A        1 A   2 a   1 A   2 a
    ○─────●─────●────...────●─────●─────●─────●──── (100,100)
    │D    │d    │D          │D    │d    │D    │d
    │     │     │           │     │     │     │
  (1,1) (0,3) (2,2)      (98,98)(97,100)(99,99)(98,101)
```

圖 3.21　2 人多階段完全且完美信息博弈的博弈樹

圖 3.21 代表的是只有兩個參與人，但每個參與人有 99 次選擇的完全且完美信息的動態博弈。按逆推歸納法，該博弈的最後階段由參與人 2 選擇，他選 a 得 100，選 d 得 101，參與人 2 的最優選擇是 d；倒推到倒數的第二階段，這時由參與人 1 選擇，他選 A 得 98，選 D 得 99，參與人 1 的最優選擇是 D；以此類推，當倒推到博弈開始時，參與人 1 的最優選擇是選 D 而直接結束博弈，雙方各得 1。這就是按逆推歸納法得到的該博弈唯一的子博弈精煉納什均衡的路徑，其結果令人沮喪。

這一結果與現實中觀察到的情況大不一樣，通過實驗也證明了這一點，即大多數參與實驗的人均會選擇 A 或 a，讓這個博弈進行下去，不管中途在什麼階段結束，其結果都比在一開始就結束博弈要好。

問題在於，當參與人 1 在博弈開始就選 A 時，按照理性人的假設，則意味著參與人 1 是非理性的，或者說參與人 1 犯了錯誤。假如你是參與人 2，如果參與人 1 選擇了 A，你應該如何選擇呢？很顯然，這取決於參與人 2 對參與人 1 選 A 的預期：如果參與人 2 認為，參與人 1 選 A 是無意犯的一個錯誤，澤爾騰將之稱為「均衡的顫抖」，即參與人 1 本意想選 D 結束博弈，但選擇時因為手的顫抖而錯選了 A（正如打牌時，有的牌手因匆忙抽錯了牌而導致了出牌錯誤），如果是這樣，逆推歸納法意味著你應選 d，因為參與人 1 得到下一個機會將選 D；但是，如果參與人 2 認為參與人 1 選 A 是想給自己發出這樣一個信號，當輪到參與人 1 再次選擇時仍會選 A，一開始參與人 1 就選 A 是有意犯的錯誤，如果是這樣，參與人 2 似乎也應選 a，然後看這個博弈究竟可以走多遠。

回過頭來，假設你是參與人 1，你選 A 的原因是什麼呢？如果你真是由於手的顫抖而錯選了 A，則意味著下次將選 D 結束博弈來糾正你的錯誤；但也許你是故意選 A 來誘使參與人 2 認為你是非理性的因而也選 a，從而期待

這個「將錯就錯」的過程一直延續下去以得到 100 個單位的支付呢？如果是這樣，參與人 2 為什麼要從你選 A 這個事實就推斷你是非理性的或你不認為他是理性的呢？

羅森塔爾用蜈蚣博弈的例子是想指出，逆推歸納法理論沒有為當某些未能料到的事情（按理性人的假設）出現時，參與人如何形成他們的預期提供解釋，這就使逆推歸納法的邏輯受到懷疑。

弗得伯格、克瑞普斯和萊文（Fudenberg, Krepsand, Levine, 1988）將偏離行為解釋為是由於有關「支付函數信息不確定性」造成的。這就是說，實際的支付函數不同於原來認為的支付函數，從而參與人在觀測到未曾預料到的行為時，應該修正有關支付函數的信息。因為任何觀測到的行為都可以用博弈對手的某種特定支付函數來解釋，上述解釋把偏離行為出現後如何預測博弈結果的問題歸結為選擇哪一個支付函數的問題，從而迴避了當零概率事件出現時如何形成新的信念的困難。

弗得伯格、克瑞普斯和萊文認為參與人的偏離行為是由於有關「實際的支付函數不同於原來認為的支付函數」造成的，其實，在蜈蚣博弈中，將參與人的偏離行為用「短期支付函數與長期支付函數的差異」加以解釋可能更為合理。當參與人 1 一開始就選 A（在逆推歸納法理性人的假設下，從理論上講，這是一個零概率事件，當然也就是一個未曾預料到的「偏離」行為）的「偏離」行為時，令我們感興趣的是，是什麼原因促使他這樣做？假如你是參與人 1，你是否會這樣考慮呢：一開始就選 A 而將下一步的選擇權交給參與人 2，如果參與人 2 的選擇是 d，自己的得益將損失 1，但如果參與人 2 的選擇是 a，則存在將該博弈進行到底而獲得 100 的可能性，以短期較小的損失來保留長期較大收益的可能性是值得的。對參與人 2 的分析可做類似的推理。如果真是這樣，參與人的「偏離」行為還能說是非理性的嗎？

當然，我們可以預期，當蜈蚣博弈中可供參與人選擇的階段數很少時，則參與人 1 一開始就選 D 來結束博弈的可能性就會增大。另外，該博弈會一直持續到最後階段的可能性也很小，越是臨近結束階段，參與人隨時都會選擇 A 或 a 來結束博弈。從這個意義上講，儘管逆推歸納法受到許多批評，但逆推歸納法的思維邏輯又似乎隨時都在起作用。

弗得伯格和克瑞普斯（Fudenberg, Kreps, 1988）將對逆推歸納法的批評進一步上升到方法論原則，他們認為，任何一種有關博弈行為的理論都應該是完備的。這裡，「完備性」的含義是指理論應該對任何可能的選擇賦予嚴格正的概率（即沒有任何事件是不可能的），從而當某事件出現時，參與人對隨後的博弈行為的條件預測總是很好定義的。

以上對逆推歸納法的質疑和批評也適用於子博弈精煉納什均衡。

五、子博弈精煉納什均衡的改進

(一) 顫抖手均衡

面對一些對逆推歸納法的質疑和批評,澤爾騰(1975)從捍衛逆推歸納法理論的角度出發,認為擴展式博弈隱含了參與人犯錯誤的可能,但這種錯誤是由於參與人在博弈過程中手的顫抖而造成的,即這種錯誤是參與人偶然無意犯下的,而不是有意犯下的。如果是這種性質的錯誤,參與人在每個信息集上犯錯誤的概率就是獨立的(因而參與人不會犯系統性的錯誤),那麼不論過去的行為與逆推歸納法預測得如何不同,參與人應該繼續使用逆推歸納法預測從現在開始的子博弈行為,澤爾騰在這種基礎上提出了「顫抖手均衡」。

顫抖手均衡的基本思想是:一個戰略組合,只有當它在允許所有參與人都可能犯「顫抖」錯誤時仍是每一個參與人的最優戰略組合時,才是一個均衡。表 3.3 是用得益矩陣(戰略型)來表示的一個簡單動態博弈,因為用得益矩陣的形式更容易理解顫抖手均衡的思想。

表 3.3　　　　　　　　　　有顫抖手均衡的博弈

參與人 2

	L	R
U	10,0	5,2
D	10,1	2,0

參與人 1

在表 3.3 中,用劃線法可知該博弈有兩個納什均衡 (U,R) 和 (D,L),(U,R) 對參與人2較有利,(D,L) 對參與人1較有利。如果兩個參與人在選擇時不會發生「顫抖」,這兩個納什均衡都是該博弈的可能結果,且是穩定的。

但是,如果參與人在選擇時可能犯「顫抖」的錯誤,則兩個納什均衡的穩定性就不一樣了。當參與人1先行動時選 D,參與人 2 的正確選擇應是 L。但如果參與人 2 在選擇時,本意是想選 L,由於手的顫抖而錯選了 R,不管這種可能性多麼小,參與人 1 的最優選擇就不是 D 而是 U。而參與人 2 預見到參與人1的想法,就會選 R 而不選 L(參與人 2 的這種想法也會被參與人 1 知道),因此,在這種情況下,(D,L) 就不是具有穩定性的均衡了。反之,(U,R) 的情況則不一樣,參與人1的想法是,無論參與人 2 是否會犯錯誤或犯錯誤的概率有多大,參與人 1 都沒有興趣偏離 U;反觀參與人 2 的想法,參與人 1 從 U 偏離到 D 會對自己不利,但只要參與人 1 犯錯誤的概率不大於 2/3(大於 2/3 時,則很難說是「顫抖」了),自己也沒有興趣偏離 R。因此,對於可能犯「顫抖」的錯誤時,(U,R) 具有穩定性,具有這種性質的納什均衡

稱為顫抖手均衡,可見在該博弈中,(U,R) 是顫抖手均衡,而(D,L) 不是顫抖手均衡。

顫抖手均衡的定義:如果有限戰略的博弈的納什均衡$(\sigma_1,\cdots,\sigma_n)$是一個顫抖手均衡,如果對於每一個參與人 i,存在一個嚴格混合戰略序列$\{\sigma_i^m\}$使得下列條件滿足:

(1) 對於每一個 i, $\lim_{m\to+\infty} \sigma_i^m = \sigma_i$;

(2) 對於每一個 i 和 $m = 1,2,\cdots,\sigma_i$ 是對戰略組合 $\sigma_{-i}^m = (\sigma_1^m,\cdots,\sigma_{i-1}^m,\sigma_{i+1}^m,\cdots,\sigma_n^m)$ 的最優反應,即:對任何可選擇的混合戰略 $\sigma_i' \in \sum_i$ 有 $u_i(\sigma_i, \sigma_{-i}^m) \geq u_i(\sigma_i', \sigma_{-i}^m)$。

在這個定義中,條件(1) 是說,儘管每一個參與人 i 都可能犯錯誤,但錯誤會收斂於 0,這意味著,既然這種錯誤是無意的偶然錯誤,同一個參與人多次犯同一錯誤的可能性就會越來越小。條件(2) 是說,每一個參與人 i 打算選擇的戰略 σ_i,不僅在其他參與人不犯錯誤時是最優的納什均衡,而且在其他參與人錯誤地選擇了 $\sigma_{-i}^m(\sigma_{-i}^m \neq \sigma_{-i})$ 時也是最優的納什均衡,這意味著,一個參與人不會因為其他參與人犯錯誤也跟著犯錯誤,即「顫抖」在參與人之間是獨立發生的,而不是相關的。這個定義中關鍵的一點是 σ_i^m 必須是嚴格混合戰略,即每個純戰略都有被選到的可能性(這就避免了零概率事件)。因此,一個顫抖手均衡必須是一個納什均衡,而且這個均衡中不包括任何經不起「顫抖」擾動的弱劣戰略。

澤爾騰用顫抖手均衡來回應對逆推歸納法的質疑和批評時,也對子博弈精煉納什均衡進行了再精煉。我們說,博弈論的一個重要目的是想預測實際會發生的博弈結果,在上面的例子中,通過顫抖手均衡的再精煉,(U,R) 是顫抖手均衡,(D,L) 不是顫抖手均衡,而顫抖手均衡具有穩定性,因此 (U,R) 更有可能實際發生。但是,澤爾騰用顫抖手均衡來回應對逆推歸納法的質疑和批評時,是假設參與人是無意犯的錯誤,而這種假設是可質疑的,顫抖手均衡並未回答參與人犯錯誤的性質。因此,顫抖手均衡更有可能實際發生,但並不能保證實際上一定會發生,哪怕博弈只有一個顫抖手均衡。

圖 3.22 是一個有兩個參與人的動態博弈。用逆推歸納法得到的子博弈精煉納什均衡是「參與人 1 在第一階段選 U,第三階段選 N;參與人 2 在第二階段選 R」,相應的博弈路徑是參與人 1 在第一階段選 U 結束博弈。如果兩個參與人均不會犯錯誤,上述戰略組合和均衡路徑是該博弈的必然結果。但是,如果參與人 1 在開始時犯錯誤選了 D,理性的參與人 2 應該如何選擇呢?

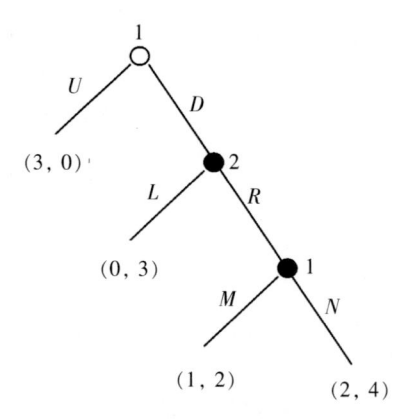

圖 3.22　兩個人參與的動態博弈

按照顫抖手均衡假設，參與人 1 在第一次選擇時犯錯誤是由於「顫抖」，因此參與人 2 在第二階段選應選 R，讓博弈進入第三階段。在第三階段，理性的參與人 1 應選 N，這樣參與人 2 的得益為 4，比自己在第二階段選 L 結束博弈得 3 的效益更高。但值得懷疑的是，既然參與人 1 在第一次選擇時就放棄了本博弈中獲得最高收益(3) 的機會，參與人 2 還能相信參與人 1 真是理性的嗎，如果參與人 1 在第三階段選 M 呢？

(二) 正推歸納法

在討論逆推歸納法存在的問題中，我們已論及參與人在選擇行動時可能犯錯誤，但犯錯誤的性質卻可能有所不同。當參與人犯錯誤是由於手的顫抖而造成的，可用澤爾騰的顫抖手均衡的思路加以解決。但在圖 3.21 的羅森塔爾蜈蚣博弈中，唯一的子博弈精煉納什均衡結果是參與人 1 一開始就選 D 來結束博弈，兩個參與人各得 1 單位收益。但參與人 1 一開始就選 A 從理性角度講是犯了錯誤的，如果參與人 2 認為參與人 1 的錯誤是由於手的顫抖，按顫抖手均衡的思路，參與人 2 就應在輪到自己選擇時選擇 d 來結束博弈(這時參與人 1 得 0 單位收益，參與人 2 得 3 單位收益)，因為參與人 1 在輪到他的第二次選擇時會恢復理性選 D 來結束博弈(雙方各得 2 單位收益)，按顫抖手均衡的思路不能讓該博弈繼續進行下去而使雙方得到更大的收益，其結果仍然令人沮喪。很顯然，在這個博弈中，參與人 1 一開始就選 A 的錯誤看來不是由於手的顫抖，似乎是有意犯的錯誤，他想傳達給參與人 2 這樣一個信號：自己一開始就選 A 意味著將來會繼續選 A。面對參與人 1 的有意錯誤，參與人 2 應該如何思考呢？

與逆推歸納法相反，正推歸納法是面對參與人有意的錯誤來改進(精煉) 納什均衡的另一種方法。所謂正推歸納法，就是根據參與人前面階段的行為(包括偏離特定均衡路徑的行為)，從而推斷他們的思路來為後面階段

的博弈提供行動依據的分析方法。

按照正推歸納法的思維邏輯,在圖3.21的羅森塔爾蜈蚣博弈中,既然參與人1選A是有意識地向參與人2發出以后會繼續選A的信號,參與人2的最優選擇當然也是選a,讓這個「將錯就錯」的過程持續下去而使雙方均獲得較大的收益。

表3.4是範達梅(Van Damme)在1989年提出的一個正推歸納法的博弈例子。

表3.4　　　　　正推歸納法博弈得益矩陣

		1	
		L	R
2	L	0,0	3,1
	R	1,3	0,0

（圖中：1先行，U → (2,2)，D進入下方2×2博弈）

表3.4是描述這樣一種動態博弈,參與人1先行動,選U結束博弈,雙方各得2;選D則進入第二階段的靜態博弈。該博弈也可用博弈樹表示為圖3.23的形式。

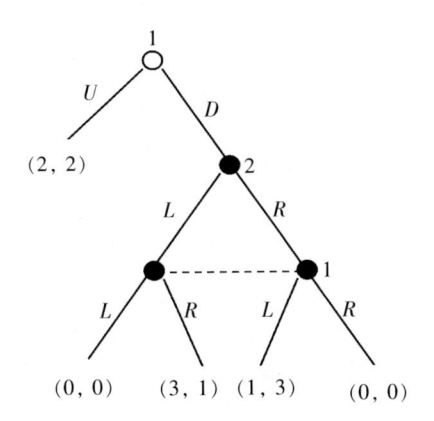

圖3.23　正推歸納法博弈樹

博弈樹：1 選 U → (2,2)；選 D → 2 選 L 或 R；下方1選 L 或 R。葉節點：(0,0)、(3,1)、(1,3)、(0,0)。

在該博弈中,如果進入第二階段的靜態博弈,這個靜態博弈有三個納什均衡,即(L,R),(R,L)兩個純戰略納什均衡及雙方均以3/4和1/4的概率隨機選擇L和R的混合戰略納什均衡。因為這三個納什均衡給雙方的平均收益均小於2,故該博弈唯一的均衡路徑是參與人1一開始就選U結束博弈,雙方各得2。

但是,如果參與人1一開始選了D,博弈進入第二階段的靜態子博弈,而這個子博弈並不是該博弈的均衡路徑,這意味著參與人1在行動時犯了錯誤。假定該博弈能進入第二階段的靜態子博弈,則(UL,R)和(DR,L)都是該博弈的子博弈精煉納什均衡,也都是顫抖手均衡。說(UL,R)是顫抖手均衡意味著參與人1在開始行動時本意是想選U,但由於手的顫抖而錯選了D,從而使博弈進入第二階段。既然如此,按顫抖手均衡的思維,因為(L,R)是靜態博弈的一個納什均衡(即第二階段參與人1選L得到3,參與人2選R得到1),故不會影響兩個參與人在第二階段選擇它。(DR,L)意味著參與人1一開始就「犯錯誤」選D讓博弈進入第二階段,進入第二階段的靜態子博弈時選R得到3;在第二階段參與人1選R時,參與人2的最優選擇是選L得到1。

該博弈存在兩個納什均衡,要預測哪一個均衡會實際產生則會產生困難,而用逆推歸納法和顫抖手均衡也都不能減少均衡的個數。但用正推歸納法卻可以認為(DR,L)更為合理,因而(DR,L)更有可能發生。按正推歸納法的思維,後行動的參與人2是這樣想的:既然參與人1一開始選了D而放棄了2單位的得益而進入第二階段,顯然不能用「顫抖手」的錯誤加以解釋,參與人1是瞄準(3,1)的結局而去的,參與人1發出的信號是,在靜態博弈中自己會選R,參與人2大概只能做這樣的判斷。給定參與人1在第二階段會選R的條件下,理性的參與人2只能選L。

可見,正推歸納法是用來分析參與人有意犯錯誤時來精煉子博弈精煉納什均衡的一種有用的分析方法。

但是,無論是顫抖手均衡還是正推歸納法,都不能用來說明參與人犯錯誤的性質,對於犯錯誤的性質的分析,還要具體問題具體分析,這種分析有時是很困難的。克瑞普斯在1990年用一個設計精巧的「反事實推理」博弈來說明了這一點(見圖3.24)。

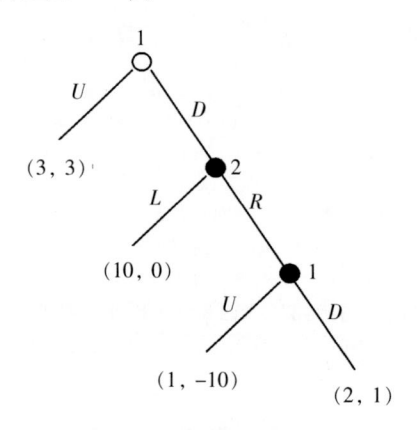

圖 3.24　反事實推理博弈

在這個博弈中,用逆推歸納法得到唯一的子博弈精煉納什均衡是參與人 1 一開始就選 U 結束博弈,雙方各得 3。這是因為參與人 1 預見到自己一開始選 D 時,參與人 2 第二階段會選 R,輪到自己第二次選擇 D 時只能得到 2,比一開始選 U 得 3 的收益小,這一推理似乎是完美無缺。

但問題是,如果參與人 1 一開始就違背逆推歸納法的推理思維而選了 D,參與人 2 如何考慮呢?看來參與人 2 有兩種情況需要考慮:一種情況是,參與人 1 一開始選 D 就已經違背逆推歸納法的推理思維,參與人 2 在第二階段選 R 的話,如果輪到參與人 1 第二次選擇時,參與人 1 會不會再次違背逆推歸納法的推理思維選 U 而讓參與人 2 遭受巨大損失(-10)呢?如果參與人 2 是這樣思考的話,為保險起見,參與人 2 似乎應該在第二階段選 L 結束博弈,這樣,參與人 1 一開始就違背逆推歸納法的推理思維的選擇,反而得到更大的收益 10。另一種情況是,參與人 1 一開始選 D 僅僅是為了嚇唬自己(或者是由於手的顫抖而犯的錯誤),參與人 2 在第二階段選 R 的話,如果輪到參與人 1 第二次選擇時,參與人 1 為了他自己的利益最後會選 D,選 U 就違背了動態一致的原則。如果參與人 2 是這樣思考的話,參與人 2 又似乎應該在第二階段選 R。

可見,面對某個參與人錯誤的選擇,其他參與人應如何選擇,取決於其他參與人對錯誤性質的分析和判定。博弈論中,各種均衡的概念看來都很有道理,但如果某個參與人真的做出了非均衡的選擇,其他參與人對此應如何反應呢?這就是預測結果實際上很困難的原因。可能這也正是讓人們對博弈論感興趣的地方。

第三節　　完全信息動態博弈的應用

一、有先動優勢的兩個廠商生產同質產品的產量博弈

該博弈是斯坦克爾伯格(Stackelberg)1934 年提出的一種寡頭競爭模型,是子博弈精煉納什均衡應用的最早例子。與古諾模型一樣,有廠商 1、廠商 2 兩個生產同質產品的廠商,決策變量是產量。與古諾模型不一樣的是,廠商 1 先行動(領頭羊),廠商 2 在觀察到廠商 1 的產量選擇後再選擇自己的產量,其他假設均與古諾模型一樣,故該博弈是一個完全且完美信息的動態博弈,可用逆推歸納法來尋找子博弈精煉納什均衡。

由於該博弈中作為決策變量的產量是一個連續變量,無法用博弈樹來表示,只能用函數形式來表達。該博弈的戰略空間為 (q_1, q_2),$q_1 + q_2 = Q$ 都

是$[0, Q_{max}]$中的所有實數,假定邊際生產成本為$c_1 = c_2 = c$,價格函數為$P(Q) = P(q_1 + q_2) = a - q_1 - q_2$。

則兩個廠商的利潤函數分別為:

$$u_1 = u_1(q_1, q_2) = q_1 P(Q) - q_1 c = q_1(a - q_1 - q_2) - q_1 c$$
$$= (a - c)q_1 - q_1 q_2 - q_1^2$$
$$u_2 = u_2(q_1, q_2) = q_2 P(Q) - q_2 c = q_2(a - q_1 - q_2) - q_2 c$$
$$= (a - c)q_2 - q_1 q_2 - q_2^2$$

按逆推歸納法的思路,博弈的最后階段是廠商2選擇產量,輪到廠商2選擇時,廠商1的產量q_1已經選定並且為廠商2知道。這就意味著,廠商2是在q_1已定的情況下選q_2,而使自己的利潤u_2最大,對u_2求偏導數,則有:

$$(a - c) - 2q_2 - q_1 = 0$$

解得:

$$q_2^* = (a - c - q_1)/2$$

這就是廠商2對廠商1產量選擇的反應函數。

回到該博弈的初始結,廠商1預知廠商2會根據q_2^*選擇其產量,將q_2^*代入廠商1的利潤函數u_1中,對q_1求偏導數並令其為0,則有:

$$q_1^* = (a - c)/2$$

再將q_1^*代入q_2^*,得:

$$q_2^* = (a - c)/4$$

若仍令$a = 100, c = 10$,則有:

$$q_1^* = (100 - 10)/2 = 45 \qquad u_1 = 1,012.5$$
$$q_2^* = (100 - 10)/4 = 22.5 \qquad u_2 = 506.25$$
$$Q = 45 + 22.5 = 67.5; \qquad U = 1,012.5 + 506.25 = 1,518.75$$

可見,在行動有先後順序的兩個廠商生產同質產品的產量博弈中,先行動的廠商1生產45個單位的產量,獲得1,012.5個單位的利潤,而後行動的廠商2生產22.5個單位的產量,獲得506.25個單位的利潤,這就是用逆推歸納法得到的斯坦克爾伯格寡頭競爭模型唯一的子博弈精煉納什均衡。

而在古諾模型中,$q_1^* = q_2^* = (a - c)/3 = 30, Q = 60, u_1 = u_2 = 900, U = 1,800$。可見,與古諾模型相比,斯坦克爾伯格寡頭競爭模型的總產量(67.5)比古諾模型的總產量(60)高,但總利潤(1,518.75)比古諾模型的總利潤(1,800)要低。但先行動的廠商1無論是產量(45)還是利潤(1,012.5)均高於古諾模型,這就是所謂的先動優勢。廠商1之所以能獲得先動優勢,從經濟學的角度講,是因為廠商1的產品一旦生產出來,就形成一種不可改變的積澱成本,這個積澱成本從博弈論的角度講,就是對廠商2的一種可置信的威脅,理性的後行動的廠商2只能相信這種威脅。

在該博弈中,不僅得到了先動優勢(而在價格決策中,將得到後動優勢)的結論,而且還可以看到,當信息不對稱時,信息較多者不一定得益較多,本例中,廠商 2 在觀察到廠商 1 的行動後再行動,廠商 2 獲得較多的信息,但卻只能選擇較小的產量獲得較低的利潤。現實生活中存在許多這種被稱為「信息悖論」的現象。

二、勞資博弈

一般而言,在其他條件不變的情況下,高工資對應著低就業水平,而低工資可以提高就業水平。工資與就業水平的關係是宏觀經濟學研究較多的問題之一,列昂惕夫(Leontief) 在 1946 年提出的工會與廠商之間的博弈模型是研究這個問題的一個版本。

在這個模型中,假定工資水平(W) 完全由代表勞動方的工會決定,工會先行動決定工資水平,廠商後行動根據工會提出的工資水平決定就業水平(L),這是一個完全且完美信息的動態博弈。很顯然,工會的目標有兩個,即不僅要考慮工資(W) 的多少,還要考慮就業人數(L),故工會的效用是這兩者的函數,可表示為 $U(W,L)$。假定 $U_W > 0, U_L > 0$,則工會的效用函數是工資和就業的遞增函數。而廠商只有一個目標,即利潤,就是說廠商效用就是他的利潤,而利潤是收益與成本之差,假設收益是勞動雇傭數 L 的函數 $R(L)$,在假設廠商只有勞動成本時,總成本等於工資率乘以勞動雇傭數 WL,則廠商的利潤函數是:

$$\pi = \pi(W,L) = R(L) - WL$$

按照逆推歸納法的思維,該博弈的第二階段是廠商根據工會提出的工資水平決定勞動雇傭數 L,即意味著在給定 W 的情況下,廠商選擇勞動雇傭數 L 來最大化自己的利潤函數:

$$\max_{L \geq 0} \pi(W,L) = R(L) - WL$$

為簡便分析起見,假設工資率和雇傭數都是連續可分的,則最優化的一階條件是,能使 π 對 L 的導數 $\pi'(W,L) = R(L) - W = 0$ 的 L,就是實現廠商最大利潤的雇傭數。將其寫為 $R'(L) = W$ 的形式,即意味著邊際收益等於邊際成本,因為邊際收益是遞減的,一階條件意味著廠商對勞動力的需求 $L'(W)$ 是工資遞減函數(見圖 3.25)。

图 3.25 劳资博弈图

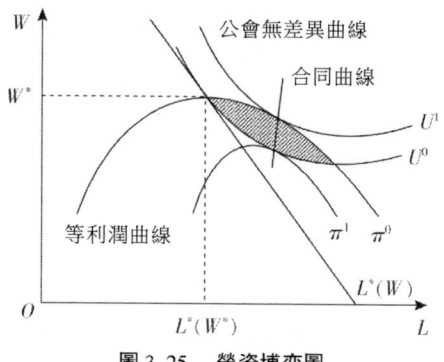

回到该博弈的初始结,由于工会预见厂商会根据自己提出的工资水平来决定雇佣人数,工会在第一阶段的问题就是选择 W 来最大化自己的效用函数,即:

$$\max_{W \geq 0} U[W, L(W)]$$

而最优化的一阶条件是: $U_W + U_L L_W^* = 0$,或写成:

$$L_W^* = -\frac{U_W}{U_L}$$

等式左边是厂商劳动需求曲线的斜率,右边是工会的边际替代率,这意味着工会选择工资水平 W^*,使得在 W^* 点自己的无差异曲线与劳动需求曲线相切,子博弈精炼纳什均衡的结果是 $[W^*, L^*(W^*)]$,如图 3.25 所示。

尽管 $[W^*, L^*(W^*)]$ 是一个子博弈精炼纳什均衡的结果,但从图 3.25 中可以看出,它并不是一个帕累托最优点,因为在该点,厂商的等利润曲线与工会的无差异曲线是相交而不是相切;如果 W 和 L 在无差异曲线 U^0 和等利润曲线 π^0 围成的阴影区间,工会和厂商的效用都可以增加(较低的等利润曲线代表厂商较高的利润水平,较高的无差异曲线代表工会较高的效用水平)。一个帕累托最优合同一定在合同曲线上,它满足:

$$-\frac{\pi_L}{\pi_W} = \frac{R'(L) - W}{L} = -\frac{U_L}{U_W}$$

即企业等利润曲线的斜率等于工会无差异曲线的斜率。

该博弈的子博弈精炼纳什均衡结果不是一个帕累托解,表明从工会和厂商各自理性出发得到的工资水平和就业率,从全社会来看并不是最理想的,这又是一个囚徒困境问题,再一次揭示了个人理性与集体理性的矛盾现象。有经济学家提出可以通过适当降低工资增加就业来实现一个帕累托改进;也有人认为可通过工会和厂商就工资和就业水平同时进行谈判(讨价还价博弈),如果达成协议,工会和厂商效用水平都可能得以提高,从而

達到雙贏的結果。

三、談判博弈

談判博弈又稱為討價還價博弈,這是博弈論應用較廣的一個領域。如商務談判、勞資談判、賠償談判、收購談判、政治談判、軍事談判等。

羅賓斯泰英(Rubinstein)在1982年提出用兩個參與人輪流出價來分餡餅的談判博弈模型來討論討價還價的博弈過程。在該博弈中,兩個參與人討論如何分配一個餡餅,參與人1先出價,參與人2可以接受或拒絕。若參與人2接受,博弈結束,餡餅按參與人1的方案分配。若參與人2拒絕,參與人2出價(還價),參與人1可以接受或拒絕。參與人1接受,博弈結束,餡餅按參與人2的方案分配。如果參與人1拒絕,參與人1再出價……如此循環,直到一個參與人的出價被另一個參與人接受為止。

很顯然,該博弈是一個無限期完全且完美信息博弈。參與人1在時期1,3,5……出價,參與人2在時期2,4,6……出價,該博弈有無窮多個納什均衡。但羅賓斯泰英證明,它的子博弈精煉納什均衡是唯一的。

在討價還價模型中,隨著討價還價時間的推移,它的價值是否會降低(即價值是否會被貼現)是參與人需要關注的問題。貼現可用貼現率或貼現因子來衡量。

貼現率是指滯後一期的支付所需的用於補償一單位支付的附加部分占一單位支付的比例(常用r表示)。貼現率與利率是相似的,一些談判模型中可用利率作為貼現率。

貼現因子是指下一期的一單位支付在這一期的價值[常用δ表示,$\delta = 1/(1+r)$]。在討價還價模型中常用貼現因子來衡量貼現因素。

若用x表示參與人1的份額,則$(1-x)$為參與人2的份額,x_1和$(1-x_1)$分別是參與人1出價時參與人1和參與人2的份額,x_2和$(1-x_2)$分別為參與人2出價時參與人1和參與人2的份額。假定參與人1和2的貼現因子分別為δ_1和δ_2,這樣,如果博弈在時期t結束,t是參與人i的出價階段,參與人1的支付貼現值是$\pi_1 = \delta_1^{t-1} x_i$,參與人2的支付貼現值是$\pi_2 = \delta_2^{t-1}(1-x_i)$。

下面分別討論有限期和無限期談判博弈的情況。

(一)有限期的談判博弈模型

在有限期博弈時,可用逆推歸納法求解。

1. 當$T = 2$時

這時,最後階段由參與人2出價,如果他提出$x_2 = 0$,參與人1會接受,因為參人1不再有出價的機會(如果參與人在接受和拒絕之間是無差異的,

我們假定他選擇接受)。但參與人 2 在 $T = 2$ 時得到的 1 單位,等價於他在 $t = 1$ 時的 δ_2 單位,參與人 1 預見到這一點,則參與人 1 在第一次出價時提出分給參與人 2 得 δ_2 的份額,參與人 2 會接受。則談判期為兩期的精煉均衡結果是:參與人 1 得到 $x_1 = 1 - \delta_2$,參與人 2 得到 $1 - x_1 = \delta_2$。若令 $\delta_1 = \delta_2 = 0.8$,可得到 $T = 2$ 的討價還價的情況(見表 3.5)。

表 3.5　　　　　$T = 2$ 時的討價還價表

期數	出價者	1 出價	2 出價	總價值	1 的份額	2 的份額
1	1	0.2	(0.8)	1	0.2	0.8
2	2	(0)	1	0.8	0	0.8

2. 當 $T = 3$ 時

最後階段由參與人 1 出價,如果他提出 $x_1 = 1$,參與人 2 會接受,因為參與人 2 不再有出價的機會;因為參與人 1 在 $T = 3$ 時的 1 單位等價於 $t = 2$ 時的 δ_1 單位,如果參與人 2 在 $t = 2$ 出價讓參與人 1 得到 δ_1 單位,即 $x_2 = \delta_1$,參與人 1 將會接受;因為參與人 2 在 $t = 2$ 時的 $(1 - \delta_1)$ 單位等價於 $t = 1$ 時的 $\delta_2(1 - \delta_1)$ 單位;如果參與人 1 在 $t = 1$ 時出價讓參與人 2 得 $\delta_2(1 - \delta_1)$ 參與人 2 將會接受。因此子博弈精煉納什均衡結果是:參與人 1 得 $x = 1 - \delta_2(1 - \delta_1)$,參與人 2 得 $1 - x = 1 - [1 - \delta_2(1 - \delta_1)] = \delta_2(1 - \delta_1)$。$\delta_1 = \delta_2 = 0.8$ 時,雙方討價還價的過程及最后所得見表 3.6。

表 3.6　　　　　$T = 3$ 時的討價還價表

期數	出價者	1 出價	2 出價	總價值	1 的份額	2 的份額
1	1	0.84	(0.16)	1	0.84	0.16
2	2	(0.8)	0.2	0.8	0.64	0.16
3	1	1	(0)	0.64	0.64	0

3. 當 $T = 4$ 時

參與人 2 最後出價。使用上述結果,因為參與人 2 在 $t = 2$ 的最大可得是 $[1 - \delta_1(1 - \delta_2)]$,而參與人 2 在 $t = 2$ 時得到 $1 - \delta_1(1 - \delta_2)$,相當於在 $t = 1$ 時得到 $\delta_2[1 - \delta_1(1 - \delta_2)]$,故參與人 1 在 $t = 1$ 時將出價讓參與人 2 得到 $\delta_2[1 - \delta_1(1 - \delta_2)]$,參與人 2 會接受。子博弈精煉納什均衡的結果是:$x = 1 - \delta_2[1 - \delta_1(1 - \delta_2)]$,$1 - x = \delta_2[1 - \delta_1(1 - \delta_2)]$。$\delta_1 = \delta_2 = 0.8$ 時,雙方討價還價的過程及最後所得見表 3.7。

表 3.7　　　　　　　　$T = 4$ 時的討價還價表

期數	出價者	1 出價	2 出價	總價值	1 的份額	2 的份額
1	1	0.328	(0.672)	1	0.328	0.672
2	2	(0.16)	0.84	0.8	0.128	0.672
3	1	0.2	(0.8)	0.64	0.128	0.512
4	2	(0)	1	0.512	0	0.512

4. 當 $T = 5$ 時

最後階段由參與人 1 出價,因為參與人 2 在 $t = 2$ 時的最大可得為 $1 - \delta_1[1 - \delta_2(1 - \delta_1)]$,子博弈精煉納什均衡結果為: $x = 1 - \delta_2\{1 - \delta_1[1 - \delta_2(1 - \delta_1)]\}$,$1 - x = \delta_2\{1 - \delta_1[1 - \delta_2(1 - \delta_1)]\}$。$\delta_1 = \delta_2 = 0.8$ 時,雙方討價還價的過程及最後所得見表 3.8。

表 3.8　　　　　　　　$T = 5$ 時的討價還價表

期數	出價者	1 出價	2 出價	總價值	1 的份額	2 的份額
1	1	0.737,6	(0.262,4)	1	0.737,6	0.262,4
2	2	(0.672)	0.328	0.8	0.537,6	0.262,4
3	1	0.16	(0.84)	0.64	0.537,6	0.102,4
4	2	(0.2)	0.8	0.512	0.409,6	0.102,4
5	1	1	(0)	0.409,6	0.409,6	0

可見,在一般情況下的有限期討價還價博弈中,子博弈精煉納什均衡結果與貼現因子的大小、博弈期限的長短及誰在最後出價有關。如果有限期博弈在奇數期結束,參與人 1 最後出價,處於有利地位,故有後動優勢,但隨時間的延長,參與人 1 所占份額將降低,這種優勢將逐漸喪失。這從前面的分析就可以看出(表 3.5 至表 3.8)。貼現因子在談判中常用來反應談判者的耐心程度,有絕對耐心的人總可以通過拖延時間而使自己獨吞餡餅。一般情況下,越有耐心的人得到的份額越大。

(二) 無限期的談判博弈模型

無限期的談判博弈是指只要雙方不接受對方的出價方案,談判就會不斷進行下去,沒有結束期限的限制。由於無限期的談判沒有最後階段,無法直接應用逆推歸納法求解。但夏克德(Shaked)和薩頓(Sutton)在 1984 年提出一種解決無限期的談判博弈的思路:對一個無限階段博弈而言,從第三階段開始(如能到達第三階段的話),和從第一階段開始的結果應該是完全一樣的(從參與人 1 出價的任何一個階段開始的子博弈等價於從 $t = 1$ 開

始的整個博弈),這樣就可應用有限階段的逆推歸納法的邏輯尋找子博弈精煉納什均衡。

定義 3.3:在無限期輪流出價博弈中,唯一的子博弈精煉納什結果是:

$$x^* = \frac{1-\delta_2}{1-\delta_1\delta_2}$$

當 $\delta_1 = \delta_2 = \delta$ 時,子博弈精煉納什結果是:

$$x^* = \frac{1}{1+\delta}$$

證明:在 T 期博弈的某一期中,如果參與人 1 出價,他能得到較大的份額。考慮所有的完美均衡,參與人 1 會在他出價的某一期(假定 $t \geq 3$)得到未貼現的最大份額,記為 M,而 t 期的 M 等價於 $t-1$ 期的 $\delta_1 M$,參與人 2 知道 $t-1$ 期的任何 $x_2 \geq \delta_1 M$ 的出價會被參與人 1 接受,因此參與人 2 出價 $x_2 = \delta_1 M$,自己得 $1-\delta_1 M$;因為對參與人 2 而言,$t-1$ 期的 $1-\delta_1 M$ 等價於 $t-2$ 期的 $\delta_2(1-\delta_1 M)$,參與人 1 知道 $t-2$ 期的任何 $x_1 \leq 1-\delta_2(1-\delta_1 M)$ 出價將被參與人 2 接受,因此參與人 1 出價 $x_1 = 1-\delta_2(1-\delta_1 M)$,參與人 2 得 $\delta_2(1-\delta_1 M)$,因為從 $t-2$ 期開始的博弈與從 t 期開始的博弈完全相同,參與人 1 在 $t-2$ 期得到的最大份額一定與其在 t 期得到的最大份額相同,因此有(見表 3.9):

$$x_1 = M = 1 - \delta_2(1-\delta_1 M)$$

解這個式子,可得:

$$M = \frac{1-\delta_2}{1-\delta_1\delta_2}$$

表 3.9　　　　　　　　　　無限期的輪流出價

期數	出價者	參與人 1 的份額	參與人 2 的份額
$T-2$	1	$1-\delta_2(1-\delta_1 M)$	
$T-1$	2		$1-\delta_1 M$
T	1	M	

現假定參與人 1 在 t 期能得到的最小份額為 m,同理可得:

$$x_1 = m = 1 - \delta_2(1-\delta_1 m)$$

解得:

$$m = \frac{1-\delta_2}{1-\delta_1\delta_2}$$

因此,參與人 1 得到的最大與最小份額相同,均衡結果是唯一的,即:

$$x = \frac{1-\delta_2}{1-\delta_1\delta_2}; \quad 1-x = \frac{\delta_2(1-\delta_1)}{1-\delta_1\delta_2}$$

當 $\delta_1 = \delta_2 = \delta$ 時,有:
$$x = \frac{1}{1+\delta}; \quad 1 - x = \frac{\delta}{1+\delta}$$

可見在談判博弈中,子博弈精煉納什均衡是參與人貼現因子(耐心程度)的函數,這是羅賓斯泰英模型的重要結論。一般情況下,越有耐心的談判人通過拖延時間戰術,而使自己所得的份額越大,這在現實的談判中是經常可以見到的現象。

如令 $\delta_1 = 0.9, \delta_2 = 0.5$,即參與人1比參與人2更有耐心,均衡結果為:
$$x^* = \frac{1-\delta_2}{1-\delta_1\delta_2} = 0.91; \quad 1 - x^* = 0.09$$

如令 $\delta_2 = 0$,即參與人2完全無耐心,無論 δ_1 為多少,均衡結果為:
$$x^* = \frac{1-\delta_2}{1-\delta_1\delta_2} = \frac{1-0}{1-\delta_1 \times 0} = 1; \quad 1 - x^* = 1 - 1 = 0$$

這時參與人1得到整個餡餅,而參與人2什麼也得不到。

但若令 $\delta_1 = 0$,即參與人1完全無耐心,只要 δ_2 不取1,則均衡結果為:
$$x^* = \frac{1-\delta_2}{1-\delta_1\delta_2} = \frac{1-\delta_2}{1-0\times\delta_2} \neq 0; \quad 1 - x^* = < 1$$

也就是說,完全無耐心的參與人2什麼也得不到,而完全無耐心的參與人1卻能分到一點餡餅。其原因在於,在無限期的談判博弈中,除了「耐心優勢」外,還有「先動優勢」(注意:在有限期的談判博弈中是「後動優勢」)。

貼現因子既可被理解為參與人的耐心程度,也可被理解為討價還價的一種成本,類似餡餅隨時間的推移而不斷縮小,每一輪討價還價的總成本與剩餘的餡餅成比例。在談判中,一般而言,成本高的表現為貼現因子較小,成本低的表現為貼現因子較大。

四、銀行擠兌

商業銀行是經營特殊商品(貨幣)的企業,銀行的核心業務就是信貸業務,銀行通過信貸業務間接融通社會資金。銀行信貸對社會經濟發展起作巨大的作用,但同時也存在著各種風險,銀行擠兌就是其中的一種風險,這種風險可以用一個有同時選擇的兩階段動態博弈來分析其原因。

假定有一個銀行,為分析簡單起見,假定只有兩個儲戶(這並不影響對銀行擠兌原因的分析),銀行的全部資金就是這兩個儲戶的存款。銀行以10%的利率吸引儲戶存款,假定每個儲戶存了100萬元的定期存款。銀行拿總數為200萬元的這筆錢去做投資,即把錢貸給某個企業去投資某個項目,貸款是定期的,項目完成投資收回以後,銀行可以拿出220萬元償還給儲戶,每個儲戶將得到110萬元。110萬元 > 100萬元,這正是定期存款的激勵

作用。

但是根據現行法規,如果儲戶在沒有到期的時候要把定期存款提走,那麼只要銀行有能力,就必須允許他提走原來存入的100萬元(這裡未考慮利息)。銀行這時不得不提前收回貸款,這將導致企業無法完成投資的項目,銀行就要受到罰款,這意味著銀行不能收回全部貸款。假定這時銀行只能收回貸款的90%,即收回180萬元。若這時只有一個儲戶要求提前取款,銀行償還其全部本金,餘下的屬於另一個儲戶,若兩儲戶同時要求提前取款,則平分收回的資金(這裡不考慮銀行的佣金、手續費等費用)。

根據上述條件,該問題可用一個有兩個參與人(儲戶)的兩階段博弈來表述(見表3.10)。

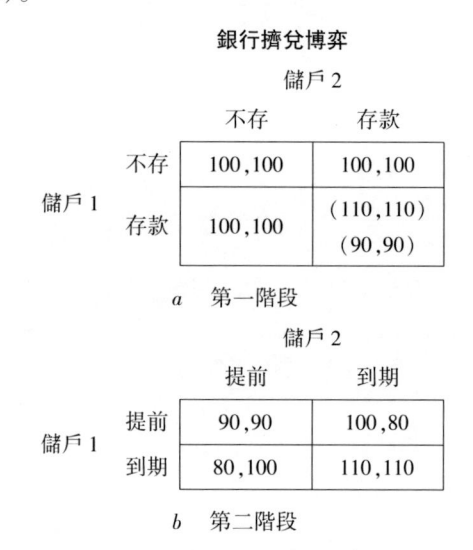

表 3.10　　　　　　　　銀行擠兌博弈

儲戶 2

		不存	存款
儲戶 1	不存	100,100	100,100
	存款	100,100	(110,110) (90,90)

a　第一階段

儲戶 2

		提前	到期
儲戶 1	提前	90,90	100,80
	到期	80,100	110,110

b　第二階段

按照逆推歸納法的思路,首先,在該博弈的最後階段是兩個儲戶同時選擇是提前取款還是到期取款,在表3.10中的*b*表中,可看出該博弈有兩個純戰略納什均衡(提前,提前)和(到期,到期),相應的收益為(90,90)和(110,110)。(到期,到期)帕累托優於(提前,提前)。在一般情況下,博弈結果應是(到期,到期),即兩個儲戶都等到存款到期才去支取,收回本金並獲取利息。但這種結果並不能保證一定會實現,如現實中某儲戶有急用要提前支取存款,或是風聞企業投資項目可能遭受損失而急於取回存款等。如果只有一方提前支取,那麼他得到原來的存款100萬元,當另一儲戶在期滿時來支取他的存款時,他頂多只能得到80萬元的補償,小於原來的存款額100萬元。另一儲戶預見到這種情況,因此,如果一個儲戶有提前取款的動向時,另一個儲戶為了減少自己的損失(同時提前支取各得90萬元,一方提前支取得100萬元,另一方到期支取得80萬元)一定會馬上跟進,要求同

時提前兌現。這就會發生銀行擠兌，即雙方爭先恐後都要同時提前抽回他們的存款，其結果可能造成銀行破產倒閉，這就是銀行擠兌成因的博弈分析。

回到該博弈的第一階段，是兩個儲戶同時選擇是存款還是不存款，如果第二階段的均衡結果是(到期,到期)。在這種情況下，第一階段博弈也有兩個純戰略納什均衡(不存,不存)和(存款,存款)，相應的收益為(100,100)和(110,110)。很顯然，(存款,存款)帕累托優於(不存,不存)，且是占優均衡，故兩個儲戶均會選擇存款(見表3.10的b表)。這就是銀行可通過信貸業務間接融通社會資金的原因。

但如果第二階段的均衡結果是(提前,提前)，在這種情況下，(存款,存款)的收益為(90,90)，而(不存,不存)的收益為(100,100)。此時，兩個儲戶的占優均衡是都不存款(見表3.10的b表)。這表示儲戶對該銀行的信譽發生懷疑而不願將錢存入該銀行，這將是該銀行崩潰的前兆。

很顯然，這個兩階段博弈的第二階段的不確定性，是造成可能發生銀行擠兌的原因。事實上，絕大多數銀行擠兌都發生在傳聞銀行經營不好有可能破產的時候，一旦破產，儲戶的存款就可能遭受嚴重損失。所以，銀行一定要使自己的資金來源多元化，一定要注意良好的經營業績，還一定要掌握相當比例的備用金。不然的話，一點兒風吹草動就可能讓它在擠兌之下破產。銀行破了產，損失最大的還是廣大儲戶，嚴重的還會造成社會動盪。各國中央銀行不僅要求商業銀行自己有足夠的備用金，而且要求商業銀行把一定數量的備用金存放在中央銀行的金庫裡，就是這個道理。中央銀行擔負著穩定國家金融的重任。

正因為如此，中央銀行一定要規範商業銀行的運作，同時保護絕大多數的小儲戶的利益。例如美國的許多銀行，即使銀行破產，儲戶10萬美元以下的私人存款，由聯邦保障局負責兌現。在發達國家的銀行開戶，一定要清楚你所走進的銀行的儲戶利益是否得到這樣的保證。

在前面的討論中，為了簡化問題，模型是假定只有兩個儲戶且有相同的存款與相同的存期，這與現實情況不大相符，但並不影響對銀行擠兌成因的結論。事實上，由於銀行有許多儲戶且有不同的存款與不同的存期，再加上國家對銀行有許多嚴格的管理措施，發生銀行擠兌的情況較為少見。但不可否認的是，對於有較少儲戶且管理不善的銀行，發生銀行擠兌的現象的可能性就大得多。有段時間，一些農村信用社發生擠兌現象正好印證了這一點。

五、要挾訴訟

用博弈理論來分析法律問題是博弈論的一個重要而廣泛的應用領域。

有人認為,用博弈論來分析法律問題特別適合,因為法律程序所關心的是矛盾的衝突及用於規範這些衝突的法律條款。

法律訴訟中有一種被稱為「要挾訴訟」。要挾訴訟是指這樣一類指控,這類指控勝訴的可能性很小,原告指控的唯一目的是希望通過法庭外私了從被告那裡得到補償。既然成功的希望很小且指控並不是沒有成本的,原告為什麼要指控呢?因為他知道被告辯護的成本很大所以可能同意私了。現實生活中,大企業和公眾人物經常會遭遇這種要挾訴訟,如有人通過故意在啤酒瓶裡放蒼蠅而指控一個市場佔有率很高的啤酒廠的啤酒質量有問題而進行勒索的事例並不鮮見。

下面我們用動態博弈的模型來模擬這種情況(見圖3.26)。

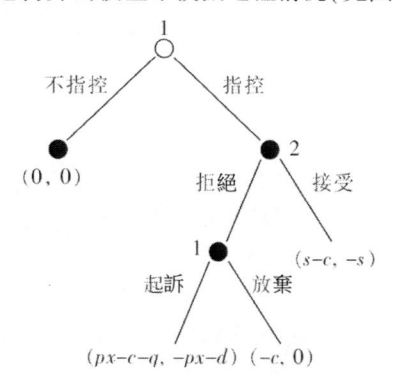

圖3.26 要挾訴訟的博弈樹

在圖3.26的要挾訴訟中,有兩個參與人,原告(要挾者)用參與人1表示,被告(被要挾者)用參與人2表示。

他們博弈的順序是:首先,原告決定是否對被告提出指控,如果不指控,雙方的得益為$(0,0)$,如果決定指控,指控的成本為$c(c>0)$,原告要求被告賠償金額$s(s>0)$以求私了。其次,被告決定接受還是拒絕原告的要求,如果被告接受,雙方的得益為$(s-c,-s)$;如果被告拒絕,原告決定是放棄指控還是向法庭起訴,原告的起訴成本(包括律師費用)為q,被告的辯護成本為d;如果告上法庭,原告以p的概率贏得勝訴獲x單位的得益,雙方的得益為$(px-c-q,-px-d)$;如果原告撤訴,將得不到c單位的賠償,雙方的得益為$(-c,0)$。

這是一個完全且完美信息的動態博弈,故可用逆推歸納法的思路來求解:在博弈的最後階段,原告的最優選擇是放棄,因為原告指控的目的本身意味著$px<q$,則$px-c-q<-c$;倒推到倒數的第二階段,因為被告知道如果自己拒絕,原告將放棄,被告的最優選擇是拒絕;回到博弈的初始結,原告知道被告將拒絕,原告在第一階段的最優選擇就是不指控。

因此，子博弈精煉納什均衡是：原告的戰略是（不指控，要求賠償 s，放棄），被告的戰略是（拒絕），均衡結果為：原告不指控。

但這個均衡結果與許多實際發生的要挾訴訟結果不太相符，許多大企業或公眾人物會接受要挾者的指控而同意賠償一筆費用以求私了，這可能是大企業或公眾人物考慮到「名譽」損失的緣故。如果名譽損失能用金錢來衡量，造成這種結局的原因是參與人的支付發生了改變。為了簡化分析，如果這筆名譽損失費相當於訴訟費 q，而原告在指控前將訴訟費 q 支付給了律師，則無論原告是否起訴，律師所收費用都不會退還。那麼，在博弈的最後階段，原告將選擇起訴，因為如果原告勝訴的概率大於 0，則原告起訴的收益為 $(px-c-q)$，而撤訴的收益為 $(-c-q)$，這時 $(px-c-q) > (-c-q)$；預見到原告最後階段會起訴，被告在第二階段將會接受原告提出的賠償要求 s，如果 $s < px + d$ 的話，因為只要 $s > px$，原告將希望私了而不是上法庭解決爭端；回到博弈的初始結，預見到被告在第二階段會接受原告的指控，原告的最優選擇就是指控。因此，這時的子博弈精煉納什均衡是：原告的戰略是（指控，要求賠償 $s = px + d$，起訴），被告的戰略是（接受 $s \leq px + d$）。均衡結果為：原告指控，要求賠償，被告接受賠償私了。這是為什麼大企業、公眾人物常常受到無端指控，而且願意私了的原因之一。因為被告打官司的成本不僅包括應訴的法律費用，而且涉及「名譽」損失。

當然，大企業、公眾人物也可以通過他們自己的承諾行動使自己避免小企業、小人物的無端指控。辦法之一是在協商私了之前，甚至在被指控之前就預先支付律師費用，這相當於對原告的一個「承諾」，要打官司將奉陪到底。只要律師費用少於 $px + d/2$，則承諾行動就是值得的。這就是大企業、公眾人物往往雇傭常年律師或私人律師的原因之一。

另外，在要挾訴訟中，還存在一種所謂「惡意情緒」的問題，情緒對訴訟往往產生很大的作用。具有惡意情緒的要挾者這時訴訟的主要目的不是為了金錢，而是要使被告名譽掃地。如一些企業不惜代價使競爭對手信譽掃地的事件也時有發生。

第四節　　重複博弈

一、研究重複博弈的意義

重複博弈的研究最早是從重複的囚徒困境開始的，因為囚徒困境反應了個人理性與集體理性的衝突，有沒有什麼辦法讓囚徒走出困境而達到個人理性與集體理性的一致呢？一種辦法就是讓相同的博弈重複多次，這時

他們是否有可能為了長期利益而犧牲短期利益而相互合作呢?在後面的分析中將看到,當重複次數無限時,兩個囚徒都選擇抵賴則變成他們的最優選擇,從而使囚徒走出困境。

所謂重複博弈,是指同樣結構的博弈重複多次,其中每次博弈(為了與一般的動態博弈相區別)稱為階段博弈而不稱為子博弈。重複博弈是動態博弈的另一個特殊但很重要的類型。

動態博弈的參與人在前一階段的行動選擇決定隨後的子博弈結構,因此,從後一個決策結開始的子博弈不同於從前一個決策結開始的子博弈,或者說,同樣結構的子博弈只出現一次。

與動態博弈不同的是:重複博弈前一階段的博弈不改變後一階段的博弈結構;所有參與人都觀測到博弈過去的歷史,如在囚徒困境中,兩個囚徒都知道同伙在過去的每次博弈中選擇了抵賴還是坦白;參與人的總支付是所有階段博弈貼現之和或加權平均值;在每個階段博弈,參與人可能同時行動(如囚徒困境),也可能不同時行動。在後一種情況下,每個階段本身就是一個動態博弈,因此重複博弈可能是不完美信息博弈,也可能是完美信息博弈,一般是指不完美信息博弈。

研究重複博弈的意義在於:首先,在現實社會經濟活動中,普遍存在著重複博弈的問題,如企業間長期的供貨合作,商業上的老顧客等。其次,參與人在重複博弈的戰略空間遠遠大於和複雜於在每一個階段博弈中的戰略空間(因為其他參與人過去的歷史是觀測得到的,一個參與人可以使自己在某個階段博弈的選擇依賴於其他參與人過去的行動歷史)。如囚徒困境,即使只重複5次,每個囚徒的純戰略數量大於20億個,戰略組合的數量更多。這意味著,重複博弈可能帶來一些「額外」的均衡結果,這些均衡結果在一次博弈中是從來不會出現的。再次,重複博弈提供了用非合作博弈理論來研究合作博弈的框架。另外,重複博弈提供了研究行為模式變化的工具,人的行為模式不是一成不變的,通過重複博弈可用來發現和研究人的行為模式的變化過程。最後,重複博弈是用於博弈實驗的基本模式,大多數實驗都需要重複多次才能得出較為穩定、可靠的結論。

在重複博弈中,重複博弈均衡結果主要受博弈重複的次數和信息完備性兩個因素的影響。

博弈重複的次數有有限次數與無限次數兩種。有限與無限重複博弈的次數將影響參與人在短期利益與長期利益間的權衡和取捨,這為合作行為和社會規範提供了合理的解釋。

信息的完備性是指參與人具有完全信息或不完全信息時將影響參與人的行為模式,從而會影響重複博弈均衡結果。如現實生活中,當一個壞人的面目不為其他人所知時,該參與人則可能有積極性樹立一個「好人」的

形象。

二、有限次重複博弈

(一) 有唯一純戰略納什均衡的有限次重複博弈

連鎖店悖論：

這個博弈是澤爾騰在1978年提出的一個有限次重複博弈的例子。該博弈是講一個商店(在位者)有20個連鎖店，他試圖阻止競爭對手(進入者)進入這20個市場，這實際是將市場阻撓的動態博弈重複20次。

在市場阻撓的動態博弈中，唯一的子博弈精煉納什均衡是進入者進入，在位者默許，分別得到30和50單位的支付。

假如進入者先進入第一個市場，在位者該如何考慮呢？一般可能會認為，如果僅從一個市場上看，在位者的最優選擇是默許。但現有20個市場需保護，則在位者應選鬥爭。但這個猜想是不正確的。

在該博弈中，在位者選擇鬥爭的唯一原因是希望鬥爭能起到一種威懾作用，使進入者不敢進入。但在有限次博弈中，鬥爭並不是一個可信的威脅。用逆推歸納思想設想前19個市場進入者已進入，進入者準備進入第20個市場，因為這是最後階段，選擇鬥爭已沒有任何威懾意義，在位者的最優選擇是默許，進入者進入。現考慮第19個市場，因為在位者無論選擇什麼行動，第20個市場上的均衡不受影響(因為進入者知道第20個市場上在位者將選擇默許)，在位者的最優選擇仍是默許。如此一直倒推回去，將得到該博弈唯一的子博弈精煉均衡是在位者在每一個市場上都選擇默許，進入者在每一個市場上都選擇進入。這就是所謂的「連鎖店悖論」。

這個博弈還有其他的納什均衡，如(在位者總是選擇鬥爭，進入者總是選擇不進入)，但它不是子博弈精煉納什均衡。

囚徒困境與市場進入類似，只要博弈重複的次數是有限的，兩個囚徒總是選擇坦白，「總是坦白」是唯一的子博弈精煉納什均衡。不過，與單階段博弈不同的是，在重複博弈中，「總是坦白」並不是參與人的占優戰略，因為它並不是對於任何給定對手戰略的最優反應；另外，最優選擇的唯一性只在均衡路徑上是如此，在非均衡路徑上，參與人可以選擇「抵賴」，因為抵賴實際上從來不會出現。

有限重複博弈的子博弈精煉納什均衡有如下定理：

定義3.4：令G是階段博弈，$G(T)$是重複T次的重複博弈。那麼，如果G有唯一的納什均衡，重複博弈$G(T)$的唯一子博弈精煉納什均衡結果是階段博弈G的納什均衡重複T次。

這個定理成立的條件是單階段納什均衡的「唯一性」，若納什均衡不是唯一的，上述定理的結論就不一定成立。

這個定理意味著,對於有唯一純戰略納什均衡的博弈在有限次重複博弈中,囚徒仍走不出個人理性和集體理性的困境,在位者只能眼睜睜地看著進入者的入侵,這顯然與現實觀察到的事實有些出入,與許多博弈實驗的結果也不相符合。在現實中,在位者往往會在開始時千方百計地阻止進入者進入,這種威脅在許多時候確實會嚇退一些潛在的競爭者,在囚徒困境的實驗中,許多實驗者會採取合作的態度。

首先,這種理論與現實的矛盾性與前面的蜈蚣博弈都存在一個相似的問題,當有較多階段的博弈時,由於人們思維的局限性,逆推歸納法也存在局限性。其次,重複博弈的子博弈精煉納什均衡是在逆推歸納法的思路上得到的,如果人們在分析時採用的不是這種方法,而是採用其他方法(如順推歸納法、顫抖手均衡法、實驗法等)進行分析時,則會得到不同的結論。

(二) 有多個純戰略納什均衡博弈的有限次重複博弈

在有唯一純戰略納什均衡的有限次重複博弈中,重複博弈的本質就是原博弈的簡單重複,其子博弈精煉納什均衡也就是每次重複採用原博弈的納什均衡。但是,如果重複博弈的原博弈的納什均衡不是唯一的,上面的定理就不一定成立(見表3.11)。

表3.11　　　　　　　　有兩個納什均衡的博弈矩陣

參與人2

		U	D	R
參與人1	U	8,8	0,10	0,3
	D	10,0	5,5	0,3
	R	3,0	3,0	1,1

在表3.11中,用劃線法可知該博弈有兩個納什均衡(D,D)和(R,R),其得益分別是(5,5)和(1,1)。但其中的一個雙方的得益均為8的戰略組合(U,U)不是納什均衡,在一次博弈中不可能出現,但如果該博弈重複兩次呢?

1.「觸發戰略」的子博弈納什均衡

首先,重複這個博弈使博弈的可能結果出現很多可能性。兩次重複的純戰略的路徑有$9 \times 9 = 81$種,加上混合戰略則更多。其子博弈精煉納什均衡也有多種,其中一種就是下面介紹的帶有獎勵和懲罰措施的「觸發戰略」的子博弈精煉納什均衡。

所謂「觸發戰略」是這樣一種戰略:首先試探合作,如果對方合作,則給予獎勵;如果對方不合作,則給以懲罰。觸發戰略是重複博弈中實現合作和提高效益的關鍵機制。

在表 3.11 中,採用觸發戰略的兩個參與人的戰略是:

參與人 1 的戰略:第一次選 U;如果第一次的結果是 (U,U),則第二次選 D(相當於給參與人 2 在第一次選擇採取合作態度給予獎勵),如果參與人 2 第一次不選 U 而選其他戰略(如選 D),則第二次選 R(相當於給參與人 2 在第一次選擇採取不合作態度給予懲罰)。

參與人 2 的戰略:第一次選 U;如果第一次的結果是 (U,U),則第二次選 D,如果參與人 1 第一次不選 U 而選其他戰略(如選 D),則第二次選 R。

觸發戰略的一個子博弈精煉納什均衡路徑是,第一次博弈雙方均選 U,即 (U,U),第二次雙方均選 D,即 (D,D),兩次重複博弈雙方的得益均為 12。這樣,在原博弈有多個納什均衡的條件下,在重複博弈時,通過觸發戰略提高了雙方的收益。觸發戰略構成一個子博弈精煉納什均衡是容易理解的:首先,在第二次博弈時意味著該博弈結束,而 (D,D) 是原博弈的納什均衡,雙方都沒有偏離的意願;其次,第一次選的 (U,U) 雖不是原博弈的納什均衡,如果某一方偏離選 D 會增加 2 單位的收益,但這樣會遭到對方第二次選 R 的懲罰而損失 4 單位的收益,使總得益少 2。預見到這一點,只顧眼前利益不顧長遠利益而偏離 (U,U) 是得不償失的事,因此雙方會堅持選 U。

上面的博弈如果不是重複兩次,而是多次的話(如重複 n 次),結論也是相似的,如果雙方都採取合作態度,則除了最後一次重複外,前 $n-1$ 次都採用 (U,U),最後一次採用 (D,D);否則,從不合作階段的下一階段選 (R,R)。

2. 觸發戰略的可信性問題

觸發戰略是帶有獎勵和懲罰措施的一種博弈機制,在這個機制中,懲罰措施是其中的關鍵因素,但是在這個懲罰措施中,很多時候是既懲罰別人也懲罰自己,自然就會提出這種「懲罰」是否真的可信的問題。

如在表 3.11 的博弈中,假定參與人 2 在第一次選擇時未選 U 而選了 D,這時參與人 1 的得益為 0,參與人 2 的得益為 10。按觸發戰略機制,參與人 1 在第二階段應選 R 來懲罰參與人 2,這時雙方的得益為 1。參與人 1 兩次博弈共得 1,如果參與人 1 能不計前嫌,在第二階段仍選 D,雙方的得益為 5,這對參與人 1 自己也是有利的。當然,「懲罰措施」的可信性在現實中是一個很複雜的問題,會受到相互預期等複雜因素的影響。比如參與人 1 並不想報復對方而在第二階段選了 D,而參與人 2 由於第一次選擇背叛了參與人 1,他預期參與人 1 一定會在第二階段選擇 R 來懲罰自己,由於害怕報復而選 R,結果是心慈手軟的參與人 1 再次受到損失,兩次博弈的總得益為 0。這時,觸發戰略是否可行就值得懷疑了。

當然,許多重複博弈的「觸發戰略」並不存在可信性問題,「懲罰」在許多情況下是非常可信的。如將表 3.11 改造為表 3.12,觸發戰略的懲罰措施

就是可信的了。

表 3.12　　　　　　　　具有可信性的觸發戰略博弈

參與人 2

		U	D	R
參與人 1	U	8,8	0,9	0,1
	D	9,0	2,5	0,1
	R	1,0	1,0	5,2

　　在表 3.12 中,該博弈也有兩個納什均衡(D,D)和(R,R),其得益分別是$(2,5)$和$(5,2)$。這樣的話,參與人 1 的戰略是:如果第一次選擇的結果是(U,U),則第二次選 D,相當於給參與人 2 在第一次選擇採取合作態度給予獎勵,寧願自己少得一點;如果參與人 2 第一次不選 U 而選其他戰略(如選 D),則第二次選 R,相當於給參與人 2 在第一次選擇採取不合作態度給予懲罰,這時參與人 1 選 R,是給參與人 2 的懲罰,而是對自己給予獎勵,這時的懲罰措施就是可信的了。

　　當然,對具有多個納什均衡的重複博弈運用觸發戰略是有一定條件的。首先,在原博弈中要存在具有懲罰和獎勵措施的納什均衡;其次,懲罰措施要是可信的;最後,觸發戰略是一種相機選擇戰略,即後一次選擇要取決於前一次博弈結果,對於某些博弈,重複兩次就可實施觸發戰略,而有的則要重複多次(3 次以上)才有實施觸發戰略的時機。

三、無限次重複博弈

　　前面已述,當原博弈有唯一納什均衡的有限次重複博弈中,其子博弈精煉納什均衡也就是每次重複採用原博弈的納什均衡。這時,囚徒走不出困境,連鎖店也解不開悖論。解決的辦法有多種,一是引入不完全信息,一是讓博弈重複無限次等。這裡僅討論博弈重複無限次的情況。

　　當博弈重複無限次時,在一次性博弈和有限次重複博弈中不可能出現的合作博弈則可能出現。因為博弈沒有最後期限,參與人為了長遠較大的利益而會放棄短期利益進行合作,囚徒因此有可能走出困境,連鎖店的悖論也可能被解開。

　　而且,在無限次重複博弈中,在任何有限次重複博弈中所觀察到的任何行動組合(不一定是納什均衡的戰略組合)都可能是子博弈精煉納什均衡,這就意味著無限次重複博弈有多個納什均衡,這種情況有無名氏定理加以證明。

(一) 無名氏定理

無名氏定理也稱為民間定理,這是因為在有人正式證明並發表之前,這個定理的內容已經為博弈界的人士所熟知並認為是理所當然的事,無名氏定理主要是用於說明無限次重複博弈均衡的多重性。

無名氏定理:在一個有 n 個參與人的無限次重複博弈中,如果在每一次重複中,博弈的行動集是有限的,則只要滿足下面三個條件,在任何有限次重複博弈中所觀察到的任何一個行動組合都是某個子博弈精煉納什均衡的唯一結果:

條件1:貼現因子 δ 接近於1;

條件2:博弈在任何一個重複階段上結束的概率為0,或為一個充分小的正數;

條件3:嚴格占優於一次性博弈中的最小最大(Minmax)得益組合的那個得益組合集是 n 維的。

在這個定理中,條件1保證了未來利益的驅動會制約參與人現在的選擇;條件2的本質意思是重複博弈的重複次數要無限次,因為在有限次重複博弈和無限次重複博弈中,參與人的思維方式和行動的選擇有很大區別,即和未來無限長的時間相比,任何有限的時間段都很短,因此未來懲罰的威脅會使參與人樂於合作,這將導致博弈結果會有很大不同;條件3的意思是,無限次重複博弈中的子博弈精煉納什均衡實際上是參與人相互合作的結果,要使合作成功,其戰略中必須要有懲罰措施。最小最大得益(支付)是指假定參與人 i 不合作時,在所有其他參與人都各自選擇懲罰參與人 i 的戰略時,參與人 i 可能得到的最大懲罰(下面還將對此進行較詳細的討論)。條件3又稱為維數條件,n 維的本質含義是,當一個博弈的參與人是三個或三個以上時,當參與人 i 不合作時,除參與人 i 以外的其他參與人必須步調一致地實施懲罰措施,否則懲罰可能失效,合作也就可能不成功。可見,維數條件只有當一個博弈的參與人是三個或三個以上時才需要滿足。而對只有兩個參與人的博弈則不存在這個問題,即不需要滿足維數條件。博弈論中主要研究的是兩人博弈。

(二) 冷酷戰略

無名氏定理揭示了無限次重複博弈的子博弈精煉納什均衡的多重性,一種被稱為「冷酷戰略」的均衡就是無限次重複博弈的一種子博弈精煉納什均衡。

冷酷戰略也稱為觸發戰略,這種戰略的做法是:

(1) 參與人在博弈開始時均選擇合作;

(2) 只要對方一直選擇合作,則繼續合作下去,但當某一時刻對方選擇了不合作,則一直永遠選擇不合作來懲罰對方的背叛行為。

在運用冷酷戰略時,需要注意,即使一個參與人在某一時刻自己首先選擇了不合作,在接下來的博弈中也是永遠選擇不合作。

下面將用無限次重複的囚徒困境來說明冷酷戰略是這個無限次重複博弈的一種子博弈精煉納什均衡。

假定囚徒困境博弈重複無窮次,參與人有足夠的耐心($\delta \to 1$)時,兩個囚徒採用冷酷戰略,即:

(1) 開始選擇抵賴;

(2) 選擇抵賴直到有一方選擇坦白,然後永遠選擇坦白。

可證明,(抵賴,抵賴)是一個子博弈精煉納什均衡結果。

首先證明這個被稱為「冷酷戰略」的博弈是一個納什均衡。假定囚徒j選擇上述冷酷戰略,冷酷戰略是不是囚徒i的最優戰略呢?令δ為貼現因子(假定兩人的貼現因子相同)。

如果i在某個階段首先選擇了坦白,他在該階段的支付為0單位,而不是-1單位,當期淨得為1單位。但他的背叛行為將觸發j「永遠坦白」的懲罰,i隨後每個階段的支付均是-3。因此,如果下列條件滿足,給定j沒有選擇坦白,i將不會選擇坦白。

$$0 + \delta(-3) + \delta^2(-3) + \cdots \leq -1 + \delta(-1) + \delta^2(-1) + \cdots$$

該式可寫為:

$$-\frac{3\delta}{1-\delta} \leq -\frac{1}{1-\delta}$$

解上式得:$\delta^* \geq 1/3$;就是說,如果$\delta \geq 1/3$,給定j堅持冷酷戰略並且沒有首先坦白,i不會首先選擇坦白。

現假定j首先選擇了坦白,那麼i是否有積極性堅持冷酷戰略以懲罰j的不合作行為呢?給定j堅持冷酷戰略,j一旦坦白將永遠坦白;如果i堅持冷酷戰略 他隨後每階段的支付是-3,但如果他選擇任何其他戰略,他在任何單階段的支付都不會大於-3。因此,不論δ為多少,i有積極性堅持冷酷戰略。類似地,給定j堅持冷酷戰略,即使i自己首先坦白,堅持冷酷戰略(懲罰自己)也是最優的。

這就證明了冷酷戰略是一個納什均衡。還需證明它是一個子博弈精煉均衡。

因為博弈重複無限次,從任何一個階段開始的子博弈與這個博弈的結構相同。在冷酷戰略納什均衡下,子博弈可劃分為兩類:類型1,沒有任何參與人曾經坦白;類型2,至少有一個參與人曾經坦白。前已證明,冷酷戰略在類型1子博弈構成納什均衡。類型2子博弈,根據冷酷戰略,參與人只是重複單階段博弈的納什均衡,它自然也是整個子博弈的納什均衡。

由此證明了冷酷戰略是無限次囚徒困境的一個子博弈精煉均衡。帕累

托最優(抵賴,抵賴)是每一個階段的均衡結果,囚徒走出了一次性博弈及有限次博弈時的困境。造成這個結果的原因是,如果博弈重複無限次且參與人都有足夠的耐心,任何為了短期利益的背叛行為的所得對長期利益而言都是微不足道的,且會遭到對方一直背叛的冷酷打擊,故參與人有積極性為自己建立一個樂於合作的聲譽,同時也有積極性懲罰對方的背叛行為。

(三) 以牙還牙戰略

以牙還牙戰略也稱為針鋒相對戰略。以牙還牙是這樣一種戰略:

(1) 參與人在博弈開始時選擇合作;

(2) 在時期 t 選擇對方在時期 $t-1$ 期所採用的戰略,即如果對方在 $t-1$ 期背叛(不合作),則自己在 t 期也選擇背叛。

與冷酷戰略不同的是,以牙還牙戰略在對方發生背叛時,不是採取永遠背叛的冷酷方針,而是針對上期對方的選擇來決定本期採用對方上期相同的選擇。即如果對方在上期背叛,則自己在本期也選背叛來懲罰對方,但對方在接下來的博弈中選擇了合作,則自己在下期也選擇合作。以牙還牙戰略似乎給了對方一個改正錯誤的機會,但這樣一來就會出現這樣一種情況,在囚徒困境中,如果囚徒1選擇抵賴(合作),他將繼續得到(抵賴,抵賴)的高的得益。但如果囚徒1某一時期選擇了坦白(背叛)而後又回到選擇抵賴,那麼兩個囚徒就會永遠面臨交替選擇(坦白,抵賴)和(抵賴,坦白)的局面,這時他們的平均得益低於堅持選(抵賴,抵賴)的得益,而不會有(抵賴,抵賴)的合作均衡出現。換句話說,堅持以牙還牙戰略是一種很糟糕的情況,這種戰略不是無限次重複博弈的一種子博弈精煉納什均衡,它不能保證參與人的合作。

但根據無名氏定理,以牙還牙戰略卻可能是無限次重複博弈的一種均衡結果。而且博弈實驗表明,在現實中的許多人會採取給人以改正錯誤機會的以牙還牙戰略,而不是採用將人一棍子打死的冷酷戰略。

(四) 最小最大戰略(Minmax)

前面已述,無限次重複博弈中的子博弈精煉納什均衡實際上是參與人相互合作的結果,要使合作成功,其戰略中必須要有懲罰措施。但懲罰措施要達到什麼程度才能導致參與人有積極性合作而不致背叛呢?這是在研究合作時經常遇到的問題。

所謂最小最大戰略是指當違規者不採取合作行為而對他進行懲罰時,違規者可能得到的最嚴厲的制裁的戰略(相應地,違規者為了減少懲罰對自己的影響,而使自己得益最大的戰略)。

最小最大戰略的作用不是直接預測參與人的最優戰略,而是用來衡量當某個參與人不合作時,其他參與人採取懲罰措施時對其得益影響程度的

大小，故把最小最大戰略稱為最小最大得益更為恰當。

最小最大得益，是指在某一博弈中，若將參與人 i 的最小最大得益記為 V_i，則 V_i 表示由於 i 的對手採取懲罰措施使 i 得到的最低得益，表示為：

$$V_i = \min_{s_{-i}} \max_{s_i} u(s_{-i}, s_i)$$

這個定義的含義是，如果參與人 i 為了貪圖短期利益採取不合作行為得到高的得益，則其他參與人會採取懲罰措施而使其長期利益最低。

在冷酷戰略的囚徒困境博弈中，如果囚徒 1 從某一個時期採取不合作態度而選擇坦白的話，他當期得到最高得益為 0（被釋放），但會遭到囚徒 2 從此永遠選擇坦白的冷酷打擊，以後每期的得益均為 -3（判 3 年徒刑），如不考慮貼現因素的話，則囚徒 1 的得益為：

$$0 + (-3) + (-3) + \cdots$$

這就是囚徒困境博弈中採取不合作態度的囚徒 1 的最小最大得益，前已證明它小於合作（抵賴）的得益。

無名氏定理的條件 3 是說讓重複出現的 n 維得益組合嚴格占優於最小最大得益時，參與人才不會有「背叛」的積極性，這一點意味著即使採用冷酷戰略，也不一定會保證合作肯定成功（這在下一節的例子中將看到）。

第五節　　重複博弈的應用

一、冷酷戰略的古諾模型

古諾模型就是在第二章介紹的兩個廠商生產同質產品的產量博弈，在這個博弈中得到的納什均衡產量是 $q_1 = q_2 = (a-c)/3$，均衡利潤是 $u_1 = u_2 = (a-c)^2/9$。當 $a = 100$，$c = 10$ 時，雙方的古諾產量是 (30, 30)，總產量為 60；雙方的古諾利潤是 (900, 900)，總利潤為 1,800。當市場只有一家壟斷企業時，壟斷產量是 $Q = (a-c)/2$，壟斷利潤 $U = (a-c)^2/4$，仍當 $a = 100$，$c = 10$ 時，$Q = 45$，$U = 2,025$。如果兩個廠商能都只生產壟斷產量的一半 $Q/2 = 22.5$，則兩個廠商的利潤都可提高，但在一次性博弈或有限次重複博弈中都不能得到實現，古諾均衡是唯一的納什均衡。但若是在無限次重複博弈中，如果兩個廠商都採用冷酷戰略，即：首先選擇壟斷產量的一半 (22.5)；繼續選擇 $Q/2$，直到有一個企業選擇 $q(30)$，然後永遠選擇 q。就是說，從合作開始，如果中途有任何廠商出現背叛行為，從而永遠轉入生產古諾均衡產量來懲罰背叛者。給定廠商 1 堅持冷酷戰略，如果廠商 2 也堅持冷酷戰略，則每階段的產量為 (22.5, 22.5)，兩個廠商每階段的利潤為

$(1,012.5, 1,012.5)$。假定兩個廠商的貼現因子相等,即$\delta_1 = \delta_2 = \delta$,則無限次重複博弈總得益的現在值為:

$$1,012.5(1 + \delta + \delta^2 \cdots) = \frac{1,012.5}{1-\delta}$$

如果廠商2出現背叛行為,則他在該時期所選的產量是在廠商1生產22.5個單位下最大化自己的利潤,則意味著:

$$\max_{q_2}[(100 - 22.5 - q_2)q_2 - 10q_2] = \max_{q_2}(67.5 - q_2)q_2$$

對上式求導並令其為0,解得$q_2 = 33.75$(同理,如果廠商1出現背叛行為的背叛產量也是相同的,一般地,這裡將背叛產量用q_b表示)。此時廠商2的利潤是$33.75^2 = 1,139.062,5$。即意味著廠商2在不合作階段生產33.75單位的產量,不僅高於一半的壟斷產量,也高於古諾產量,其利潤也是高於一半的壟斷利潤,也高於古諾利潤。但是,廠商2的背叛行為將招致廠商1永遠選擇古諾產量q的冷酷打擊,這樣廠商2也只好永遠選擇古諾產量q,此後的利潤均為900。因此,無限次重複博弈在從背叛階段起的總利潤的貼現值是:

$$1,139.062,5 + 900(\delta + \delta^2 + \cdots) = 1,139.062,5 + \frac{900\delta}{1-\delta}$$

要使

$$\frac{1,012.5}{1-\delta} \geqslant 1,139.062,5 + \frac{900\delta}{1-\delta}$$

則有$\delta \geqslant 9/17$時,冷酷戰略是該博弈的一個子博弈精煉納什均衡。因為無限次重複博弈的古諾博弈是相同博弈重複無限次,因此當冷酷戰略是整個博弈的納什均衡時,當然也就是每個階段的納什均衡。

此時,無限次重複古諾博弈的冷酷戰略已意味著是兩個廠商在兩種戰略間進行選擇的囚徒困境博弈,一是選擇生產壟斷產量的一半(22.5),另一是選擇生產背叛產量(33.75)。當$\delta \geqslant 9/17$時,冷酷戰略是無限次重複古諾博弈的一個子博弈精煉納什均衡。貼現因子較大說明未來的利益較大,對兩個廠商都有較大的吸引力,一般情況下,兩個廠商不會為了短期利益而背叛對方而失去較大的長遠利益,即兩個廠商都有堅持冷酷戰略的積極性。而當$\delta < 9/17$時,意味著冷酷戰略不再是一個子博弈精煉納什均衡。貼現因子較小說明未來的利益對兩個廠商都不具有吸引力,選擇背叛才是兩個廠商的最優選擇,這種條件下,博弈無限次重複也不能提高一次性博弈的得益。

現實生活中,市場上的寡頭企業往往有許多個,而不是僅有兩個。假定有n個企業時,要n個企業都堅持冷酷戰略,則貼現因子要滿足:

$$\delta \geq (1 + \frac{4n}{(n+1)^2})^{-1}$$

當 $n \to \infty$ 時,$\delta \to 1$。這說明當有許多企業時,除非未來的利益相當大,才會使所有企業放棄短期利益去獲取長遠利益。但貼現因子等於 1 在現實中幾乎是不可能的,故許多企業就會選擇只顧眼前不顧長遠的背叛行為。這就意味著,企業越多,合作越困難,這與現實狀況是非常吻合的。其實,當有許多企業時,即使貼現因子等於 1,當某一個企業發生背叛行為時,其他企業能否團結一心地進行冷酷打擊也是很成問題的,這就是無名氏定理維數條件的要義。

在實踐中,無限次重複博弈均衡結果的多重性會使人們在預測哪一個博弈結果會實際發生時產生很大的困難。如在無限次重複的古諾模型中,也有多個精煉均衡,如「總是選擇古諾均衡產量」也是一個精煉均衡。而且,任何介於古諾均衡產量和壟斷產量之間的產量(即 $q^* \in [Q/2, q]$)都是冷酷戰略精煉均衡的一個特定結果等。

如上所述,當 $\delta < 9/17$ 時,意味著冷酷戰略不再是無限次重複的古諾模型中的納什均衡,更不是一個子博弈精煉納什均衡。但這並不表明兩個廠商在每一次重複博弈中都只能選擇古諾產量,獲得古諾利潤。只要兩個廠商選擇低於古諾產量(q)而高於壟斷產量一半($Q/2$)之間的任何一種產量(q^*),都是冷酷戰略精煉均衡的一個特定結果。當 $n = 2$ 時,冷酷戰略是:一開始生產 q^*;繼續生產 q^*,直到有任何一個廠商生產不是 q^* 的背叛產量時,以後永遠生產古諾產量 q。

兩個廠商都採用冷酷戰略時的均衡產量為 (q^*, q^*),雙方的得益均為:
$$u^* = (a - q^* - q^*)q^* - cq^* = (a - c - 2q^*)q^*$$
無限次重複博弈利潤的貼現值為:
$$u^*/(1-\delta) = (a - c - 2q^*)q^*/(1-\delta)$$
如果某廠商 i 在某時期發生背叛行為,其背叛產量 q_i 是在另一廠商生產 q^* 時最大化自己的利潤,則背叛產量 q_i 滿足 $\max_{q_i}(a - q_i - q^* - c)q_i$,解得 $q_i = (a - c - q^*)/2$,背叛利潤為 $u_d = (a - c - q^*)^2/4$。此後將遭到永遠生產古諾產量 q 的冷酷打擊,古諾產量的利潤為 $u_c = (a - c)^2/9$,貼現值為 $[(a - c)^2/9]\delta/(1-\delta)$。很顯然,冷酷戰略要求滿足:
$$\frac{u^*}{1-\delta} \geq u_d + \frac{u_c \delta}{1-\delta}$$
將冷酷戰略利潤(u^*)、背叛利潤(u_d)、古諾利潤(u_c)代入上式可得:
$$q^* \geq \frac{9 - 5\delta}{3(9 - \delta)}(a - c)$$

就是說,只要滿足上述條件的任何 $q^* \in [Q/2, q]$ 的產量,都是一個特定的子博弈精煉納什均衡的結果。δ 越大,合作的可能性就越大;δ 越小,背叛的動機就越強,合作就越困難。本例中,當 $\delta \to 9/17$ 時,q^* 就越趨向於壟斷產量的一半;當 $\delta \to 0$ 時,q^* 就越趨向於古諾產量。

二、胡蘿蔔加大棒的古諾模型

冷酷戰略是帶有懲罰措施的合作博弈,要使參與人能成功合作,不僅要考慮貼現因子 δ 的大小,還要考慮懲罰措施的強度。根據無名氏定理的條件 1,只有當 δ 足夠接近於 1 時,帕累托合作均衡結果才會出現,而無名氏定理的條件 3 的最小最大得益及維數條件,則是說要加大懲罰力度並步調一致,才能保證合作成功。

阿伯羅(Abreu)在 1986 年用胡蘿蔔加大棒的古諾模型證明,冷酷戰略並不是保證最大合作的戰略。最大合作戰略是使用「最嚴厲的可信的懲罰」。「可信的懲罰」是指懲罰戰略本身是一個子博弈精煉納什均衡;「最嚴厲」是指不合作者得到最低的可能支付。

胡蘿蔔加大棒的戰略實際上是針鋒相對戰略與最小最大得益原則的結合,如果採用這種戰略,對貼現因子 δ 的要求則可放寬,即在 δ 較小時,也可能使合作成功。

胡蘿蔔加大棒戰略是這樣一種戰略(仍以古諾模型為例):

兩個廠商開始生產壟斷產量的二分之一($Q/2$);在 t 階段,如果前一階段($t-1$)兩個廠商都生產 $Q/2$,繼續生產 $Q/2$,如果兩個廠商都生產 $\bar{q}$,也繼續生產 $Q/2$,否則,生產 $\bar{q}$。

這裡,$\bar{q}$ 是最大懲罰產量(大於古諾均衡產量)。這一戰略規定了一個一次性懲罰期和一個(潛在)無窮次合作期:在懲罰期,企業 i 生產 $\bar{q}$;在合作期,企業 i 生產 $Q/2$。與冷酷戰略不同之處在於:如果任何一個企業在合作期不合作,即不是 $(Q/2, Q/2)$ 時,懲罰期開始;同樣,如果任何一個企業在懲罰期不生產懲罰產量,即不是 $(\bar{q}, \bar{q})$ 時,懲罰期重新開始;如果沒有任何企業在懲罰期不懲罰,合作期開始。

這個戰略意味著,採用這個戰略的參與人在對方與自己步調一致時(同時合作,同時懲罰),在下一階段用合作(即生產 $Q/2$)來獎勵對方,即給對方一個胡蘿蔔。而在對方與自己步調不一致時,則在下一階段用生產高於古諾產量來最嚴厲地懲罰對方,即給對方當頭一棒。這個戰略要求不僅懲罰該合作時不合作的企業,而且懲罰該懲罰時不懲罰的企業,懲罰不懲罰者又是給懲罰者的一個胡蘿蔔。

如果兩個企業都選擇上述兩期戰略,無限次重複博弈有兩類子博弈。① 合作子博弈:前一階段的結果是 $(Q/2, Q/2)$ 或 $(\bar{q}, \bar{q})$;② 懲罰子博弈:前

一階段的結果既不是$(Q/2,Q/2)$也不是$(\bar{q},\bar{q})$。

可證明胡蘿蔔加大棒戰略是一個子博弈精煉納什均衡(證明類似於前面冷酷戰略,故留給讀者自己加以證明)。

假定貼現因子$\delta = 1/2$,且滿足$\bar{q} \in [(a-c)3/10, (a-c)/2]$時,將這兩個條件結合,可知當$\delta = 1/2$時,若選擇$(a-c)3/8 \leq \bar{q} \leq (a-c)/2$,兩期戰略可保證壟斷利潤均衡作為子博弈精煉納什均衡結果出現(最大懲罰產量嚴格大於古諾均衡產量)。相比之下,如果企業使用冷酷戰略,當$\delta = 1/2$時,不能產生壟斷利潤均衡結果(冷酷戰略要求$\delta \geq 9/17$)。

事實上,胡蘿蔔加大棒戰略要保證合作成功,不僅要考慮貼現因子δ的大小,還要考慮懲罰產量$\bar{q}$的大小。懲罰不嚴厲,也不足以保證會成功合作。在該例中,如果參與者選擇$\bar{q} = Q$,在懲罰期,每個企業的利潤均為0,這是這個博弈中可能達到的「最嚴厲的懲罰」。但如果懲罰真的發生,它是一把雙刃劍,不僅不合作者受懲罰,合作者也受懲罰。但因為參與人的行為是可觀測的,在均衡路徑,沒有人會偏離合作,懲罰實際不會發生。

三、無限次重複的產品質量博弈

產品質量博弈是無限次重複博弈的一個應用,這是克萊因(Klein)和萊弗勒(Leffler)在1981年提出的模型。

為分析簡便起見,先假定只有一個廠商提供商品,每個消費者只買一次,且只有一個消費者。消費者決定買或不買,如消費者不購買,他的效用為0;如買到高質量產品,效用為2,如買到低質量產品,效用為-2。廠商決定提供高質量還是低質量的商品,廠商生產高質量產品,利潤為2,生產低質量產品,利潤為4。在一次性博弈時,其支付矩陣如表3.13所示。

表3.13 質量博弈

		廠商	
		高質量	低質量
消費者	購買	2,2	-2,4
	不購買	0,0	0,0

在一次性博弈中,用劃線法可知,唯一的納什均衡是(不購買,低質量)。這個結論與現實很顯然不太相吻合,大多數企業還是生產質量較高的商品,商店裡的顧客仍是川流不息,這種現象可用無限次重複博弈加以解釋。大多數情況下,廠商與消費者之間的商品交易可認為是無限次重複的。不過與其他的無限次重複博弈模型相比有所不同的是,該模型中參與人廠商是長期固定的,不斷重複提供商品。而參與人消費者是不固定的,每個消

費者只購買一次或有限次,對耐用消費品的購買就是如此。在重複博弈時,這相當於在每個階段博弈時,一個固定的參與人每次都與不同的參與人進行博弈。假定某個消費者在某階段購買時不知道自己買的產品的質量,但知道所有之前的消費者購買的產品質量。

在無限次博弈中,如果廠商的貼現因子 $\delta \geq 1/2$。可證明,戰略組合:廠商從生產高質量的產品開始;繼續生產高質量產品,除非曾經生產過低質量的產品;如果上一次生產了低質量的產品,之後永遠生產低質量產品 第一個消費者選擇購買;只要廠商不曾生產過低質量產品,隨後的消費者繼續購買;如果廠商曾經生產過低質量的產品,之後的消費者不再購買 。這是無限次重複的產品質量博弈的一個子博弈精煉納什均衡。

均衡結果是(購買,高質量),每個消費者得到 2 單位效用,廠商得到 2 單位的平均利潤。

先說明廠商的戰略是最優的:給定消費者的戰略,若廠商生產劣質產品,當期利潤為 4,但會遭到消費者從此不購買的懲罰,以后的利潤為 0;若廠商總是生產優質產品,每階段的利潤為 2,貼現值為 $1/(1-\delta)$。因此,當 $4 \leq 1/(1-\delta)$,即 $\delta \geq 1/2$ 時,廠商就不會生產劣質產品。即在無限次重複博弈中,企業由於害怕失去消費者而不敢生產劣質產品,故廠商的戰略是最優的。

再說明消費者的戰略也是最優的(假定 $\delta \geq 1/2$):消費者由於只購買一次(即每階段都是一個不同的消費者),故只關心當期的得益,只有他預期是優質產品時,他才會購買;消費者預期未曾生產過低質量的產品的廠商會繼續生產高質量產品,買是最優的;如果廠商曾經生產過低質量的產品,消費者預期廠商會繼續生產低質量產品,不買是最優的。在博弈的第一階段廠商未曾生產過低質量的產品,第一個消費者選擇購買也是最優的。

用這個模型可以解釋為什麼消費者偏好去大商場買東西,而不太信賴走街串巷的小商販。因為對前者而言,長期利益是重要的,但對後者而言,本身就是進行的「一錘子買賣」,他只考慮短期利益,長期利益對他是沒有意義的。這也可以解釋許多車站、碼頭的商品質次價高的原因,因為他們主要做的是「一次客」的生意。

當然,在一次性博弈中的均衡(消費者永遠不購買,廠商總是生產低質量產品)也是無限次重複的產品質量博弈的一個子博弈精煉納什均衡。儘管這種情況現實中可能發生,但這個均衡並不合理。

上面是克萊因和萊弗勒模型的一個簡化,即將 n 個廠商簡化為一個廠商,連續的消費者也簡化為一個消費者,每次只購買 1 件產品,並忽略了固定成本、邊際成本、價格等因素,但這並不影響其結論的性質。若在有 n 個廠商生產同一產品時,設廠商進入市場的成本 F(相當於固定成本),n 由 F 內

生決定。該博弈可表述為，廠商選擇生產高質量產品還是生產低質量產品，生產高質量產品的邊際成本為不變的 c，生產低質量產品的邊際成本為 0（為簡化計算），高質量產品的價格為 p；消費者選擇到哪個廠商購買商品，並決定是否購買，用 q_i 表示消費者從廠商 i 購買的產品數量，所有的消費者觀察到這一期購買的所有的產品質量。無限次重複這個博弈，將得到與簡化模型相似的子博弈精煉納什均衡。但這個均衡要得以成立的話，要滿足「激勵相容」「競爭」與「市場除清」三個條件。有了以上資料假設，則可用公式來表達這三個條件。

激勵相容條件是講，要廠商有生產高質量產品的積極性，就要保證生產高質量產品廠商的收益不低於生產低質量產品廠商的收益，這樣才能使廠商利益與社會需要優質品的目標相合。若廠商 i 提供低質量產品，第一期省下生產高質量產品的邊際成本 c，並以高質量產品的價格 p 出售，但以後消費者不再買他的產品，其利潤為 pq_i。若廠商 i 提供高質量產品，獲利為 $(p-c)q_i$，貼現值為 $q_i(p-c)(1+\delta+\delta^2+\cdots)$，激勵相容條件為：

$$q_i p \leq q_i(p-c)(1+\delta+\delta^2+\cdots)$$

因為 $\delta = 1/(1+r)$，即：$\dfrac{q_i p}{1+r} \leq \dfrac{q_i(p-c)}{r}$

解得： $p \geq (1+r)c$

即只有價格滿足這個條件，廠商才有生產高質量產品的積極性。反之，若 $p < (1+r)c$，換個角度講，則一定是低質量產品，正如俗話所說：「便宜無好貨。」

競爭條件是指長期競爭的結果，會使任一廠商的利潤為 0，即：

$$q_i(p-c) = F \times r$$

利潤正好等於固定資本折舊，故利潤為 0。保證廠商不生產低質量產品的價格最起碼的條件是 $p = (1+r)c$，代入可求得 i 廠商的產量：

$$q_i = \frac{F}{c}$$

市場除清條件是要求供給正好等於需求，供給為 nq_i，需求為 $q(p)$，除清條件為：$nq_i = q(p)$。代入 p 和 q_i，得市場均衡的企業數 $n = \dfrac{cq(c+rc)}{F}$。

第四章　不完全信息靜態博弈

引例：市場阻撓博弈

在第二章介紹完全信息的靜態博弈中已涉及市場阻撓博弈,這個博弈是說一個壟斷企業已在市場上(在位者),另一個企業虎視眈眈地準備進入。進入者有進入與不進入兩種選擇,在位者有默許或鬥爭兩種選擇,兩者同時進行選擇。而在位者選擇默許或鬥爭取決於他的成本的高低,如果是高成本,則選擇鬥爭;如果是低成本,則選擇默許。在位者知道自己是高成本還是低成本,但進入者只知道在位者可能是高成本也可能是低成本,但不知道在位者到底是高成本還是低成本。這時博弈就面臨不完全信息的靜態博弈,其博弈矩陣可表示如表 4.1 所示。

表 4.1　　　　　　　　　不完全信息的市場阻撓博弈

		在位者			
		高成本		低成本	
		默許	鬥爭	默許	鬥爭
進入者	進入	30,50	-10,0	20,70	-10,100
	不進	0,100	0,100	0,140	0,140

這時,進入者似乎是在與兩個不同的在位者博弈,一個是高成本的在位者,另一個是低成本的在位者,進入者這時應該如何選擇呢?

第一節　不完全信息靜態博弈和貝葉斯納什均衡

一、不完全信息靜態博弈的概念

(一)不完全信息

在完全信息博弈中假定有關參與人的支付函數是「共同知識」,這時則認為參與人具有完全信息。但不完全信息在現實生活中隨處可見,如在引例中的進入者並不知道在位者到底是高成本還是低成本;當你與一個陌生

人打交道時，你並不知道他喜歡什麼，不喜歡什麼；在古玩市場，買主可能不知道一件古玩賣者願意脫手的最低價格，或者賣者不知道買主願意出手的最高價格；即使共同生活了多年的夫妻，也未見得真正瞭解對方的性格、脾氣等。不完全信息在現實中的表現多種多樣。

但博弈論中的不完全信息是指博弈中的參與人對其他參與人（包括他自己）對博弈局勢有關的事前信息瞭解不充分，而不是指博弈進行中對博弈進程信息的瞭解不充分。

博弈中的不完全信息具有多種形式，如參與人對其他參與人的理性程度、決策能力、背景、知識、偏好、戰略、參與人數目等瞭解不充分。海薩尼認為，從技術角度來看，博弈中的不完全信息是指對博弈中的參與人、戰略和得益不充分瞭解。但從理論上講，種種不完全信息的形式都可轉化為參與人對得益函數的不完全瞭解。

因此，至少有一個參與人不知道其他參與人的得益函數的博弈，稱為不完全信息的博弈，也稱為貝葉斯博弈。如果參與人是同時行動的，就稱為不完全信息的靜態博弈，如果參與人是不同時行動的，就稱為不完全信息的動態博弈。

（二）類型

博弈中的類型是指一個參與人所擁有的所有的個人信息，稱為他的類型。對於一個參與人而言，他自己知道自己是某種特定類型，而對於其他（全部或部分）參與人來說，則只知道他是若干種可能類型中的一種，而不能確切地知道他是哪一種特定類型。如在市場阻撓博弈中，進入企業（參與人1）決定是否進入一個新的產業，只知道在位者有兩種類型：可能是高成本也可能是低成本，但不知道在位企業（參與人2）到底是高成本還是低成本。而在位者知道自己是高成本還是低成本。假如進入者只有一種類型，高成本，且是共同知識。這樣，在該博弈中，在位者有兩種類型，且是在位者的私人信息，而進入者只有一種類型，則該博弈是不完全信息博弈。不完全信息意味著，至少有一個參與人有多個類型（否則就成為完全信息）。

可見，類型是參與人個人特徵的完備描述。而且在絕大多數博弈中，參與人的特徵由支付函數完全決定，故一般又用參與人的支付函數等同於他的類型。一般用 θ_i 來表示參與人 i 的一個特定的類型，用 Θ_i 表示參與人 i 所有可能類型的集合（$\theta_i \in \Theta_i$）。

（三）貝葉斯原則

在不完全信息的博弈中，至少有一個參與人只知道其他參與人是若干種可能類型中的一種，但不能確切地知道他是哪一種特定類型時，就只能在主觀判斷其他參與人是哪種類型的基礎上進行自己的戰略選擇。

貝葉斯原則是指，如果在博弈時對其他參與人的類型沒有確定性瞭

解,且不知道其發生的客觀概率,則可在主觀概率的基礎上進行判斷,而這個主觀概率是根據貝葉斯公式計算出來的。

如果用 $\theta_{-i} = (\theta_1, \cdots, \theta_{i-1}, \theta_{i+1}, \cdots, \theta_n)$ 表示除 i 之外的所有參與人的類型組合,這樣,$\theta = (\theta_1, \cdots, \theta_n) = (\theta_i, \theta_{-i})$。稱 $p_i(\theta_{-i} \mid \theta_i)$ 為參與人 i 的條件概率,即給定參與人 i 屬於類型 θ_i 的條件下,有關其他參與人屬於 θ_{-i} 的概率。則有:

$$p_i(\theta_{-i} \mid \theta_i) = \frac{p(\theta_{-i}, \theta_i)}{p(\theta_i)}$$

如果類型的分佈是獨立的,$p_i(\theta_{-i} \mid \theta_i) = p(\theta_{-i})$。

例如有兩個廠商生產同一產品,其成本可能是高成本,也可能是低成本。他們自己知道自己的成本是高還是低,但不知道對方的成本是高成本還是低成本,只知道對方的成本可能是高成本,也可能是低成本。這就意味著兩個廠商均有兩種類型,高成本類型與低成本類型,如兩個廠商的聯合概率分佈如表4.2所示。

表4.2   兩個廠商聯合概率分佈表

		廠商2	
		高成本	低成本
廠商1	高成本	0.3	0.2
	低成本	0.1	0.4

根據聯合概率分佈,就可以知道每個參與人在不同情況下對其他參與人類型的概率(按貝葉斯公式進行推算)。如本例中,如果廠商1是高成本類型,那麼,他認為廠商2是高成本類型的概率為 $0.6 = 0.3/(0.3 + 0.2)$,認為廠商2是低成本類型的概率為 $0.4 = 0.2/(0.3 + 0.2)$;如果廠商1是低成本類型,那麼,他認為廠商2是高成本類型的概率為 $0.2 = 0.1/(0.1 + 0.4)$,認為廠商2是低成本類型的概率為 $0.8 = 0.4/(0.1 + 0.4)$。同理,按貝葉斯公式可推出廠商2認為廠商1是高成本類型還是低成本類型的主觀概率。

需要注意的是,參與人判斷類型的主觀概率的機制是所有參與人的「共同知識」,即所有參與人知道其他參與人的對類型的主觀概率的判斷是依據貝葉斯法則進行的,並且知道判斷的結果。在上例中,廠商1不知道廠商2的真實類型,廠商2也不知道廠商1的真實類型,但廠商2會知道廠商1是依據貝葉斯法則來推斷自己是高成本類型還是低成本類型的概率,即如果廠商1是高成本類型,他會認為廠商2是高成本類型的概率為0.6,是低成本類型的概率為0.4;如果廠商1是低成本類型,他會認為廠商2是高

成本類型的概率為0.2,是低成本類型的概率為0.8。

同理,廠商1會知道廠商2是依據貝葉斯法則來推斷自己是高成本類型還是低成本類型的概率,並知道其概率是多少。也就是說,理性的參與人在同樣的信息下對同一事件會形成相同的概率判斷。換句話說,當一個參與人不知道其他參與人的類型時,依據貝葉斯法則可知道其類型的概率,而且有關類型的概率是所有參與人的「共同知識」。

二、海薩尼(Harsanyi) 轉換

在不完全信息靜態的市場阻撓博弈中(引例),進入者似乎是在與兩個不同的在位者博弈,一個是高成本的在位者,另一個是低成本的在位者。一般地,如果在位者有 T 種可能的不同成本函數,進入者就似乎是在與 T 個不同的在位者博弈。在1967年以前,博弈論專家認為這樣的不完全信息博弈是沒法分析的,因為當一個參與人並不知道他在與誰博弈時,博弈的規則是沒有定義的。海薩尼在1967年提出一個處理不完全信息博弈的方法:引入一個虛擬參與人「自然」(Nature);自然首先行動決定參與人的特徵(上例中是成本函數),參與人知道自己的特徵,其他參與人不知道。這樣,不完全信息靜態博弈就轉化為完全但不完美的動態博弈了(見圖4.1)。這就可以使用標準的分析技術進行分析了。有了「海薩尼轉換」,不完全信息與不完美信息之間的區別就不重要了。以後再談到不完全信息博弈時,就是指經過轉換之後的博弈。海薩尼轉換已成為處理不完全信息博弈的標準方法。

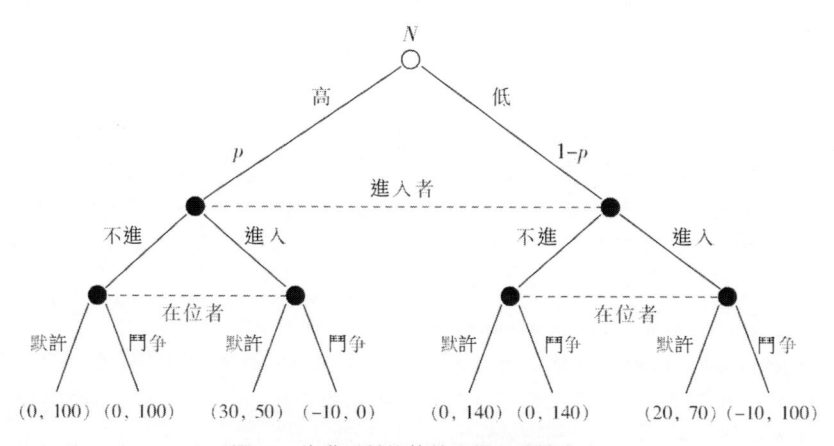

圖 4.1 海薩尼轉換後的市場阻撓博弈

在圖4.1中,我們假定「自然」N 選擇的是在位者是高成本還是低成本。進入者有關在位者的成本信息是不完全的,但在位者有關進入者的成本信

息是完全的。如果在位者是高成本,給定進入者進入,在位者的最優選擇是默許;如果在位者是低成本,給定進入者進入,在位者的最優選擇是鬥爭。因此,在完全信息時,如果在位者是高成本,進入者的最優選擇是進入;如果在位者是低成本,進入者的最優選擇是不進入。

但因為進入者不知道在位者究竟是高成本還是低成本,進入者的最優選擇依賴於他在多大程度上認為在位者是高成本還是低成本。假定進入者認為在位者是高成本的概率是 p,低成本的概率是 $(1-p)$。那麼,進入者選擇進入的期望利潤是 $p(30)+(1-p)(-10)$,選擇不進入的期望利潤是 0。因此,進入者的最優選擇是:如果 $p \geqslant 1/4$,進入;如果 $p < 1/4$,不進入(當 $p = 1/4$ 時,進入與不進入之間是無差異的,我們假定他進入)。

三、貝葉斯納什均衡

(一) 不完全信息靜態博弈的概念

在有了以上的一些有關不完全信息靜態博弈的相關知識後,則可以用戰略式表述不完全信息靜態博弈。

定義 4.1:n 人靜態貝葉斯博弈的戰略式表述包括,參與人的類型空間 $\Theta_1, \cdots, \Theta_n$,條件概率 $p_1, \cdots, p_n$,類型依存戰略空間 $A_1(\theta_1), \cdots, A_n(\theta_n)$,和類型依存支付函數 $u_1(a_1, \cdots, a_n; \theta_1), \cdots, u_n(a_1, \cdots, a_n; \theta_n)$。參與人 i 知道自己的類型 $\theta_i \in \Theta_i$,條件概率 $p_i = p_i(\theta_{-i} | \theta_i)$ 描述給定自己屬於 θ_i 的情況下,參與人 i 有關其他參與人類型 $\theta_{-i} \in \Theta_{-i}$ 的不確定性。則用 $G = \{A_1, \cdots, A_n; \theta_1, \cdots, \theta_n; p_1, \cdots, p_n; u_1, \cdots, u_n\}$ 代表這個博弈。

(二) 貝葉斯納什均衡

有了以上的概念,則不完全信息靜態博弈的解——貝葉斯納什均衡有如下的定義:

定義 4.2:n 人不完全信息靜態博弈 $G = \{A_1, \cdots, A_n; \theta_1, \cdots, \theta_n; p_1, \cdots, p_n; u_1, \cdots, u_n\}$ 的純戰略貝葉斯納什均衡是一個類型依存戰略組合 $\{a_i^*(\theta_i)\}_{i=1}^n$,其中每個參與人 i 在給定自己的類型 θ_i 和其他參與人類型依存戰略 $a_{-i}^*(\theta_{-i})$ 的情況下最大化自己的期望效用函數 u_i。換言之,戰略組合 $a^* = \{a_1^*(\theta_1), \cdots, a_n^*(\theta_n)\}$ 是一個貝葉斯納什均衡,如果對於所有的 $i, a_i \in A_i(\theta_i)$,有:

$$a_i^*(\theta_i) \in \arg\max_{a_i} \sum p_i(\theta_{-i} | \theta_i) u_i\{a_i, a_{-i}^*(\theta_{-i}); \theta_i, \theta_{-i}\}$$

可見,不完全信息靜態博弈的解——貝葉斯納什均衡實際上是這樣一種類型依從型戰略組合:給定自己的類型和別人類型的概率分佈情況下,每個參與人最大化自己的期望效用。

使用上述定義可以得出,不完全信息下靜態的市場進入博弈的貝葉斯

納什均衡是：高成本的在位者選擇默許，低成本的在位者選擇鬥爭；當只當 $p \geq 1/4$ 時，進入者選擇進入，當 $p < 1/4$ 時，不進入。

第二節　　不完全信息下的混合戰略

一、混合戰略的重新解釋

在第二章的完全信息靜態博弈中，我們看到許多博弈中不僅存在純戰略，還存在混合戰略，有的博弈中還不存在純戰略，而只存在混合戰略。

在引進混合戰略概念時，我們用手心和手背的游戲對混合戰略的概念和概率的計算進行了論證。在手心和手背的游戲中，兩個參與人都按一定的概率隨機地選擇出手心或手背，這是人們在現實中觀察到的合理的行為。但某些博弈問題，混合戰略的理解卻不如手心和手背游戲博弈那樣直觀。如《麥琪的禮物》中存在一個混合戰略，即丈夫吉姆按一定的概率選擇賣表或不賣表，妻子德娜按一定的概率選擇賣髮或不賣髮，則讓人不易理解。故有人對混合策略的意義提出了質疑，認為除了游戲博弈外，現實中的參與人似乎並不是靠擲骰子或擲硬幣（即隨機）來選擇自己的行動的。另一種質疑意見是，參與人的戰略選擇應是對其他參與人選擇的戰略的最優反應，因此任何對其他參與人選擇的戰略的最優反應的戰略都是有道理的。在混合戰略均衡中，如果對方採取所指定的混合戰略，那麼參與人採用混合戰略中賦予正概率中的任何一個純戰略，都將獲得同樣的得益，因此都是對於對方戰略的最優反應，也是理性反應。因此，參與人可以在那些純戰略中任選一個來對應，而不是通過隨機機制來決定自己的戰略，更沒有理由嚴格按照混合戰略的隨機機制來行動。

但海薩尼在 1973 年利用貝葉斯博弈理論對混合戰略的意義做了新的解釋。他認為，完全信息下的混合戰略均衡可以被視為微小擾動形成的不完全信息博弈的純戰略貝葉斯均衡的極限。一個混合戰略納什均衡的本質特徵不是參與人以隨機的方法選擇純戰略，而是各參與人不能確定其他參與人選擇什麼純戰略，這種不確定性可能來自一些參與人不知道另一些參與人類型。而在不完全信息靜態博弈中，參與人在確定博弈時需要考慮對手類型的概率分佈，這類似於他面對的是採用混合戰略的對手而進行博弈。虛擬參與人「自然」是由於選擇參與人的類型而產生的不確定性，而不是因為擲骰子產生的不確定性。

我們通過一個實例來表述這一思路。表 4.3 的抓錢博弈是描述這樣一個博弈：兩個參與人坐在一張放了一元錢的桌子旁。如果兩個人同時去抓

錢,那麼各被罰一元;如果只有一個人去抓,那麼先抓的人得到那一元;如果沒人去抓,那麼兩個參與人什麼也得不到。

表 4.3　　　　　　　　　　抓錢博弈

參與人 2

	抓	不抓
參與人 1　抓	-1, -1	1, 0
參與人 1　不抓	0, 1	0, 0

這是一種對稱局勢,其中存在兩個不對稱納什均衡,一個人抓另一個人不抓。這種局勢還存在一個對稱的混合戰略納什均衡:各以 0.5 的概率選擇抓。在現實生活中,也許對稱的混合戰略均衡更有可能出現。

為瞭解釋混合戰略均衡,我們在博弈中引入不完全信息,如表 4.4 所示。

表 4.4　　　　　　　　　　抓錢博弈

參與人 2

	抓	不抓
參與人 1　抓	-1, -1	$1+t_1$, 0
參與人 1　不抓	0, $1+t_2$	0, 0

在表 4.4 中,如果某參與人贏了的話,他的效用是 $1+t_i$,而不是 1。兩個參與人均不知道對方效用,這裡的 t_i 就是參與人 i 的類型。假定 t_i 是在 $[-\varepsilon, \varepsilon]$ 上的均勻分佈(ε 為正數)。容易證明,對稱的純戰略是:對參與人 1 而言,如果 $t_1 \geq t_1^*$,抓;如果 $t_1 \leq t_1^*$,不抓。對參與人 2 而言,如果 $t_2 \geq t_2^*$,抓;如果 $t_2 < t_2^*$,不抓。給定參與人 2 的戰略,參與人 1 選擇抓的期望效用為:

$$u_1(抓) = \left(1 - \frac{t_2^* + \varepsilon}{2\varepsilon}\right)(-1) + \left(\frac{t_2^* + \varepsilon}{2\varepsilon}\right)(1 + t_1)$$

其中,$[1 - (t_2^* + \varepsilon)/2\varepsilon]$ 是參與人 2 選擇抓的概率,$[(t_2^* + \varepsilon)/2\varepsilon]$ 是參與人 2 選擇不抓的概率。參與人選擇不抓的期望效用為 0,故 t_1^* 滿足:

$$\left(1 - \frac{t_2^* + \varepsilon}{2\varepsilon}\right)(-1) + \left(\frac{t_2^* + \varepsilon}{2\varepsilon}\right)(1 + t_1) = 0$$

簡化為:

$$2t_2^* + t_1^* t_2^* + \varepsilon t_1^* = 0$$

因為博弈是對稱的,在均衡條件下,$t_1^* = t_2^*$,即意味著 $t_1^* = t_2^* = 0$。也就是說,對每一個參與人而言,貝葉斯均衡是:如果 $t_i \geq 0$,選擇抓;如果 $t_i < 0$,選

擇不抓。

因為 $t_i \geq 0$ 和 $t_i < 0$ 的概率各為 0.5，即意味著每一個參與人在選擇自己的行動時都認為對方是分別按 0.5 的概率選擇抓與不抓的，儘管實際上每個參與人選擇的都是純戰略，但他面對的卻似乎是一個選擇混合戰略的對手。這樣，當 $\varepsilon \to 0$ 時，表 4.4 的不完全信息靜態博弈就收斂為如表 4.3 所示的完全信息靜態博弈，而貝葉斯均衡則收斂為以上所述的混合戰略均衡。正是在這種意義上，海薩尼說完全信息博弈的混合戰略均衡是不完全信息博弈的純戰略貝葉斯均衡的極限，這樣，也就很難根據選擇的隨機性就認為混合戰略是不合理的。

二、混合戰略均衡的純化定理

在抓錢博弈中是假定只有兩個參與人，海薩尼將其擴展到有 n 個參與人的一般情況對上面的結論加以證明。對於具有 n 個參與人和相應戰略空間的戰略型博弈：

$$G = \{A_1, \cdots, A_n; u_1, \cdots, u_n\}$$

海薩尼利用以下方法使支付函數產生擾動，從而形成不完全信息博弈：令 t_i^A 為某個閉區間（如 $[-1,1]$）上的隨機變量，$\varepsilon > 0$ 為一微小正實數。參與人 i 的擾動支付函數 $\tilde{u}_i$ 依賴於參與人 i 的類型 $t_i \equiv \{t_i^A\}_{a \in A}$ 與擾動強度 ε，即：

$$\tilde{u}_i(s, t_i) = u_i(a) + \varepsilon t_i^a$$

假設各參與人的類型分佈相互獨立，以 $P_i(\bullet)$ 為 t_i 的概率分佈，對應的概率密度函數 $p_i(\bullet)$ 對所有 t_i 都連續可微。在此基礎上可以證明，任意參與人 i 的最佳反應是一個純戰略，而且是唯一的，即參與人 i 的任意兩種最佳反應 $\sigma_i(\bullet)$ 與 $\tilde{\sigma}_i(\bullet)$ 對幾乎所有的 t_i 都是相同的（不相同的測度為 0），且為純戰略。也就是說，在擾動博弈的任何均衡中，對於所有的 i 與幾乎所有的 $t \equiv (t_1, \cdots, t_n)$，$\sigma_i(t_i)$ 為唯一的純戰略。海薩尼用純化定理證明了均衡的存在性。

純化定理：給定 n 個參與人的戰略式博弈 $G = \{A_1, \cdots, A_n; u_1, \cdots, u_n\}$，對於幾乎所有的支付集合 $\{u_i(t_i)\}_{i \in (1, \cdots, n), a \in A}$，以及所有定義在 $(-1, 1)$ 之上的相互獨立的二次可微概率分佈函數 p_i，支付函數為 u_i 的博弈的任何均衡是在擾動 $\varepsilon \to 0$ 時對應擾動支付 $\tilde{u}_i$ 的純戰略均衡序列的極限。更準確地說，由擾動博弈的純戰略均衡產生的戰略上的概率分佈收斂於未擾動博弈均衡的戰略上的概率分佈。

這一純化定理可以理解為：在現實博弈中，如果對應的完全信息博弈存在非純戰略的混合戰略均衡，那麼參與人只是表面上以隨機機制進行戰

略選擇,而實際上,在博弈局勢中存在著很微小的擾動,參與人是在這些擾動博弈中採用純戰略均衡對應的均衡戰略。

第三節　不完全信息靜態博弈的應用

一、不完全信息下的古諾模型

在完全信息(靜態、動態)的古諾模型中,是假設兩個廠商都相互瞭解對方的產量和成本,而市場價格也是統一的,因此雙方的得益是共同知識。但在現實生活中,相互競爭的廠商,甚至是相互合作的廠商之間,為了各自的利益往往將自己有關生產銷售的情況作為商業秘密而加以封鎖,其他廠商要瞭解到這些情況並不容易。因此,完全信息下古諾模型的假設有時並不符合實際,如一個廠商對另一個廠商的生產成本不清楚,則前一個廠商肯定不可能知道後一個廠商在各種產量組合下的得益,前一個廠商就不具有完全信息,則稱為「不完全信息的古諾模型」,也稱為「不對稱信息的古諾模型」。

在不完全信息古諾模型中,參與人的類型是成本函數。假定逆需求函數是 $P = a - q_1 - q_2$,每個廠商都有不變的單位成本。令 c_i 為廠商 i 的單位成本,則廠商 i 的利潤函數為:

$$u_i = q_i(a - q_1 - q_2 - c_i), \quad i = 1,2$$

假定廠商 1 的單位成本 c_1 是共同知識,廠商 2 的單位成本可能是 c_2^L,也可能是 c_2^H,$c_2^L < c_2^H$;廠商 2 知道自己的成本是 c_2^L 還是 c_2^H,但廠商 1 只知道 $c_2 = c_2^L$ 的可能性為 f,$c_2 = c_2^H$ 的可能性為 $(1 - f)$;f 是共同知識。即廠商 1 只有一種類型,廠商 2 有兩種類型。為更具體一些,假設 $a = 100$,$c_1 = 10$(為與完全信息靜態古諾模型相對比,這裡假設的數據與完全信息靜態古諾模型的數據相同),但廠商 2 在低成本時 $c_2^L = 7.5$,在高成本時 $c_2^H = 12.5$,令 $f = 1/2$(這樣,廠商 2 的成本期望值與廠商 1 的成本相同)。給定廠商 2 知道廠商 1 的成本,廠商 2 將選擇 q_2 最大化自己的利潤函數:

$$u_2 = q_2(t - q_1^* - q_2)$$

這裡 $t = a - c_2^L = 100 - 7.5 = 92.5$ 或 $t = a - c_2^H = 100 - 12.5 = 87.5$,依賴於廠商 2 的實際成本。從最優化的一階條件可得廠商 2 的反應函數為:

$$q_2^*(q_1;t) = \frac{1}{2}(t - q_1)$$

就是說,廠商 2 的最優產量不僅依賴於廠商 1 的產量,而且依賴於自己

的成本。

令 q_2^L 為 $t = 92.5$ 時廠商2的最優產量，q_2^H 為 $t = 87.5$ 時廠商2的最優產量。則有：

$$q_2^L = \frac{1}{2}(92.5 - q_1); \qquad q_2^H = \frac{1}{2}(87.5 - q_1)$$

廠商1不知道廠商2的真實成本從而不知道廠商2的最優反應究竟是 q_2^L 還是 q_2^H，因此廠商1將選擇 q_1 最大化自己的期望利潤函數：

$$Eu_1 = \frac{1}{2}q_1(90 - q_1 - q_2^L) + \frac{1}{2}q_1(90 - q_1 - q_2^H)$$

解最優化的一階條件得廠商1的反應函數：

$$q_1^* = \frac{1}{2}(90 - \frac{1}{2}q_2^L - \frac{1}{2}q_2^H) = \frac{1}{2}(90 - Eq_2)$$

這裡 $Eq_2 = q_2^L/2 + q_2^H/2$，是廠商1關於廠商2產量的期望值。

均衡意味著兩個反應函數同時成立。解得：

$$q_1^* = 30; q_2^L = 31; q_2^H = 29$$

但如果是在完全信息條件下，即若廠商2的成本是低成本 $c_2 = 7.5$，廠商1知道，若分別用 $q_1^*(cL)$ 和 $q_2^*(cL)$ 代表這種情況下廠商1和廠商2的最優產量，則反應函數分別為：

$$q_1^*(cL) = \frac{1}{2}(90 - q_2); \qquad q_2^*(cL) = \frac{1}{2}(92.5 - q_1)$$

解得納什均衡產量為：

$$q_1^*(cL) = 29; q_2^*(cL) = 32$$

若廠商2的成本是高成本，為12.5，廠商1知道，若分別用 $q_1^*(cH)$ 和 $q_2^*(cH)$ 代表這種情況下廠商1和廠商2的最優產量，則反應函數分別為：

$$q_1^*(cH) = \frac{1}{2}(90 - q_2); \qquad q_2^*(cH) = \frac{1}{2}(87.5 - q_1)$$

解得納什均衡產量為：

$$q_1^*(cH) = 31; q_2^*(cH) = 28$$

將上面的結果加以比較，則有：

$$q_1^*(cL) = 29 < q_1^* = 30; \quad q_2^*(cL) = 32 > q_2^L = 31$$
$$q_1^*(cH) = 31 > q_1^* = 30; \quad q_2^*(cH) = 28 < q_2^H = 29$$

可見，在不完全信息情況下，廠商1生產完全信息靜態博弈的產量為30個單位(見第二章)，而對廠商2而言，低成本時的產量為31，高成本時的產量為29。而在完全信息情況下，廠商2是低成本時，廠商1的產量為29，廠商2的產量為32；廠商2是高成本時，廠商1的產量為31，廠商2的產量為28。與完全信息情況相比，在不完全信息情況下，低成本企業的產量相對較低，

高成本企業的產量相對較高。產生這個結果的原因是,當廠商 1 不知道 c_2 時,只能生產預期的最優產量,高於完全信息下面對低成本競爭對手時的產量,低於完全信息下面對高成本競爭對手時的產量;廠商 2 對此做出反應。

二、拍賣(招標)機制的設計

(一)拍賣(招標)的作用

拍賣或招標有兩個基本功能,一是揭示信息,二是減少代理成本。當一件物品對買者的價值,買者比賣者更清楚時,賣者一般不願意首先提出價格,而常常通過拍賣的方式以獲取更多的信息而賣出一個好價格。這種情況在古董和名畫的交易中特別普遍。當直接的賣者或買者以代理人身分出現時,拍賣也有助於減少買者和賣者之間的損害委託人的合謀行為(不誠實交易)。如果一個城市的國土局局長可以任意(不受約束)地將一塊土地出售給任何一個房地產商時,則很難保證得到土地的開發商沒有賄賂局長而只付很低的價格。但如果公開拍賣土地,局長接受賄賂的可能性就小得多。

(二)拍賣機制設計的目的、用途、特徵

1. 拍賣機制設計的目的

在拍賣(招標)規則中,某些拍賣方式可能隱含著一些對賣方不利的因素。如買者人數較少且均不識貨時,買者的出價可能非常低,拍賣品賣不到應有的價格,甚至大大低於其價值;或者買者參與投標而不中標時沒有任何代價,買者可能就不會積極爭取成交,而用低標價多次參加投標,希望投機獲取較大利益;又如買者相互串謀壓價等。因此,拍賣機制設計的目的是賣者設計拍賣機制以最大化自己的期望收益(效用)。

2. 拍賣機制設計的用途

除拍賣外,機制設計還可用於壟斷企業定價,政府稅收政策的制定,政府對壟斷企業的規制,公共產品的供給,雇主對雇員的職位安排,保險公司的收費和賠償政策等,因此,機制設計在社會經濟生活中有廣泛的用途。

3. 拍賣機制設計的特徵

拍賣機制設計實質上是「委託—代理」模型在拍賣或招標領域中的一個應用,故其特徵與「委託—代理」模型的特徵基本一致,在拍賣中,是委託人「選擇」機制,而不是「使用」一個給定的機制。如在壟斷定價中,壟斷企業設計一個價格表規定消費者支付的價格如何依賴於其購買數量。

(三)常見的拍賣規則(機制)

拍賣的規則多種多樣,但一般有以下幾種:

1. 最高價格密封出價拍賣

最高價格密封出價拍賣又稱為一級密封價格拍賣。在這種拍賣中,每

123

個投標人分別將自己的出價寫入信封中,密封後同時交給拍賣人。每個投標人知道自己的出價,但不知道別人的出價。出價最高的獲得物品,並按此價格付給賣者。投標人的戰略是一個出價,這個出價是物品對投標人自己的價值,以及他對其他參與人估價的先驗信念的函數。贏得拍賣的投標人的得益等於物品對他的價值減去他的出價。

2. 次高價格密封出價拍賣

次高價格密封出價拍賣又稱為維克瑞(Vickrey)拍賣,也稱二級密封出價拍賣。在這種拍賣中,每個投標人分別將自己的出價寫入信封中,密封後同時交給拍賣人。每個投標人知道自己的出價,但不知道別人的出價。出價最高的獲得物品,並按所有出價中僅次於最高出價的次高價格付錢給賣者。投標人的戰略是一個出價,這個出價是物品對投標人自己的價值,以及他對其他參與人估價的先驗信念的函數。贏得拍賣的投標人的得益等於物品對他的價值減去次高價。

3. 雙方叫價拍賣

在這種拍賣中,潛在的買者和賣者同時開價,賣者要價(賣者知道,買者不知道),買者出價(買者知道,賣者不知道),拍賣商然后選擇成交價格 p 清算市場:所有要價低於 p 的賣者賣出,所有出價高於 p 的買者買入。買者和賣者的戰略是決定出價和要價。贏得拍賣的投標人的得益等於物品對他的價值減去出價。

4. 最高價格公開出價拍賣

最高價格公開出價拍賣又稱為英國式拍賣,這實際是一個不完全信息的動態博弈。在這種拍賣中,每個投標人可自由地提高自己的出價。如果沒有買者再提高自己的出價,則出價最高的獲得物品,並按此價格付給賣者。這裡,投標人的戰略是一個出價序列。這個出價序列是以下三者的函數:① 物品對該投標人自己的價值;② 該投標人有關其他投標人對物品估價的先驗估計;③ 所有投標人的出價行為。投標人會根據他的信息集的變化調整他自己的出價。贏得拍賣的投標人的支付等於物品對他的價值減去他的出價。

英國式拍賣的一種變化是公開退出拍賣。所謂公開退出拍賣,是當價格提高到某個投標人認為無法接受時,他就必須公開聲明退出拍賣,並且不能再次在拍賣裡出價。相對於其他各種投標人不公開退出的拍賣而言,公開退出拍賣使投標人擁有更多的關於其他人的估價信息。

5. 降價式拍賣

降價式拍賣又稱為荷蘭式拍賣,這實際是一個不完全信息的動態博弈。在這種拍賣中,賣者宣布一個要價,然後不停地降低這一價格,直到一個買者讓他停止要價,並在當前叫停的價格上買下物品。投標人的戰略是

決定在何時讓拍賣者停止要價。這個出價是物品對投標人自己的價值,以及他對其他投標人估價的先驗信念的函數。贏得拍賣的投標人的支付等於物品對他的價值減去他的出價。

(四) 拍賣機制設計的基本理論

1. 拍賣機制設計的基本理論

拍賣機制設計是一種特殊的不完全信息博弈。當賣者在選擇出售商品的方式時,他事實上是在選擇或設計一個博弈規則。在拍賣機制設計中,有一個「委託人」和一個或多個「代理人」。委託人的支付函數是共同知識,代理人的支付函數只有代理人自己知道,委託人和其他代理人不知道。如在一級密封價格拍賣中,賣者不知道買者對被拍賣品的評價;在雙方叫價拍賣中,拍賣人不知道買者的評價,也不知賣者的供給成本;在壟斷企業定價中,壟斷企業不知道消費者願付的最高價;在徵稅中,政府不知道納稅人的能力;等等。

委託人當然可以直接要求代理人報告自己的類型,但代理人可能不會說實話,除非委託人能提供給代理人足夠的激勵。因為提供激勵是有成本的,因此,委託人面臨成本與收益的交替問題。

委託人設計機制的目的是最大化自己的期望效用,但這樣做時,必須考慮個人理性約束和激勵相容約束的問題。

個人理性約束(Individual Rationality Constraint,簡稱 IR):個人理性約束也稱參與約束。是指如果要一個理性的代理人有任何興趣接受委託人設計的機制(從而願意參與博弈)的話,代理人在該機制下得到的期望效用必須不小於他在不接受這個機制時得到的最大期望效用。代理人在博弈之外能得到的最大期望效用稱為代理人保留效用,由於當代理人參與博弈時他就失去了博弈之外的機會,故又稱機會成本。有時,參與約束不需要考慮。如果居民沒有移居國外的自由,政府在制定稅收政策時,就無須考慮參與約束,即本國的居民都必須無條件地遵守稅法。

激勵相容約束(Incentive-Compatibility Constrint,簡稱 IC):給定委託人不知道代理人類型的情況下,代理人在所設計的機制下必須有積極性選擇委託人希望他選擇的行動。顯然,只有當代理人選擇委託人所希望的行動時得到的期望效用不小於他選擇其他行動時得到的期望效用時,代理人才有積極性選擇委託人所希望的行動。

滿足參與約束的機制稱為「可行機制」,滿足激勵相容約束的機制稱為「可實施機制」。既滿足參與約束又滿足激勵相容約束的機制稱為「可行的可實施機制」。委託人的問題是選擇一個可行的可實施機制以最大化他的期望效用(可行的可實施機制可能有多個)。

2. 拍賣機制設計的步驟

典型的拍賣機制設計是一個三階段不完全信息博弈。

第一階段:委託人設計一個「機制」。這裡,機制是一個博弈規則,根據這個規則,代理人發出信號(如買者報價),實現的信號決定配置結果(如誰得到拍賣品,支付什麼價格)。

第二階段:代理人同時選擇接受或不接受委託人設計的機制。如果代理人選擇不接受,他得到外生的保留效用。

第三階段:接受機制的代理人根據機制的規定進行博弈。

(五) 直接機制與顯示原理

拍賣規則(機制)設計是個較為複雜的問題。如果機制設計時考慮代理人發出的所有「信號」,要找到最理想的機制較為困難。這時則可從一個「直接機制」出發而簡化拍賣機制的設計。下面用一個例子說明直接機制的含義。

如一個賣者有一幅名畫要出賣,有兩個潛在的買者,$i = 1, 2$。每個買者的需求是 1 或 0(這幅畫是不可分割的),該商品對買者 1 和買者 2 的價值(類型)分別為 θ_1 和 θ_2。假定 θ_1 和 θ_2 是獨立的,具有相同的分佈函數。特別地,假定 θ_i 只有兩個可能的值:$\bar{\theta}$ 或 $\underline{\theta}, \bar{\theta} > \underline{\theta}$。

每個買者 i 知道自己的價值 θ_i,但賣者和另一個買者不知道。若令 s_i 是買者 i 的報價(戰略)。很顯然,每個買者的價值是唯一的,而報價卻有許多種選擇,都想以一個低的價格得到這幅名畫。當 $s_i \neq \theta_i$ 時,則認為買者沒有說實話。正如一位學者所說,「每個世界狀況僅有一個真相,但卻有一連串的謊話。」

1. 直接機制

所謂直接機制,就是指代理人(這裡的買者)的戰略空間(拍賣中買者的報價)等同於類型空間(拍賣中買者的價值)。而所有代理人的戰略空間不等同於類型空間的機制都是間接機制。

直接機制的特點是:首先,代理人(買者)同時聲明自己對商品的價值 θ_i(即他們的類型)而不是報價 s_i。但並不要求他們必須誠實,故代理人可能說謊。即代理人 i 可以選擇其類型空間 θ_i 中的任一類型作聲明,而不管他的真實類型是什麼。其次,假如各代理人的聲明是 $(\theta_1, \cdots, \theta_n)$,則代理人 i 得到商品的概率為 $q_i(\theta_1, \cdots, \theta_n)$,即要隨機選擇哪個代理人中標,隨機選擇的概率為 q_i。如果代理人 i 中標,則支付給委託人的價格為 $T_i(\theta_1, \cdots, \theta_n)$。

對各種可能的聲明情況 $(\theta_1, \cdots, \theta_n)$,概率之和 $q_1(\theta_1, \cdots, \theta_n) + \cdots + q_n(\theta_1, \cdots, \theta_n) \leq 1$ 必須成立。

滿足上兩條規則構成的拍賣機制稱為「直接機制」。其意義是只要代理人聲明他們對拍賣商品的價值,並不需要他們報出標價,委託人(賣方)會

根據預先確定的運作機制(包括一個隨機選擇過程)來確定中標者和中標價格。

這種「直接機制」與一般的投標拍賣規則的區別在於:首先在形式上,各代理人決定的不是報價,而是自己的價值(類型);其次是中標者,即並不一定聲明價值最高者中標,只是中標的概率大一些 ;最後是中標價格,即最後的售價不一定是可能的最高價格 。

2. 顯示原理

直接機制中,各代理聲明自己對商品的價值 θ_i 而不是報價 s_i,這大大減少了「信號」的數量,這在機制設計中有重要意義。但直接機制並不要求代理人講真話,在許多可能的機制中,發送虛假消息對代理人是有利可圖的。其原因在於,當真實狀態為 a 時,如報告真相得到 x_1 的獎勵,報告假消息 b 得到 $x_2(x_2 > x_1)$。但如果機制的設計是:無論代理人報告 a 還是 b,根據規則他都將得到 x_2,則他沒有積極性去說謊。顯示原理指出,在直接機制中,通過模擬講真話與講謊話的均衡機制所獲得支付之間的關係,總可以找到一個說真話的機制。

講真話的直接機制:拍賣的直接機制中最有意義的是所謂「說實話的直接機制」。即如果所設計的直接機制能使得各投標人講真話,也就是聲明自己的真實類型(如對商品的真實價值)是貝葉斯納什均衡,則稱這樣的直接機制為「說實話的直接機制」。也稱為「激勵—相容」或「鼓勵—回應」機制。

顯示原理:對每個導致可能說謊(即 $s_i \neq \theta_i$)的機制,其代理人的得益為 $u_i(q_i, s_i)$。存在著一個機制,代理人的得益為 $u_i^*(q_i, s_i)$,使其對於每個 θ_i(講真話)的代理人得到相同的結果,這時,代理人將沒有說謊話的積極性。

例如,在稅收政策的制定中,如某人年收入是 10 萬元(真話),但他聲稱自己的收入為 9 萬元(謊話),而政府沒有辦法發現真相。根據顯示原理,我們可以改寫稅法使年收入為 10 萬元與 9 萬元的人繳納同樣的稅金,從而可以在沒有任何人有積極性說謊的前提下收取相同數量的稅收。

很明顯,顯示原理的有用性在於簡化機制而不是改進結果。委託人僅需要考慮導致說真話的機制,這將使相關戰略的空間大大縮小,因此除激勵相容與參與約束外還可以加入說真話的條件來設計機制。

顯示原理在拍賣規則設計中的真正意義在於:任何拍賣規則能實現的拍賣效果,都可以由一種經過精心設計的具有說實話的直接機制特徵的拍賣規則同樣加以實現。故拍賣規則設計不需要考慮所有各種複雜的可能性,只需考慮一些特殊的直接機制就可以了。

3. 講真話的直接機制設計

我們仍用前面的例子來說明在直接機制中,可以找到一個「講真話」的拍賣機制(為閱讀方便,將上例複製在此)。

如一個賣者有一幅名畫要出賣,有兩個潛在的買者,$i = 1, 2$。每個買者的需求是 1 或 0(這幅畫是不可分割的),該商品對買者 1 和買者 2 的價值(類型)分別為 θ_1 和 θ_2。假定 θ_1 和 θ_2 是獨立的,具有相同的分佈函數。特別地,假定 θ_i 只有兩個可能的值:$\underline{\theta}$ 或 $\overline{\theta}$,$\overline{\theta} > \underline{\theta}$。若令 θ_i 的價值為 $\underline{\theta}$ 的概率為 p,價值為 $\overline{\theta}$ 的概率為 $\overline{p}$,$p + \overline{p} = 1$。每個買者 i 知道自己的價值 θ_i,但賣者和另一個買者不知道。若令 s_i 是買者 i 的報價(戰略),假定機制規定,給定 s_1 和 s_2,買者 i 得到商品的概率是 $q_i(s_1, s_2)$,支付給賣者的價格是 $T_i(s_1, s_2)$。

拍賣機制的設計實質上是賣者為兩個買者設計一個信號博弈,在這個博弈中,買者的純戰略是發出信號,博弈規則規定如何根據買者發出的信號決定誰該得到該商品和支付什麼價格。

由於拍賣機制是由賣方設計的,為了保證買方接受這一機制,必須考慮買方的利益,即要使買方的收益不低於拒絕這一機制時得到的收益(這裡假設為 0),這在拍賣機制中被稱為個人理性約束。若只考慮純戰略均衡的情況,假定 $\{s_1^*(\bullet), s_2^*(\bullet)\}$ 是這個博弈的貝葉斯均衡。因為買者有不買的自由,對於每一個給定的 θ_1,則買者 1 的參與約束是:

$$(IR) \quad E_{\theta_2}[\theta_1 q_1(s_1^*, s_2^*) - T_1(s_1^*, s_2^*)] \geq 0$$

個人理性約束表明,只有當買者 1 在均衡下的期望效用不低於 0 時,買者 1 才會參加拍賣。

同時,賣方在設計拍賣機制時,還必須考慮激勵相容約束。對於每一個給定的 θ_1 和 $s_1 \in S_1$,買者 1 的激勵相容約束是:

$$(IC) \quad E_{\theta_2}[\theta_1 q_1(s_1^*, s_2^*) - T_1(s_1^*, s_2^*)] \geq E_{\theta_2}[\theta_1 q_1(s_1, s_2^*) - T_1(s_1, s_2^*)]$$

買者 1 的激勵相容約束條件表明,如果要買者 1 按照賣方所希望的方式進行選擇,其得到的得益應不小於按其他方式進行選擇得到的得益,即無論代理人的私有信息如何,買方按照賣方所希望的那樣行事的話,則買方的得益最大。顯然這是一個很直觀合理的要求,然而在複雜的現實博弈中要做到這一點卻並不容易。值得說明的是,這裡僅要求不小於的關係,不過為了保證買方一定按賣方所希望的那樣行動,只要在激勵方案中加入無窮小量就可以了,得到的數學結果仍然是相同的。

買者 2 的個人理性約束和激勵相容約束可類似地給出,其含義也可做類似的解釋。這樣,在兩個激勵相容約束條件下,就沒有任何一種類型的買者會假裝自己是另一類型的買者。

在假定賣者的供給成本為 0 時,賣者的期望收益是:

$$E_{\theta_1}E_{\theta_2}[T_1(s_1^*,s_2^*)+T_2(s_1^*,s_2^*)]$$

賣者的問題是在滿足兩個買者的個人理性約束和激勵相容約束的條件下,選擇信號空間 S_i,確定概率函數 $q_i(s_1,s_2)$ 和價格函數 $T_i(s_1,s_2)$,來最大化自己的期望收益。

由於每個買者的價值 θ_i 是唯一的,而報價 S_i 卻有許多個,賣者要從買者發出的所有可能的信號中尋找最優拍賣機制是非常困難的。而講真話的直接機制的思路是,將信號空間 S_i 轉化為類型空間 $\Theta_i = \{\underline{\theta},\bar{\theta}\}$,兩個買者同時選擇各自的類型($\tilde{\theta}_1,\tilde{\theta}_2$),但這時並不排除他們說謊的可能。但若定義:

$$\tilde{q}_i(\tilde{\theta}_1,\tilde{\theta}_2) \equiv q_i[s_1^*(\theta_1),s_2^*(\theta_2)]$$
$$\tilde{T}_i(\tilde{\theta}_1,\tilde{\theta}_2) \equiv T_i[s_1^*(\theta_1),s_2^*(\theta_2)]$$

在這樣定義的概率函數和價格函數下,個人理性約束保證了買者願意參加這個直接機制的拍賣規則,這個直接機制的拍賣規則的貝葉斯均衡是買者宣布自己的真實類型(講真話)($\tilde{\theta}_1=\theta_1,\tilde{\theta}_2=\theta_2$)。也就是說,如果在原博弈中 $s_i = s_i^*(\theta_i)$ 是 i 的最優選擇,那麼,在直接機制的新博弈中,i 的最優選擇是 $\tilde{\theta}_i = \theta_i$。這時,買者的期望得益是一樣的,故買者沒有說謊的積極性。

為證實這一點,下面用一個一級密封價格拍賣的例子加以說明。假定 q_i 是 i 得到商品的概率,$-t_i$ 是買者 i 支付給賣者的價格,s_i 是買者 i 的報價。若在原來的拍賣機制中規定:

$$q_i = \begin{cases} 1, & s_i \geq s_j(i \neq j) \\ 0, & s_i < s_j(i \neq j) \end{cases}$$

$$t_i = \begin{cases} -s_i, & s_i \geq s_j(i \neq j) \\ 0, & s_i < s_j(i \neq j) \end{cases}$$

若假定 $s_i^*(\theta_i) = 2+\sqrt{\theta_i}$ 是這個機制下買者 i 的貝葉斯均衡戰略。

而在直接機制的拍賣規則中,則是:

$$q_i = \begin{cases} 1, & \tilde{\theta}_i \geq \tilde{\theta}_j(i \neq j) \\ 0, & \tilde{\theta}_i < \tilde{\theta}_j(i \neq j) \end{cases}$$

$$t_i = \begin{cases} -2-\sqrt{\tilde{\theta}_i}, & \tilde{\theta}_i \geq \tilde{\theta}_j(i \neq j) \\ 0, & \tilde{\theta}_i < \tilde{\theta}_j(i \neq j) \end{cases}$$

很顯然,在直接機制的拍賣規則中,買者 i 的貝葉斯均衡戰略是 $\tilde{\theta}_i = \theta_i$(講真話)。這時,若假定 $n=2,\theta_1 > \theta_2$,則不論是在原來的拍賣機制中還是在講真話的直接拍賣機制中,買者 θ_1 得到商品,支付給賣者的價格為 $2+\sqrt{\theta_1}$,買者 θ_2 得不到商品,也不支付價格。這是因為,在均衡情況下,s_i 的概率分佈由 θ_i 的概率分佈唯一決定,這時賣者在兩種拍賣機制下的期望得益也是一樣的。

由此可看出顯示原理的含義。但應注意的是，顯示原理告訴我們講真話的均衡存在，但沒有說它是唯一的。很可能發生的情況是均衡為弱納什均衡，即代理人沒有積極性去說謊，但同時也沒有積極性去講真話。最優機制或許滿足代理人的參與約束，但卻使他在接受與拒絕機制之間無差異。如果代理人從講真話中得到稍高的效用，則講真話變為強均衡。如果他們從講真話中得到的效用確實是顯著的，這個事實應該清楚地加以說明。事實上，如果講真話的效用足夠強，則代理問題以及與之相聯繫的成本將會消失。這也可以用來解釋誠信(講真話)是有利於商業活動的一個原因。

(六) 贏家詛咒與拍賣中的信息

1. 贏家詛咒

有時投標人會贏得拍賣，但其收益為負，這就是「贏家的詛咒」。首先，從概率的角度講，一個投標者可能會過高地估計被拍賣品的價值，以至於即使在投標者考慮了贏家的詛咒，理性地調低了自己的出價之後，他的出價仍然顯得太高。因此，知道最優的出價方法並不能完全消滅壞運氣，只能減輕壞運氣。

其次，其他投標人的不理性行為也是一個需要考慮的因素。如果一些買者出價時已考慮了贏家的詛咒，而另一些買者未考慮，則考慮者最終贏得了拍賣，被拍賣品的價值也可能被高估了。為了避免贏家的詛咒，買者的出價就應該低於他對物品共同價值的估計。

這對於一些很難估價的商品更是如此，如古董、名畫、油田的儲油量、土地價格等。

如有 3 家房地產公司為爭奪一塊土地的開發權而競標，該地段的土地實際價值為 100 萬元／畝(1 畝 ≈ 666.67 平方米)。由於在競標中，各房地產公司只能根據自己的經驗來估價，如 A 公司估計價值為 80 萬元／畝，B 公司估計價值為 95 萬元／畝，C 公司估計價值為 120 萬元／畝。若最後 C 公司以每畝 105 萬元的價格得到了該塊土地的開發權，他估計每畝還能賺到 15 萬元，結果卻是每畝虧了 5 萬元。

2. 拍賣中的信息

拍賣中的信息對買者和賣者都具有重大的影響，但信息的類型及對信息的處理方式、影響面、影響程度卻有所不同。

(1) 賣者的信息

米爾格羅姆和韋伯(1982)發現，賣者的最優選擇就是誠實。如果賣者有私人信息這一事實是買者們都知道的公共知識，賣者就應該在拍賣之前公布這些信息，原因並不在於買者們是風險規避的(儘管風險規避會加強這一結果)。如果賣者拒絕公開某些信息，買者們就知道這些信息一定是負面的，被拍賣物品的質量可能是非常糟糕的。另一個原因是，任何一條能夠

減少不確定性的信息都會提高買者們的出價,就是說,即使賣者所公布的信息只是降低了不確定性,而並沒有改變買者對被拍賣物品的價值的期望,這些信息也能減輕贏家的詛咒對拍賣物品的負面影響。

近年中國股市的低迷與經濟走勢嚴重背離的現象出現固然有多種多樣的原因,但不可否認的是,許多股份公司的暗箱操作及信息的不公開,極大地打擊了投資者的信心,以至於現在投資者把許多利好消息也當成利空消息來接受,從而使低迷的股市更加一蹶不振。看來,違背博弈規則終將受到懲罰。

(2) 買者之間的不對稱信息

在一般情況下,買者之間的信息是不對稱的。當一個買者擁有的信息比另一個買者的信息質量更差時,擁有差信息的買者應該退出拍賣。因為當擁有好信息的買者的期望收益為零時,擁有差信息的買者的期望收益為負,這時可能產生贏家的詛咒。

另外,在拍賣中,擁有獨立的信息比擁有高質量的信息更有價值。如在房地產拍賣中,一個買者對該地產的價值不是很清楚,在一般情況下他應該退出拍賣。但如果他擁有一些其他買者不清楚的內部信息,如他知道某條準備新建的地下鐵路的位置,這將對該地段的價值產生很大的影響,則他可能在拍賣中出一個很合適的價格並得到更多好處。為減少這種買者之間的信息不對稱而產生的不公正現象,政府應公開這樣的信息,這就是最近某城市公開城市規劃設計的原因。

總的來說,如果參加拍賣的買者越多,或者買者擁有的信息質量越低,他的出價就應該越低。如果他的信息分割中的一部分比其他人的差(即使不是完全比別人的差),他也應該出較低的價,這些考慮在密封出價拍賣裡是非常重要的,而公開拍賣時則不太重要。

三、一級密封價格拍賣(招標)

在上面的拍賣機制設計中,推導出了最優的(講真話)「直接」拍賣機制,而現實中的拍賣機制一般都是「間接」機制,即賣者不是直接問買者對商品的個人價值,而是問買者願意出多少價格購買。如在一級密封價格拍賣中,買者同時報價,報價最高的買者得到拍賣品並按此價格支付給賣者。在二級密封價格拍賣中,買者同時報價,報價最高的買者得到拍賣品並按次高價格支付給賣者。這樣看來,直接拍賣機制在現實中似乎並沒有用到,但顯示原理以用來檢驗買者是否說了真話,從而啟示人們如何改進機制讓買者說真話,或者探討在什麼條件下買者會說真話。這從下面的一級密封價格拍賣中可以得到證實。

(一) 一級密封價格拍賣

一級密封價格拍賣是許多拍賣方式中的一種。它是投標人同時將自己的出價寫下來裝入信封,密封後交給拍賣人,拍賣人當眾打開信封,出價最高者得到拍賣品並按此價格支付給賣者。

這裡,每個投標人的戰略是根據自己對該物品的評價和對其他投標人評價的判斷來選擇自己的出價,勝者的支付是他對物品的評價減去他的出價,其他投標人的支付為零。

若先考慮只有兩個投標人,$i = 1, 2$。令 $s_i \geq 0$ 是投標人 i 的出價,θ_i 為拍賣物品對投標人 i 的價值。假定 θ_i 只有 i 自己知道(因而是投標人 i 的類型),但兩個投標人都知道 θ_i 獨立地取自定義在區間 $[0, 1]$ 上的均勻分佈函數。且兩個投標人都是風險中立的,即一單位的期望得益等於一單位的確定性得益。則投標人 i 的得益如下:

$$u_i(s_i, s_j; \theta_i) = \begin{cases} \theta_i - s_i, & s_i > s_j \\ (\theta_i - s_i)/2, & s_i = s_j \\ 0, & s_i < s_j \end{cases}$$

上面的得益函數中,第一種情況是投標人 i 的出價高於投標人 j 的出價而中標的得益,即投標人 i 對拍賣品的價值減去他的出價;第二種情況是投標人 i 的出價等於投標人 j 的出價時,假定拍賣品在兩人之間隨機地分配(如通過投硬幣來確定誰得到拍賣品;但這個假設不重要,因為在連續分佈的情況下,相同出價的概率為 0)。這時投標人 i 有 50% 的中標機會,則期望得益為 $(\theta_i - s_i)/2$。第三種情況是投標人 i 的出價低於投標人 j 的出價時,投標人 j 得到拍賣品,故投標人 i 的得益為 0。

假定投標人 i 的出價 $s_i(\theta_i)$ 是其價值 θ_i 的嚴格遞增可微函數。顯然,$s_i > 1 \geq \theta_i$ 不可能是最優的,因為沒有人願意付出比拍賣品的價值本身更高的價格。因為博弈是對稱的,就只需考慮對稱的均衡出價戰略:$s = s^*(\theta)$,即投標人的出價(戰略)是自己價值(類型)的函數。兩個投標人採用同樣的函數 f(即可以是任意的函數形式,如線性函數等),並假設這一函數是遞增且可微的,並設其反函數為 g [即當投標人選擇 s 時他的價值是 $g(s)$]。則投標人 i 的期望得益為:

$$u_i = (\theta_i - s_i)P\{s_i > s_j\} = (\theta_i - s_i)P\{s_i > f(\theta_i)\}$$
$$= (\theta_i - s_i)P\{\theta_i < g(s_i)\} = (\theta_i - s_i)g(s_i)$$

期望得益函數的第一項 $(\theta_i - s_i)$ 是給定贏的情況下投標人 i 的淨所得,第二項 $P\{s_i > s_j\}$ 是贏的概率,j 為另一個投標人。由於出價相同的概率為 0,所以兩個投標人出價相同時誰贏並不影響結果。

根據對稱性,有:$P\{s_i > s_j\} = P\{s_i > f(\theta_j)\} = P\{\theta_j < g(s_i)\}$。因此,

投標人 i 面臨的問題是：
$$\max_{s_i} u_i = (\theta_i - s_i)P\{s_i > s_j\} = (\theta_i - s_i)g(s_i)$$
最優化投標人 i 的一階條件是：
$$-g(s_i) + (\theta_i - s_i)g'(s_i) = 0$$

由此可解出投標人 i 對對手 j 採用 f 的最優反應函數。由於對稱貝葉斯均衡中每個投標人的戰略是相同的，因此取函數 f 應該處處滿足一階條件，則有：
$$-g[f(\theta_i)] + [\theta_i - f(\theta_i)]g'[f(\theta_i)] = 0$$
由於 f 和 g 互為反函數，所以有 $g[f(\theta_i)] = \theta_i$ 及 $g'[f(\theta_i)] = 1/f'(\theta_i)$，可得：
$$-\theta_i + \frac{\theta_i - f(\theta_i)}{f'(\theta_i)} = 0$$
解此常數微分方程可得：
$$\theta_i f(\theta_i) = \frac{\theta_i^2}{2} + k$$

式中的 k 為積分常數。由於每個投標人不會以高於自己的價值進行投標，因此 $f(\theta_i) \leq \theta_i$，同時 $f(\theta_i)$ 在任何時候都不應小於 0，故可得到 k 為 0。則結果是，拍賣的對稱貝葉斯均衡戰略為：
$$s_i^* = \theta_i/2$$
同理，對投標人 j 也可得到相同的結論，即：$s_j^* = \theta_j/2$。

這就是說，在只有兩個投標人時，這個博弈的貝葉斯均衡是每個投標人的出價是其實際價值的一半：在均衡情況下，被拍賣品歸評價最高的投標人所有，這從資源配置的角度講是有效的，但賣者只得到買者價值的一半。對比之下，如果信息是完全的，買者之間的競爭將使賣者得到買者價值的全部。

可見，在只有兩個投標人的一級密封價格拍賣中，每個投標人的最優戰略就是以自己價值的一半出價，投標人這時沒有「說真話」。有沒有什麼辦法讓投標人說真話呢？

可以證明，投標人出價與實際價值的差距隨投標人的增加而遞減。一般地，假定有 n 個投標人，每個投標人的價值 θ_i 具有獨立的、相同的定義在 $[0,1]$ 區間上的均勻分佈，如果價值為 θ_i 的投標人 i 出價 s_i，則投標人 i 的期望得益函數為：
$$u_i = (\theta_i - s_i)\prod_{j \neq i} P(s_i > s_j) = (\theta_i - s_i)g^{n-1}(s_i)$$
最優化的一階條件為：
$$-g^{n-1}(s_i) + (\theta_i - s_i)(n-1)g^{n-2}g'(s_i) = 0$$

進一步可寫成：
$$-g[f(\theta_i)] + [\theta_i - f(\theta_i)](n-1)g'[f(\theta_i)] = 0$$
解此微分方程可得：
$$f(\theta_i) = \frac{n-1}{n}\theta_i \quad 即:s_i^* = \frac{n-1}{n}\theta_i$$

顯然，s_i^* 隨著 n 的增加而增加。特別地，當 $n \to \infty$，$s_i^* \to \theta_i$。即投標人越多，賣者得到的價格越高；當投標人趨於無窮時，賣者幾乎得到買者價值的全部，也即投標人這時會傾向於「講真話」。因此，讓更多人參加競標是賣者的利益所在。

讓投標人說真話的另一種思路是維克瑞(Vickrey)提出的二級密封價格拍賣。

(二) 二級密封價格拍賣

二級密封價格拍賣又稱為次高價格密封拍賣。與一級密封價格拍賣不同的是，出價最高的投標人獲得物品，但按所有出價中僅次於最高出價的次高價格付錢給賣者。可以預期，在二級密封價格拍賣的機制下，投標者的最優戰略是以他們的價值 θ 來出價競標，即 $s_i^* = \theta_i$。這是因為，給定其他投標人報實價(講真話)每個投標人的報價只決定自己是否得到拍賣品，而不決定自己實際支付的價格，低報價將冒著失去拍賣品及失去獲得剩餘收益的風險，高報價將冒著雖得到拍賣品但卻虧損的風險。

這裡用一個簡單的例子加以說明。若賣者有一件商品要拍賣。這時有 3 個買者，這件商品對買者 1 的價值是 100 元，對買者 2 的價值是 90 元，對買者 3 的價值是 80 元，他們都知道商品對自己的價值，但不知道商品對對方的價值。若買者 1 的報價為 85 元(講謊話)，買者 2 的報價為 90 元(講真話)，買者 3 的報價為 80 元(講真話)。這時買者 2 獲得該商品，支付給賣者的價格為 85 元，剩餘價值為 5 元(90 - 85)，價值評價最高的買者 1 將得不到商品。若買者 1 也講真話，讓報價等於價值，即報價 100 元，這時買者 1 將獲得該商品，但支付給賣者的價格僅為 90 元，獲得的剩餘價值為 10 元(100 - 90)。可見，在二級密封價格拍賣中，講真話(即報價等於價值)是買者的最優戰略。

維克瑞的研究證明，二級密封價格拍賣在一定的假設下是一種最優的激勵相容機制。

拍賣的目的之一是想防止買者之間的「串謀」，某些拍賣規則比其他的拍賣規則會更有利於買者之間的串謀。羅賓遜(Robinson)在 1985 年指出，二級密封價格拍賣比一級密封價格拍賣更有利於買者之間的串謀。

我們仍以上面的例子來加以說明，在二級密封價格拍賣中，如果 3 個買者串謀達成一個協議，買者 1 出價 100 元；買者 2 和買者 3 出價 50 元；或者買

者 2 出價 50 元,買者 3 低於 50 元出價(其結果均一樣),買者 1 多獲得的利益三者平分。結果是買者 1 獲得該商品,付給賣者的價格僅為 50 元,獲得的剩余價值為 50 元(100－50),多獲得的剩余價值為 40 元(50－10)。這個串謀協議被證明會自動實施,賣者的利益將會遭受損失。

但是,研究表明這個串謀協議在只有一期的一級密封價格拍賣中則不會自動實施,即買者沒有積極性遵守這個協議。如買者 1 的出價為 100 元,他支付給賣者的價格也是 100 元,因此買者 1 並不願意出 100 元的價。但如果買者 1 的出價低於 90 元,買者 2 的出價就有可高於買者 1 的出價而得到該商品,而買者 1 將失去該商品。因此,買者最後支付的價格將是 9 0 元,而不是串謀價格 50 元。

因此,如果賣者不希望買者串謀在一起壓價的話,採用一級密封價格拍賣就比採用二級密封價格拍賣的效果更好。

可見,不同的拍賣規則各有其優缺點,如二級密封價格拍賣對價值的發現更具優點,而一級密封價格拍賣更有利於防止買者串謀,在實踐中應根據具體情況靈活選用。

四、雙方叫價拍賣

與一級密封價格拍賣和二級密封價格拍賣不同的是,雙方叫價拍賣中的參與人是賣者和買者,而在一級密封價格拍賣和二級密封價格拍賣中的參與人是不同的買者,賣者只是制定拍賣規則。在賣者和買者都有私人信息時,則產生了雙方叫價拍賣。

在有多個賣者和買者的雙方叫價拍賣中,潛在的賣者和買者同時開價,賣者要價,買者出價,拍賣商然後選擇成交價格 p 清算市場:所有要價低於 p 的賣者賣出,所有出價高於 p 的買者買入;在價格 p 下的總供給等於總需求。

查特金和薩繆爾森(Chatterjee, Samuelson) 在 1983 年建立了一個簡單的雙方叫價拍賣模型,在他們的模型裡,只有一個買者(b)和一個賣者(s)決定是否交換一單位的商品。該商品對賣者的價值是 θ_s,該商品對買者的價值是 θ_b,這裡, $\theta_s \in [0,1]$, $\theta_b \in [0,1]$。賣者和買者同時選擇要價和出價,分別為 $p_s \in [0,1]$ 和 $p_b \in [0,1]$。如果 $p_s \leq p_b$,雙方在價格 $p = (p_s + p_b)/2$ 上成交;如果 $p_s > p_b$,則雙方不可能發生交易。這樣,如果 $p_s \leq p_b$,賣者的得益是:

$$u_s = (p_s + p_b)/2 - \theta_s$$

買者的得益是:

$$u_b = \theta_b - (p_s + p_b)/2$$

如果 $p_s > p_b$,交易未發生,賣者和買者的得益均為 0。

這種交易規則與我國農村中大牲畜的交易市場的交易非常相似,一個賣方

和一個買方對一頭耕牛的買賣,相互在袖中進行連續的要價和出價來決定買賣是否成功,就是雙方叫價拍賣,只不過叫價是用手語,且是重複多次叫價。

在雙方叫價拍賣中,如果信息是完全的,即 θ_s 和 θ_b 是共同知識,這是一個納什需求博弈。如假定 $\theta_b > \theta_s$,這個完全信息有連續的純戰略、帕累托有效均衡:賣者和買者開出相同的價格 $p_s = p_b = p \in (\theta_s, \theta_b)$,雙方都得到正的剩餘。如果任何一方更為貪婪(賣者要價高於 p 或買者出價低於 p),交易不會發生。此外還有無效率的均衡:賣者要價高於 θ_b,買者出價低於 θ_s,因而每一方都不認真開價。

如果信息是不完全的,即只有賣者知道 θ_s,只有買者知道 θ_b(因而 θ_s 是賣者的類型,θ_b 是買者的類型)。假定 θ_s 和 θ_b 在 $[0,1]$ 上均勻分佈,分佈函數 $p(\bullet)$ 是共同知識。

在這個貝葉斯博弈中,賣者的戰略(要價)p_s 是 θ_s 的函數 $p_s(\theta_s)$;買者的戰略(出價)p_b 是 θ_b 的函數 $p_b(\theta_b)$。戰略組合 $[p_s^*(\theta_s), p_b^*(\theta_b)]$ 是一個貝葉斯均衡,如果下列兩條件成立:

(1)賣者最優。對所有的 $\theta_s \in [0,1]$,$p_s^*(\theta_s)$ 是下列最優化問題的解:

$$\max_{p_s} \left[\frac{1}{2}(p_s + E[p_b(\theta_b) \mid p_b(\theta_b) \geq p_s]) - \theta_s \right] \text{Prob}\{p_b(\theta_b) \geq p_s\}$$

其中,$E[p_b(\theta_b) \mid p_b(\theta_b) \geq p_s]$ 是賣者要價低於買者出價的前提下,賣者期望的買者的出價。

(2)買者最優。對所有的 $\theta_b \in [0,1]$,$p_b^*(\theta_b)$ 是下列最優化問題的解:

$$\max_{p_b} \left[\theta_b - \frac{1}{2}(p_b + E[p_s(\theta_s) \mid p_b \geq p_s(\theta_s)]) \right] \text{Prob}\{p_b \geq p_s(\theta_s)\}$$

其中,$E[p_s(\theta_s) \mid p_b \geq p_s(\theta_s)]$ 是賣者要價低於買者出價的前提下,買者期望的賣者的出價。

這個博弈有許多貝葉斯均衡,只要 p_s 和 p_b 的函數形式,θ_s 和 θ_b 的值及它們的概率分佈能夠同時滿足上述兩個最大化條件。因此,若不加任何條件限制地討論該博弈的貝葉斯納什均衡,或者是想找出全部的貝葉斯納什均衡都沒有什麼意義。

(一)線性戰略均衡

首先,假設買賣雙方的戰略是線性函數的戰略,即賣方的戰略為:

$$p_s(\theta_s) = a_s + c_s \theta_s$$

則買方的戰略為:

$$p_b(\theta_b) = a_b + c_b \theta_b$$

因為 θ_s, θ_b 都在 $[0,1]$ 上均勻分佈,因此 $p_s(\theta_s), p_b(\theta_b)$ 在 $[a_s, a_s + c_s]$ 和 $[a_b, a_b + c_b]$ 上均勻分佈。因此,如果 $[p_s^*(\theta_s), p_b^*(\theta_b)]$ 是一個貝葉斯均衡,則 p_s 必須滿足:

$$\max_{p_s}\left[\frac{1}{2}(p_s + \frac{p_s + a_s + c_s}{2}) - \theta_s\right]\frac{a_b + c_b - p_s}{c_b}$$

賣者最優化的一階條件為：

$$p_s = \frac{1}{3}(a_b + c_b) + \frac{2}{3}\theta_s$$

該結論說明，如果買者選擇線性戰略，那麼，賣者的最優反應也是線性的。同理，p_b 必須滿足：

$$\max_{p_b}\left[\theta_b - \frac{1}{2}(p_b + \frac{a_s + p_b}{2})\right]\frac{p_b - a_s}{c_s}$$

買者最優化的一階條件為：

$$p_b = \frac{1}{3}a_s + \frac{2}{3}\theta_b$$

將兩個一階條件與線性戰略函數相對應，可得：$a_s = (a_b + c_b)/3, c_s = 2/3$ 和 $a_b = a_s/3, c_b = 2/3$。解兩個一階條件得線性戰略均衡為：

$$p_s^*(\theta_s) = 1/4 + 2\theta_s/3$$
$$p_b^*(\theta_b) = 1/12 + 2\theta_b/3$$

在均衡條件下，當 $\theta_s > 3/4$，賣者的要價 $p_s = 1/4 + 2\theta_s/3$ 低於成本，但高於買者的最高出價 $p_b(1) = 1/12 + 2/3 = 3/4$，因此賣者低於成本出售的情況不會出現；類似地，當 $\theta_b < 1/4$，買者出價高於其價值，但低於賣者的最低要價 $p_s(0) = 1/4$，買者高於價值的交易也不會發生。

在均衡情況下，當只當 $a_b + c_b\theta_b \geq a_s + c_s\theta_s$ 時，或者說 $\theta_b \geq \theta_s + 1/4$ 時，買賣雙方才會交易。事後效率要求只當 $\theta_b \geq \theta_s$ 時交易就應該發生，就是說如均衡交易數量太少，圖 4.2 所示。

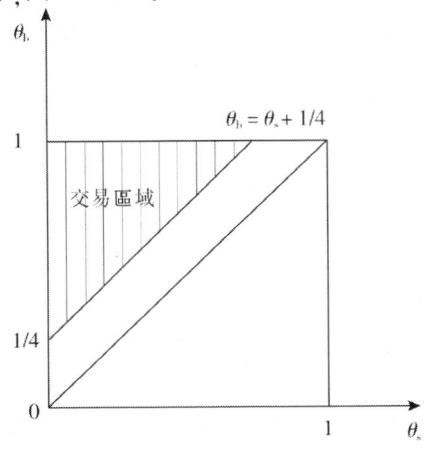

圖 4.2　線性戰略均衡下的交易區域

(二) 單一價格戰略均衡

雙方叫價拍賣中,還存在一種單一價格戰略均衡,通常稱為「一價均衡」。即在給定的[0,1]區間中存在一個價格 p(如可理解為市場通行的價格等),這時,雙方的戰略是:

賣方戰略:賣者要價 $p_s = p$,如果 $\theta_s \leq p$;賣者要價 1,如果 $\theta_s > p$;

買方戰略:買者出價 $p_b = p$,如果 $\theta_b \geq p$;買者出價 0,如果 $\theta_b < p$。

給定買者的戰略,在 $\theta_s \leq p \leq \theta_b$ 時才有可能成交。在可能成交的情況下,$p_s = p$ 是賣方可能實現的最高要價,因為任何 $p_s > p$ 都不可能成交,而成交時賣者的得益為 $p_s - \theta_s \geq 0$。故當 $\theta_s \leq p$ 時,賣者要價 $p_s = p$ 以求成交是他的最優反應;而當 $\theta_s > p$ 時,以 $p_s = p$ 成交的收益為 $p_s - \theta_s < 0$,賣者乾脆要價為 1 來避免成交,這時不成交的得益為 0。故當 $\theta_s > p$ 時,賣者要價 1 來避免成交是他的最優反應。

同理,給定賣者的戰略,在 $\theta_s \leq p \leq \theta_b$ 時才有可能成交。在可能成交的情況下,$p_b = p$ 是買方可能實現的最高出價,因為任何 $p_b < p$ 都不可能成交,而成交時買者的得益為 $\theta_b - p_b \geq 0$。故當 $\theta_b \geq p$ 時,買者要價 $p_b = p$ 以求成交是他的最優反應;而當 $\theta_b < p$ 時,以 $p_s = p$ 成交的收益為 $\theta_b - p_b < 0$,買者乾脆要價為 0 來避免成交,這時不成交的得益為 0。故當 $\theta_b < p$ 時,買者要價 0 來避免成交是他的最優反應。

買賣雙方的上述戰略意味著以一個既定的價格成交,否則寧願不成交。上面證明了這個單一價格均衡也是不完全信息靜態雙方報價拍賣的一個貝葉斯均衡,這個均衡結果可用圖 4.3 來反應。

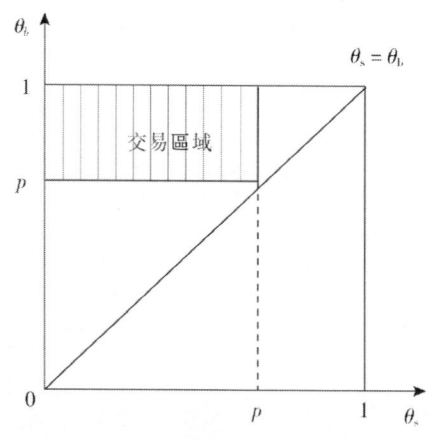

圖 4.3　一價戰略均衡下的交易區域

從圖 4.3 中可以看出,在單一價格戰略中,因為在 $\theta_s \leq p \leq \theta_b$ 時才有可能成交,故只有在圖 4.3 中「交易區域」的長方形中的點 (θ_s, θ_b) 代表的雙

方類型(價值)下,才可能發生交易。但事實上,凡是在 $\theta_s = \theta_b$ 的直線(即圖 4.3 中正方形的對角線)上方的所有點都滿足 $\theta_b \geq \theta_s$,因此如果雙方不採用單一價格戰略,理論上總可以找到滿足 $\theta_s \leq p \leq \theta_b$ 的價格 p,從而使雙方都獲得正的得益。但因為雙方都採用單一價格戰略,即要麼在 p 這個價格上成交,否則寧願不成交,從而大大減少了對雙方都有利可圖的交易區域。

再將圖 4.2 與圖 4.3 比較,會發現,首先,線性戰略的貝葉斯均衡交易區域大於單一價格戰略的貝葉斯均衡交易區域;其次,最有價值的交易 $\theta_s = 0, \theta_b = 1$(即賣者認為沒有任何價值,而買者認為有最大價值的交易)在兩個均衡中都會出現。但單一價格均衡錯過一些有價值的交易如($\theta_s = 0, \theta_b = p - \varepsilon$),同時又實現了一些僅僅值得進行的交易(如 $\theta_s = p - \varepsilon$, $\theta_b = p + \varepsilon$)。對比之下,線性戰略錯過了所有 $\theta_b < \theta_s + 1/4$ 的交易,但實現了所有 $\theta_b - \theta_s \geq 1/4$ 的交易。從最大化交易淨收益的角度講,線性戰略均衡優於單一價格均衡。梅耶森和沙特威托(Myerson, Satterthwaite, 1983)證明,在均勻分佈的情況下,線性戰略均衡比任何其他貝葉斯均衡產生的淨剩餘都高。這意味著,在雙方拍賣博弈中,沒有任何貝葉斯均衡能使得帕累托有效的交易($\theta_b \geq \theta_s$)一定出現並且只有帕累托有效的交易才會出現。

五、不完全信息下公共產品的提供

第二章曾涉及公共產品的供給問題,說公共產品的供給可能類似於囚徒困境,也可能是智豬博弈,還可能是山羊博弈,有相當多的理論模型對其進行描述。這裡介紹由鮑弗瑞和羅森塔爾(Palfrey, Rosenthal)在 1989 建立的一個簡單的不完全信息的公共產品的供給模型。模型中有兩個參與人 i($i = 1, 2$)同時決定是否提供公共品,這一決策是所謂的「0—1」決策,即或者提供或者不提供,沒有中間選擇。如果至少有一個人提供公共品,則兩個人的收益均為 1,如果沒有人提供公共品,則兩個人的收益均為 0。兩個參與人提供公共品的成本分別為 c_1 與 c_2。其對應的得益矩陣如表 4.5 所示。

表 4.5　　　　　　　不完全信息公共品提供的得益矩陣

参與人 2

	提供	不提供
參與人 1　提供	$1 - c_1, 1 - c_2$	$1 - c_1, 1$
不提供	$1, 1 - c_2$	$0, 0$

在這個問題中,不完全信息表現為各個參與人知道自己的成本但不知道另一方的成本。所以這裡的類型就是各人的成本,類型上的聯合概率分佈是:c_1 與 c_2 具有相同的相互獨立的 $[\underline{c}, \bar{c}]$ 之上的連續且嚴格遞增的累積

分佈函數 $p(\bullet)$ [即有 $p(\underline{c}=0)$ 及 $p(\bar{c})=1$], 其中 $\underline{c}<1<\bar{c}$, $p(\bullet)$ 是共同知識。

這種貝葉斯博弈的與類型相關的一個純戰略為從 $[\underline{c},\bar{c}]$ 到 $[0,1]$ 的一個函數 $s_i(c_i)$。其中, 0 表示不提供, 1 表示提供。從表 4.5 中可以看出, 參與人 i 的得益可表示為:

$$u_i = (s_i, s_j, c_i) = \max(s_i, s_j) - s_i c_i$$

這一博弈的貝葉斯均衡為一組戰略 $\{s_1^*(\bullet), s_2^*(\bullet)\}$, 使得對每一個參與人 i 與每一個可能的 c_i, 戰略 $s_i^*(c_i)$ 最大化期望效用為 $Ec_j u_i[s_i, s_j^*(c_j), c_i]$, 若記 $z_j \equiv \text{Prob}[s_j^*(c_j)=1]$ 為貝葉斯均衡中 j 選擇提供的概率。為了最大化期望效用, 參與人 i 在 $c_i < 1 - z_j$ 時才會提供公共品(即 j 不提供時才會考慮提供)。所以, 當 $c_i < 1 - z_j$ 時, $s_i^*(c_i) = 1$(即提供), 而當 $c_i > 1 - z_j$ 時, $s_i^*(c_i) = 0$(即不提供)。這意味著參與人在 $c_i \in [\underline{c}, c_i^*]$ (即成本足夠低時)才會提供公共品。如果 $c_i^* < \underline{c}$, 則 $[\underline{c}, c_i^*]$ 為空集。

由於 $z_j = \text{Prob}(\underline{c} \leq c_j \leq c_j^*) = p(c_j^*)$, 所以 c_i^* 滿足 $c_j^* = 1 - p(c_i^*)$, 這樣, c_1^* 與 c_2^* 均滿足 $c^* = 1 - p[1 - p(c^*)]$。如果存在唯一的 c^* 滿足此式, 則有 $c_i^* = c^* = 1 - p(c^*)$。例如, 如果 p 是 $[0,2]$ 上的均勻分佈, 則 c^* 唯一且等於 2/3, 則貝葉斯均衡是: 如果 $c_i \leq 2/3$, 參與人 i 提供公共品, 否則, 不提供公共品。這也意味著, 參與人 i 在成本位於區間 (2/3, 1) 之中時, 提供公共品可使 i 獲益, 但他仍然不會提供, 儘管這時有 2/3 的可能性其他參與人也不會提供公共品。

如果 $\underline{c} \geq 1 - p(1)$, 那麼這一博弈有兩個不對稱的貝葉斯均衡, 這些均衡中, 一個參與人總是不提供, 另一個參與人在成本不高於 1 時總是提供。也就是說均衡為 $c_1^* = 1 - p(1) < \underline{c}$ 與 $c_2^* = 1$ (或者正好相反)。

我們看到, 在不完全信息條件下, 當 $c_i^* = c^* = 1 - p(c^*)$, 且 p 是 $[0,2]$ 上的均勻分佈時, 貝葉斯均衡是: 如果 $c_i \leq 2/3$, 參與人 i 提供公共品, 否則, 不提供公共品。而在完全信息條件下, 表 4.5 的不完全信息公共品提供在參與人 i 的不同成本且是所有參與人的共同知識時, 則可分別表示公共品提供的不同類型: 當 c_1 和 c_2 都大於 1 時, 這時的公共產品提供是囚徒困境, 唯一的納什均衡是(不提供, 不提供), 得益為 (0, 0); 當 c_1 和 c_2 都小於 1 時, 這時的公共產品提供是山羊博弈, 兩個納什均衡是(提供, 不提供)和(不提供, 提供), 對應的得益為 $(1-c_1, 1)$ 和 $(1, 1-c_2)$; 當 $c_1 < 1, c_2 > 1$ (或 $c_1 > 1, c_2 < 1$) 時, 這時的公共產品提供是智豬博弈, 納什均衡是(提供, 不提供)(即參與人 1 提供, 參與人 2 不提供), 得益為 $(1-c_1, 1)$。後一種情況的納什均衡是(不提供, 提供)(即參與人 1 不提供, 參與人 2 提供), 得益為 $(1, 1-c_2)$。

第五章　不完全信息動態博弈

引例：生死博弈

這是英國一個古老的傳說：一個僕人被主人陷害而被關進牢房，主人買通法官將僕人判處了死刑。按照英國古老法典的規定，在犯人被處死之前，再給他一個獲生的機會，即在一個口袋中裝有兩張紙牌，一張生牌，一張死牌，臨刑時讓死囚犯從中抽出一張牌，如果抽中死牌，則執行死刑；如果抽中生牌，則免其一死。但凶殘的主人再次買通行刑官將兩個牌子均換成死牌，欲將僕人置於必死無疑的境地。富有同情心的獄卒將這個消息告訴了遭受陷害的僕人。第二天，在臨刑抽牌進行生死博弈時，機智的僕人巧妙地利用這個補充信息而使自己死裡逃生。

第一節　不完全信息動態博弈及精煉貝葉斯均衡

一、不完全信息動態博弈的概念

（一）不完全信息動態博弈的概念

所謂不完全信息動態博弈，是指至少有一個參與人不知道其他參與人的得益函數且參與人是不同時行動的博弈。

在不完全信息動態博弈中，參與人的行動有先有後，後行動者能觀測先行動者的行動，但不能觀測到先行動者的類型。但是，因為參與人的行動是類型依存的，每個參與人的行動都傳遞著有關自己類型的某種信息，後行動者可以通過觀察先行動者所選擇的行動來推斷其類型或修正其類型的先驗「信念」（先驗的主觀概率分佈），然後選擇自己的最優行動。在引例中，僕人在被法官判處死刑後，在沒有得到任何補充信息時，僕人知道，根據古老的法則他獲得生的先驗概率是 1/2，但當主人先行動買通行刑官將兩個牌子都換成死牌，而這個信息被僕人知道後，僕人則利用這個補充信息巧妙地修正他獲得「生」的先驗概率即僕人獲得生的後驗概率為 1。故事中這樣敘述：「當第二天臨刑時，僕人從口袋中摸出一張紙牌很快地放入口中吞下，法官只好從袋中剩下的一張死牌來判斷僕人抽中的是生牌，機智

的僕人終於死裡逃生。」

在第四章的不完全信息的靜態博弈中,海薩尼轉換是將參與人的不同得益歸結為不同的類型,然後引入虛擬參與人「自然」。「自然」首先選擇參與人的類型,參與人自己知道自己的類型,而其他參與人不知道。這樣,就將不完全信息的靜態博弈轉化為完全但不完美信息的動態博弈。這種思路完全適用於不完全信息的動態博弈,因為這裡本身講的就是動態博弈,其方法及思路幾乎可以照搬。因此,從技術角度講,對不完全信息的動態博弈的分析與經過海薩尼轉換的不完全信息的靜態博弈的分析已沒有什麼本質的區別。但有一點需要注意的是,海薩尼轉換中引入的「自然」虛擬人先行動選擇參與人的類型時,「自然」的行動是中立的。但在不完全信息的動態博弈中,非「自然」的參與人的行動有先有後,而先行動者預測到自己的行動將被後行動者所觀察到並會作為後行動參與人選擇行動的依據,故先行動者就會設法選擇傳遞對自己最有利的信息,避免傳遞對自己不利的信息,或者會傳遞假信息來迷惑後行動者,以期後行動者選擇對後行動者不利的行動,或選擇對先行動者有利的行動而造成對後行動者的損失。

如《三國演義》第一百回「漢兵劫寨破曹真,武侯鬥陣辱仲達」中寫道:

姜維問曰:「若大軍退,司馬懿乘勢掩殺,當復如何?」孔明曰:「吾今退軍,可分五路而退。今日先退此營,假如營內一千兵,卻掘二千竈,明日掘三千竈,後日掘四千竈;每日退軍,添竈而行。」楊儀曰:「昔孫臏擒龐涓,用添兵減竈之法而取勝;今丞相退兵,何故增竈?」 孔明曰:「司馬懿善能用兵,知吾兵退,必然追趕;心中疑吾有伏兵,定於舊營內數竈;見每日增竈,兵又不知退與不退,則疑而不敢追。吾徐徐而退,自無損兵之患。」遂傳令退軍。卻說司馬懿料苟安行計停當,只待蜀兵退時,一齊掩殺。正躊躇間,忽報蜀寨空虛,人馬皆去。懿因孔明多謀,不敢輕追,自引百餘騎前來蜀營內踏看,教軍士數竈,仍回本寨。次日,又教軍士趕到那個營內查點竈數。回報說:「這營內之竈數,比前又增一分。」 司馬懿謂諸將曰:「吾料孔明多謀,今果添兵增竈,吾若追之,必中其計;不如且退,再作良圖。」 於是回軍不追。孔明不折一人,望成都而去。次後,川口土人來報司馬懿,說孔明退兵之時,未見添兵,只見增竈。懿仰天長嘆曰:「孔明效虞詡之法,瞞過吾也!其謀略吾不如也!」

在這個故事裡,孔明反用「增兵減竈」之計傳遞假信息來迷惑司馬懿,從而使自己安退成都。當然,根據博弈論中理性人的假設,參與人最終能夠識別這些假信息而獲知真相,如故事中司馬懿從土人之口知道了「未見添兵,只見增竈」,但為時已晚。有人認為,《三國演義》就是一部中國版的博弈論。

（二）不完全信息動態博弈的特點

由於不完全信息動態博弈中的參與人的行動有先有後，先行動的參與人傳遞著對自己有利或不利的信息，後行動的參與人在觀察到先行動的參與人的信息後再行動，故後行動的參與人可利用這些信息來修正自己對先行動的參與人類型的先驗判斷。與其他類型博弈不同的是，在不完全信息動態博弈中，博弈的過程不僅是參與人選擇行動的過程，而且是不斷修正信念（按貝葉斯法則）的過程。因此，在尋找不完全信息動態博弈的均衡時，不僅要定義其戰略組合是什麼，還必須說明參與人的「信念」，因為最優戰略是相對於信念而言的。

在孔明的「增竈減兵」中，假定司馬懿只有一種類型「強」，這是共同知識。假定孔明有兩種類型「強」或「弱」，孔明知道自己的類型是「弱」，但司馬懿不知道，只知道孔明可能是「強」，也可能是「弱」。當孔明是「弱」時，孔明的最優戰略是「退」；當孔明是「強」時，孔明的最優戰略是「設伏兵」。當司馬懿認為孔明是「弱」時，司馬懿的最優戰略是「追」；當司馬懿認為孔明是「強」時，司馬懿的最優戰略是「不追」。

（三）前推法求解不完全信息動態博弈

完全信息動態博弈是使用逆推歸納法求解精煉納什均衡。但在不完全信息動態博弈中，逆推歸納法則不適用。因為在不完全信息動態博弈中，後驗概率依賴於戰略，戰略依賴於後驗概率，即如果我們不知道先行動者如何選擇，我們就不可能知道後行動者應該如何選擇，這時應用前向法進行貝葉斯修正。

如在孔明的「增竈減兵」中，當司馬懿不能認定先行動的孔明是「弱」還是「強」時，當然也就不可能知道後行動者的司馬懿的最優選擇應該是「追」還是「不追」。只有當司馬懿用前向法進行貝葉斯修正其後驗信念，認定孔明是「強」時，司馬懿的最優戰略才是「不追」。

二、先驗概率的修正

在風險條件下，好的決策取決於好的概率估計，而良好的概率估計取決於對補充信息的有效利用。在日常生活和工作中，人們經常利用補充信息來修正其行動，如一個感冒病人往往並不立即進醫院就診，會等上一段時間看病情如何發展再採取行動；一個醫生對病情初診後並不馬上開出處方，往往會進行一些檢查後，以獲得補充信息來支持或否定他的診斷等。

在概率論中，概率用來描述某一隨機事件發生的可能性。當沒有得到補充信息前分配給某隨機事件的概率，稱為先驗概率，而在得到補充信息後，對先驗概率修正後分配給某隨機事件的概率，稱為後驗概率。後驗概率是利用貝葉斯公式來對先驗概率進行修正的。

下面用一個例子來說明後驗概率的計算。在莎士比亞的喜劇《威尼斯商人》中的一個情節是:少女鮑西婭的婚姻被押在她的亡父為她設計的一個猜匣子的賭博中。亡父留下三個外觀完全一樣的金、銀、鉛匣子,其中一個匣子裝有女兒的肖像,誰能根據匣子上的一句話猜中裝肖像的匣子誰就將成為女兒的丈夫。這裡我們做如下修改:金匣子中裝有 7 個紅球,2 個白球;銀匣子裝有 1 個紅球,3 個白球;鉛匣子裝有 1 個紅球,5 個白球。現找到其中一個匣子,問這個匣子是金匣子的先驗概率是多少?

若金、銀、鉛匣子分別用 A_1、A_2、A_3 來表示,很顯然,在未得到任何補充信息時,找到金匣子的先驗概率為:

$$P(A_1) = P(A_2) = P(A_3) = 1/3$$

現若允許從匣子中抽出一球再進行判斷,則意味著獲取了一個補充信息。假定從匣子中抽出的一球為紅球,這時找到金匣子的後驗概率又是多少?

設 B 代表抽中紅球,$P(B)$ 為抽到紅球的概率。在抽到紅球的條件下計算是金匣子的後驗概率,實際上是用貝葉斯公式求條件概率,即:

$$P(A_1/B) = \frac{P(A_1)P(B/A_1)}{P(B)} = \frac{P(A_1)P(B/A_1)}{\sum P(A_i)P(B/A_i)}$$

$$= \frac{1/3 \times 7/9}{1/3 \times 7/9 + 1/3 \times 1/4 + 1/3 \times 1/6}$$

$$= \frac{7/27}{43/108} = 0.65$$

可見,在未獲得補充信息時,找到金匣子的先驗概率為 $1/3(0.33)$,而在獲得補充信息後,找到金匣子的後驗概率為 0.65。

上面的貝葉斯公式是計算後驗概率的一般公式,在用貝葉斯公式來計算不完全信息動態博弈中的後驗概率時,其具體含義有所不同。因為在不完全信息動態博弈中,參與人的行動有先有後,後行動者能觀測到先行動者的行動,而不能觀測到先行動者的類型,但因為每個參與人的行動都傳遞著有關自己類型的某種信息,後行動者可以通過觀察先行動者所選擇的行動來推斷其類型或修正其類型的先驗「信念」。現假定參與人的類型是獨立分佈的,參與人 i 有 K 個可能的類型,有 H 個可能的行動。在只考慮一個參與人時,用 θ^k 和 a^h 分別代表一個特定的類型和一個特定的行動,假定 i 屬於類型 θ^k 的先驗概率是 $p(\theta^k) \geq 0$,$\sum_{k=1}^{K} p(\theta^k) = 1$。假如我們觀察到 i 選擇了行動 a^h 後,這時再判斷 i 屬於類型 θ 的後驗概率的貝葉斯公式是:

$$p(\theta^k \mid a^h) = \frac{p(a^h \mid \theta^k)p(\theta^k)}{p(a^h)}$$

三、精煉貝葉斯均衡

(一) 精煉貝葉斯均衡的概念

精煉貝葉斯均衡是不完全信息動態博弈的基本均衡概念,它是澤爾騰的完全信息動態博弈子博弈精煉納什均衡和海薩尼的不完全信息靜態博弈貝葉斯均衡的結合。精煉貝葉斯均衡要求,給定有關其他參與人的類型的信念(主觀概率),參與人的戰略在每一個信息集開始的「後續博弈」(不是子博弈)上構成貝葉斯均衡;並且,在所有可能情況下,參與人使用貝葉斯法則修正有關其他參與人類型的信念。

為了分析不完全信息動態博弈的均衡結果,很顯然,僅僅使用貝葉斯納什均衡是不夠的,因為在靜態貝葉斯均衡中,參與人的信念是事前給定的,均衡概念沒有規定參與人如何修正自己的信念。因此,在不完全信息動態博弈中,一個「合理」的均衡應該滿足如下要求:給定每一個參與人有關其他參與人類型的後驗信念,參與人的戰略組合在每一個後續博弈上構成貝葉斯均衡。可見,精煉貝葉斯均衡是貝葉斯均衡、子博弈精煉均衡和貝葉斯推斷的結合。

假定有 n 個參與人,參與人 i 的類型是 $\theta_i \in \Theta_i$, θ_i 是私人信息, $p_i(\theta_{-i} | \theta_i)$ 是屬於類型 θ_i 的參與人 i 認為其他 $n-1$ 個參與人屬於類型 $\theta_{-i} = (\theta_1, \cdots, \theta_{i-1}, \theta_{i+1}, \cdots, \theta_n)$ 的先驗概率。S_i 是 i 的戰略空間,$s_i \in S_i$ 是一個特定的戰略(依賴於類型 θ_i),$a_{-i}^h = (a_1^h, \cdots, a_{i-1}^h, a_{i+1}^h, a_n^h)$ 是在第 h 個信息集上參與人 i 觀察到的其他 $n-1$ 個參與人的行動組合,它是戰略組合 $s_{-i} = (s_1, \cdots, s_{i-1}, s_{i+1}, \cdots, s_n)$ 的一部分(即 s_{-i} 規定的行動),$\tilde{p}_i(\theta_{-i} | a_{-i}^h)$ 是在觀察到 a_{-i}^h 的情況下參與人 i 認為其他 $n-1$ 個參與人屬於類型 $\theta_{-i} = (\theta_1, \cdots, \theta_{i-1}, \theta_{i+1}, \cdots, \theta_n)$ 的後驗概率,$\tilde{P}_{-i}$ 是所有後驗概率的集合,$u_i(s_i, s_{-i}, \theta_i)$ 是 i 的得益函數,則精煉貝葉斯均衡有如下定義:

定義 5.1:精煉貝葉斯均衡是一個戰略組合 $s^*(\theta) = \{s_1^*(\theta_1), \cdots, s^*(\theta_n)\}$ 和一個後驗概率組合 $\tilde{p} = (\tilde{p}_1, \cdots, \tilde{p}_n)$,滿足:

(1) 對於所有的參與人 i,在每一個信息集 h, $s_i^*(s_{-i}, \theta_i) \in \arg\max_{\theta_{-i}} \sum \tilde{p}_i(\theta_{-i} | a_{-i}^h) u_i(s_i, s_{-i}, \theta_i)$;

(2) $\tilde{p}_i(\theta_{-i} | a_{-i}^h)$ 是使用貝葉斯法則從先驗概率 $p_i(\theta_{-i} | \theta_i)$ 和觀測到的 a_{-i}^h 以及最優戰略 $s_{-i}^*(\cdot)$ 得到的。

上述定義中,(1) 是精煉貝葉斯均衡的精煉條件,意思是,給定其他參與人的戰略 $s_{-i} = (s_1, \cdots, s_{i-1}, s_{i+1}, \cdots, s_n)$ 和參與人 i 的後驗概率 $\tilde{p}_{-i}(\theta_{-i} | a_{-i}^h)$,每個參與人 i 的戰略在所有從信息集 h 開始的後續博弈上都是最優

的;(2)是貝葉斯法則的運用,即參與人 i 是根據觀察到的其他參與人的行動(不是類型)來修正先驗概率的,而觀察到的其他參與人的行動是其他參與人最優戰略規定下的行動。

這個定義的要點是,精煉貝葉斯均衡是均衡戰略和均衡信念的結合:給定信念 $\tilde{p}=(\tilde{p}_1,\cdots,\tilde{p}_n)$,戰略 $s^*=(s_1^*,\cdots,s_n^*)$ 是最優的;反之給定戰略 $s^*=(s_1^*,\cdots,s_n^*)$,信念 $\tilde{p}=(\tilde{p}_1,\cdots,\tilde{p}_n)$ 是使用貝葉斯法則從均衡戰略和所觀測到的行動得到的。

(二)混同均衡、分離均衡和準分離均衡

與其他類型的博弈一樣,不完全信息動態博弈也可能存在多個均衡。精煉貝葉斯均衡只是不完全信息動態博弈的基本均衡概念,它既適合於純戰略,也適合於混合戰略。前面已述,在不完全信息動態博弈中,參與人的行動有先有後,後行動者能觀測到先行動者的行動,但不能觀測到先行動者的類型。每個參與人的行動都傳遞著有關自己類型的某種信息,故先行動者就會設法選擇傳遞對自己最有利的信息,避免傳遞對自己不利的信息;或者會傳遞假信息來迷惑後行動者,以期造成對方對自己類型的誤判。

再回到前面的「減兵增竈」中,孔明知道自己的類型是「弱」,需要「撤退」。假如司馬懿也判定孔明是「弱」的話,司馬懿必定會「追」,自己將會大敗。故孔明有傳遞對自己最有利信息的積極性,因而用「減兵增竈」的行動將自己偽裝成「強」的類型,從而使司馬懿「不追」。

所謂混同均衡,就是指在這種均衡中,不同類型的參與人 i 選擇相同的行動,這時,其他參與人無法從觀察到的行動中得到的信息來識別參與人 i 的類型,也就無法對先驗概率進行修正。

如在「減兵增竈」中,「弱」兵應選擇「減兵減竈」,「強」兵應選擇「增兵增竈」。當司馬懿認為孔明用兵詭詐,從而對孔明的先驗信念是「強」時,而「弱」兵的孔明採用「強」兵的「增竈」行動,從而使司馬懿無法從行動中識別出孔明的真正類型,仍然認為孔明是「強」的。這樣,孔明採用「強」兵的「增竈」行動,使「弱」與「強」的類型混同在一起了

而所謂分離均衡,就是指在這種均衡中,不同類型的參與人 i 以概率 1 選擇不同的行動,也就是說,沒有不同類型的選擇同一種行動。這樣,行動的信息準確地反應其類型,這樣,其他參與人就可以從觀察到的行動中得到的信息來識別參與人 i 的類型,也就可以據此信息對先驗概率進行修正。

如在「減兵增竈」中,若「弱」兵的孔明採用「減竈」行動,而「強」兵的孔明採用「增竈」行動,這時,對孔明的先驗信念是「強」的司馬懿,在觀察到「減竈」時,則可用此修正先驗信念,其對孔明的後驗信念是「弱」的;當觀察到「增竈」時,用此修正先驗信念,其對孔明的後驗信念仍是「強」的。

這時,「弱」與「強」的類型通過不同的行動分離開了。

而所謂的準分離均衡(也稱半分離均衡),就是指在這種均衡中,一些類型的參與人隨機地選擇不同的行動,另一些類型的參與人選擇特定的行動。觀察到這些行動的參與人,當觀察到某些行動時能準確地識別參與人的類型;當觀察到另外的行動時,儘管不能完全識別參與人的類型,但能夠修正自己的信念。

如在「減兵增竈」中,若「弱」兵的孔明隨機地採用「減竈」或「增竈」行動,而「強」兵的孔明永遠採用「增竈」行動,司馬懿這時不能準確地判斷孔明是「強」還是「弱」,但他可以據此來修正自己的先驗概率。

第二節 「委託—代理」模型的理論框架

一、委託—代理關係的概念

一些學者將「委託—代理」問題歸入信息經濟學,但從本質上講,信息經濟學是不完全信息博弈在經濟學中的應用,故我們將「委託—代理」問題放在不完全信息博弈中來論述。「委託—代理」問題也有靜態與動態之分,但大多數是動態博弈。這裡的不完全信息是指某些參與人擁有但另一些參與人不擁有的信息,也稱為非對稱信息(有學者認為非對稱信息與不完全信息之間有一些差別,並對此進行了論述,也有學者認為非對稱信息就是不完全信息,這裡採用後一種看法)。在一些社會經濟生活中出現的一些違背基本經濟理論的行為,古典經濟學家認為:這一定是由於存在某種價格歧視產生的。而博弈論的觀點是:這一定是由於存在某種程度的非對稱信息造成的。

在信息經濟學中,將博弈中擁有私人信息的參與人稱為「代理人」,而將不擁有私人信息的參與人稱為「委託人」。這裡的私人信息可能是參與人的「行動」,也可能是參與人的「知識」。「代理人」和「委託人」來自法律上的概念,在法律上,甲方授權乙方從事某種活動時,委託—代理關係就產生了,甲方為委託人,乙方為代理人。但經濟學中的委託—代理關係泛指任何一種涉及非對稱信息的博弈問題,在這樣定義「代理人」和「委託人」時,就可能產生這樣的問題:當「代理人」和「委託人」目標不一致(或衝突)時,擁有私人信息的「代理人」可能會利用自己的信息優勢使自己利益最大化,從而損害不擁有私人信息的「委託人」的利益。正如某些廠長經理(代理人)採取行動來侵吞集體或國家(委託人)的財產。而委託—代理關係就是研究如何使處於信息劣勢的委託人制定博弈規則來保證代理人按委託人

的利益目標來行動的問題。

委託—代理關係廣泛存在於人類社會的各個方面,如在國家和政府中,人們委託政治家運轉政治體制,在軍事中委派將軍來指揮部隊等。當然,委託—代理關係更廣泛的還是在經濟關係中,從企業內部組織到企業對外關係,委託—代理關係都無處不在。較早研究委託—代理關係是在現代企業組織理論中,貝利(Berle)和米因斯(Means)在1932年就指出,企業的股票持有者與企業經理的角色是很不同的。現代企業制度是建立在股票持有者與企業經理之間相對分離的基礎之上的,經理的職責是經營企業並做出決策,經理的行為可能偏離「企業利潤最大化」的目標,由於經理與所有者之間的信息不對稱,使所有者不能完全觀察到經理的行為,經理可能使「自己利益最大化」,這就是所謂的道德風險。

在委託—代理關係中,最突出的兩個組成要素是衝突的目標和不對稱的信息。目標衝突是指委託人和代理人各自有著自己的利益要求,其間蘊含著發生衝突的可能性,代理人可能不會完全按照委託人的指示行動,他們有著自己的追求目標。由於所有的博弈都是存在衝突的目標,故委託—代理關係中最主要的要素就是不對稱信息。不對稱信息是指代理人往往具有委託人所不知道的私人信息(行動或知識),這一點容易理解,如果委託人具有處理事情所涉及的所有知識和信息,那實質上就不需要委託—代理人來做出決策了。

委託—代理模型發展到現在,已不能完全從字面意義上來理解委託人和代理人了,很多表面上並沒有權力讓渡的關係也可以用這個模型來描述,只要存在衝突目標和不對稱信息,就可能將局勢納入這一框架中進行分析。因此,有學者認為,所有不完全信息博弈的問題都可以納入委託—代理模型中進行分析,儘管具體問題有時會表現得很不相同,我們這裡認同了這樣的觀點。

總而言之,委託—代理關係是描述不完全信息博弈這類現象的理論模型,激勵是解決其核心問題的一種手段,表現為設計一種有效的機制(博弈規則)來達到解決問題的目的。

二、委託—代理模型的分類

委託—代理模型從不同角度進行的分類是多種多樣的。如從非對稱信息發生的時間看,非對稱性信息可能發生在當事人簽約之前,也可能發生在簽約之後,分別稱為事前非對稱信息和事後非對稱信息 。研究事前非對稱信息博弈的模型稱為逆向選擇模型(Advers Selection),研究事後非對稱信息的模型稱為道德風險模型(Moral Hazard)。

如從非對稱信息的內容看,非對稱信息可能是指某些參與人的行動,

也可能是指某些參與人的知識。研究不可觀測行動的模型稱為隱藏行動模型，研究不可觀測知識的模型稱為隱藏知識模型或隱藏信息模型。

在具體的分類中，有的分得粗一些，有的分得細一些。

如梅耶森(Myerson,1991)將委託—代理模型分為兩類，他認為「所有由參與人選擇錯誤行動(隱藏行動)引起的問題」稱為「道德風險」。最典型的例子是賄賂與非法回扣等。「所有由參與人錯誤報告信息(隱藏信息、知識)引起的問題」稱為「逆向選擇」。典型的例子是對已近報廢的物品進行投保的欺騙性保險等。

有的學者將委託—代理模型細分為五類。一是隱藏行動的道德風險模型；二是隱藏信息(或知識)的道德風險模型；三是逆向選擇模型；四是信號傳遞模型；五是信號甄別模型。這五種模型的共同點是委託人提供給代理人一個合同，代理人選擇接受或拒絕，「自然」選擇代理人的狀態(或類型)，代理人選擇行動或信號。由於委託人、代理人、虛擬參與人(自然)行動順序的先後及交叉的不同組合，便構成了這五類模型。

在隱藏行動的道德風險模型中，委託人先行動提供合同，代理人後行動選擇接受或拒絕；代理人選擇接受合同後再選擇行動（如努力工作還是偷懶），委託人觀察不到(隱藏行動)；「自然」選擇狀態(也可能是代理人的類型，如是高能力，還是低能力)，委託人也觀察不到；代理人的行動和自然的狀態(類型)一起決定某些可觀察到的結果(如產出的大小)，委託人只能觀察到結果。一個例子是企業所有者(如董事會)與廠長(經理)的關係，董事會觀察不到廠長(經理)是否努力工作，但能觀察到工作的效果如何(如產量、利潤等)，故廠長(經理)的報酬與他工作的效果有關。這時委託人的問題是如何設計一個激勵合同以誘使代理人從自己利益出發選擇對委託人最有利的行動。

在隱藏信息(知識)的道德風險模型中，委託人先行動提供合同，代理人後行動選擇接受或拒絕；代理人選擇接受合同後，「自然」選擇狀態或類型，代理人知道而委託人不知道(隱藏信息)；代理人在「自然」選擇後選擇行動(如可能是向委託人報告「自然」的選擇)。一個例子是企業經理與銷售人員之間的關係，銷售人員知道客戶的狀態(如是大客戶還是小客戶)，企業經理不知道。企業經理設計的激勵合同是希望向銷售人員提供足夠的刺激來使銷售人員針對不同的客戶選擇不同的銷售方針。這時委託人的問題是如何設計一個激勵合同以誘使代理人在給定的自然狀態下選擇對委託人最有利的行動。

在逆向選擇模型中，自然先行動選擇代理人的類型，代理人知道自己的類型，委託人不知道；委託人後行動提供合同；代理人最後選擇接受或拒絕合同。一個例子是賣者和買者的關係，自然選擇賣者所賣商品的質量(如

高質量還是低質量),賣者知道,買者不知道;買者給出買價;賣者選擇賣還是不賣。

在信號傳遞模型中,自然先行動選擇代理人的類型,代理人知道自己的類型,委託人不知道;代理人後行動選擇一個信號來顯示自己的類型;委託人在觀測到信號之後提供合同;代理人最後決定接受或拒絕合同。一個例子是雇主與雇員的關係,雇員知道自己的能力(高或低),雇主不知道;為了顯示自己的能力,雇員選擇接受教育的水平(信號);雇主根據雇員的受教育水平支付工資(合同);雇員選擇接受或拒絕合同。

在信息甄別模型中,自然先行動選擇代理人的類型,代理人知道自己的類型,委託人不知道;委託人後行動提供多個合同供代理人選擇;代理人根據自己的類型選擇一個最適合自己的合同;代理人最後根據合同選擇行動。一個例子是保險公司與投保人的關係,如在健康保險中,投保人知道自己真實的健康狀況(如好或差),保險公司不知道;故保險公司針對不同健康狀況的潛在投保人制定了不同的保險合同;投保人根據自己的健康狀況選擇一個保險合同。

上述五種不同類型的模型對應不同的委託—代理關係的環境,其中每一種模型又是對許多不同但類似環境的概括。儘管每種模型討論的問題不同,但同一種委託—代理關係可能涉及多個模型中討論的問題。如在研究較早的企業所有者(股東)與經理的關係中,如果股東知道經理的能力,但不知道其努力水平,問題是隱藏行動的道德風險問題;如果股東和經理本人在簽約時都不知道雇員的能力,但雇員本人在簽約後發現了自己的能力(而股東仍然不知道),問題是隱藏信息的道德風險問題;如果經理一開始就知道自己的能力而股東不知道,問題是逆向選擇問題;如果經理一開始就知道自己的能力而股東不知道,並且,如果經理在簽約之前就獲得職業經理資格證書,問題是信號傳遞問題;相反,如果經理是在簽約後根據工資合同要求去獲得職業經理資格證書,問題是信息甄別問題。

在文獻中,上述五種模型並沒有嚴格的定義,在一些經濟學家看來,隱藏信息的道德風險模型和信息甄別模型與逆向選擇模型是一回事。一些經濟學家還認為信號傳遞和信息甄別是一回事,因而信號傳遞包括信號傳遞和信息甄別這兩種情況。

本書採用較粗的分類,這樣會使問題的分析更方便一些。即將代理人隱藏行動引起的問題統歸入「道德風險」問題,而將代理人隱藏信息(知識)引起的問題統歸入「逆向選擇」問題。

三、委託—代理關係分析的理論框架

委託—代理關係研究較早的是企業所有者(股東)與經理的關係,這

裡的委託人是股東,代理人是經理,委託—代理關係分析的理論框架大多也是以此為對象來展開的。在第四章論及的拍賣機制設計的本質是委託—代理關係在拍賣中的具體應用,拍賣中的委託人是賣者,代理人是買者,故拍賣機制設計與委託—代理關係的分析理論間有許多相似之處,不過委託—代理關係的分析理論更加一般化。

委託—代理關係的理論分析是試圖模型化這樣一類問題:一個委託人想使代理人按照委託人的利益選擇行動,但委託人不能直接觀測到代理人選擇了什麼行動,能觀測到的只是另一些變量,這些變量由代理人的行動和其他的外生隨機因素共同決定。委託人的問題是如何根據這些觀測到的信息來獎懲代理人,以激勵其選擇對委託人最有利的行動。

若用 A 表示代理人所有可選擇的行動的組合,$a \in A$ 表示代理人的一個特定行動,這個特定行動一般用來表示代理人(如經理)的努力程度,努力程度可以解釋為經理的工作態度(如勤奮還是不勤奮),也可以解釋為經理是否採用了措施來提高企業的經濟效益等。理論上講,代理人的 a(努力程度)可以表現為多個方面,如工作態度、企業的經濟效益、成本、產量等。但為分析方便起見,一般假設 a 只表現為一個方面(一般不會影響到分析的結論)。令 θ 是不受代理人和委託人控制的外生隨機變量(也稱為「自然狀態」),如生產過程中遇到天災(如臺風),這將影響企業的產量和利潤,但天災是不受代理人和委託人控制的;又如股市上的「牛市」和「熊市」,也是不受代理人和委託人控制的。Θ 是 θ 的取值範圍(如臺風的級數),θ 在 Θ 上的分佈函數和密度函數分別為 $G(\theta)$ 和 $g(\theta)$〔一般假定 θ 是連續變量,如果 θ 只有有限個可能值,$g(\theta)$ 為概率分佈〕。在代理人選擇行動 a 後,外生變量 θ 實現。a 和 θ 共同決定一個可觀測的結果 $x(a,\theta)$,如企業股票的價格、產量或利潤等。這個結果決定了一個貨幣收入 $\pi(a,\theta)$。我們假定 π 是 a 的嚴格遞增的凹函數(即給定 θ,代理人工作越努力,產出越高,但努力的邊際產出率遞減),π 是 θ 的嚴格增函數(即較高的 θ 代表較有利的自然狀態)。委託人的問題是設計一個激勵合同 $s(x)$,根據觀測到的 x 對代理人進行獎懲。現在的問題是,$s(x)$ 應滿足什麼樣的條件才能使代理人按委託人的目標來選擇行動?即在給定的條件下,什麼才是代理人的最優行動呢?一般來講,「最優」行動的標準有三條:一是使委託人的得益盡可能高(在滿足代理人的最低限度的報酬水平的前提下);二是使代理人的得益盡可能高(在滿足委託人的最低限度的福利水平的前提下);三是使委託人和代理人的得益之和盡可能高。

假定委託人和代理人的期望效用函數分別為 $v\{\pi - s(x)\}$ 和 $u\{s(\pi) - c(a)\}$,其中,$v' > 0, v'' \leq 0; u' > 0, u'' \leq 0; c' > 0, c'' > 0$。即委託人和代理人都是風險規避者或風險中性者,努力的邊際負效用是遞增的。委託人和

代理人的利益衝突首先來自假設 $\partial \pi / \partial a > 0$ 和 $c' > 0$；$\partial \pi / \partial a > 0$ 意味著委託人希望代理人多努力，而 $c' > 0$ 意味著代理人希望少努力。因此，除非委託人能對代理人提供足夠的激勵，否則，代理人不會如委託人希望的那樣努力工作。

假定分佈函數 $G(\theta)$，生產技術 $x(a,\theta)$ 和 $\pi(a,\theta)$，效用函數 $v(\cdot)$ 和 $u(\cdot) - c(\cdot)$ 都是共同知識，就是說，委託人和代理人在有關這些技術關係上的認識是一致的。$x(a,\theta)$ 是共同知識的假定意味著，如果委託人能觀測到 θ，也就可以知道 a，反之亦然。這是為什麼我們必須同時假定 a 和 θ 都不可觀測的原因。

委託人的期望效用函數可以表示如下：
$$\int v(\pi(a,\theta) - s(x(a,\theta)))g(\theta)\mathrm{d}\theta$$

委託人的問題就是選擇 a 和 $s(x)$ 最大化上述期望效用函數。但是，委託人在這樣做的時候，面臨來自代理人的兩個約束。第一個約束是參與約束，即代理人從接受合同中得到的期望效用不能小於不接受合同時能得到的最大期望效用。代理人「不接受合同時能得到的最大期望效用」由他面臨的其他市場機會決定，也可以稱為保留效用，用 $\bar{u}$ 表示。參與約束又稱個人理性約束，可以表述如下：

$$(IR) \quad \int u(s(x(a,\theta)))g(\theta)\mathrm{d}\theta - c(a) \geq \bar{u}$$

第二個約束是代理人的激勵相容約束，給定委託人不能觀測到代理人的行動 a 和自然狀態 θ，在任何的激勵合同下，代理人總是選擇使自己的期望效用最大化的行動 a，因此，任何委託人希望的 a 都只能通過代理人的效用最大化行為實現。換言之，如果 a 是委託人希望的行動，$a' \in A$ 是代理人可選擇的任何行動，那麼，只有當代理人從選擇 a 中得到的期望效用大於從選擇了 a' 中得到的期望效用時，代理人才會選擇 a。激勵相容約束可表述如下：

$$(IC) \quad \int u(s(x(a,\theta)))g(\theta)\mathrm{d}\theta - c(a) \geq \int u(s(x(a',\theta)))g(\theta)\mathrm{d}\theta - c(a'), \forall a' \in A$$

因此，委託人的問題是在滿足參與約束條件 (IR) 和激勵相容約束 (IC) 的條件下選擇 a 和 $s(x)$ 來最大化自己的期望效用，即：

$$\max_{a, s(x)} \int v(\pi - s(x))f(x,\pi,a)\mathrm{d}x$$

$$s.t. \quad (IR) \int u(s(x))f(x,\pi,a)\mathrm{d}x - c(a) \geq \bar{u}$$

$$(IC) \int u(s(x))f(x,\pi,a)\mathrm{d}x - c(a) \geq \int u(s(x))f(x,\pi,a')\mathrm{d}x - c(a'),$$

$\forall a' \in A$

这种模型化方法是由莫里斯(Mir-rlees,1974,1976)和霍姆斯特姆(Holmstrom,1979)提出的「分佈函數的參數化方法」。這種方法是將自然狀態 θ 的分佈函數轉換為結果 x 和 π 的分佈函數。給定 θ 的分佈函數 $G(\theta)$，對應的每一個 a，存在一個 π 的分佈函數，這個新的分佈函數通過技術關係 $x(a,\theta)$ 和 $\pi(a,\theta)$ 從原分佈函數 $G(\theta)$ 導出。我們用 $F(x,\pi,a)$ 和 $f(x,\pi,a)$ 分別代表所導出的分佈函數和對應的密度函數。效用函數對觀測變量取期望值。分佈函數的參數化方法已成為委託—代理關係理論分析的標準方法。此外，還有「狀態空間模型化方法」和「一般化分佈方法」，有興趣的讀者可參閱相關著作。

總而言之，委託—代理關係中，委託人和代理人在目標衝突時，由於信息不對稱(委託人不能觀察到代理人的行動 a 和自然狀態 θ)，就可能產生道德風險或逆向選擇問題。委託人設置一個機制(博弈規則或合同)希望代理人按委託人的目標來選擇行動，從而使委託人的得益最大化。但要達到這個目的，委託人設置機制時，必須滿足參與約束和激勵相容約束，否則，這樣的機制就可能是不可行也不可實施的，從而產生更多的道德風險或逆向選擇問題，現實中，有的機制就是不可行也不可實施的。

第三節　　不完全信息動態博弈的應用

一、隱藏行動的道德風險

道德風險也稱為背德風險，這一現象最初來自保險行業。保險業的產生原本是為了分擔風險，降低突發性破壞事件對個人造成的損害。但是人們觀察到，投保人的投保行為會改變投保事件發生的概率。例如，車盜險的出現是為了對付汽車被盜的風險，但與沒有投保車盜險的人相比，保了車盜險的人更不注意汽車的防盜，因為他們的損失反正會得到補償。這就造成人們不希望看到的後果：車盜險的出現是為了對付汽車被盜的風險，結果卻使得這一風險更大。保險業將這個現象歸咎於道德上的問題，但有人認為其中的行為完全來自於個人理性的要求，不能簡單地歸咎於道德問題，不過由於歷史原因，這個名稱還是保留了下來。阿羅(Arrow,1963)首先引入了這一概念，認為這會導致一種市場失靈，也就是本應存在的某些保險市場會由此而消失，他也認為這是一種道德問題。但保羅(Paul,1968)的意見不同，他認為這是參與人根據自己利益要求做出的自然選擇，就如同完全報銷的醫療保險制度中，人們往往會提出實質上不必要的醫療要求一

樣。他不認為這是需要公共介入的市場失靈,因為即便是公共行政機構也不可能獲得解決這一問題所需要的信息。

道德風險和逆向選擇之間的差異在於,這個時候委託人不是不能確知代理人的私有信息,而是無法觀測到代理人的一些行動。比如企業讓採購員去採購商品,但有時採購員會和對方私下達成回扣協議,結果是企業付出了本不必要的更多金額。一般來說,道德風險涉及委託人不能直接觀測到代理人的努力水平的情況,就如企業裡每個人都像在努力工作,但實際上是否盡到他的最大努力卻無法從表面上看出來。但最終產出是可觀測的,就像企業最後得到的利潤多少是可測的一樣。因此,建模的關鍵就在於,最終產出只是努力水平的一個不完全的反應,其中包括了隨機因素的干擾。例如,企業年終利潤下降時,往往不能肯定到底是因為員工工作不努力還是因為市場環境不太好。

(一) 道德風險模型一般的分析步驟:

第一步,委託人提出一種激勵方案(合同);

第二步,代理人決定是否接受這種激勵方案;

第三步,代理人決定自己的努力水平;

第四步,實現博弈結局;

第五步,執行合同,委託人給予相應的轉移支付。

(二) 最優合同

委託 — 代理關係的一個中心問題是如何設計一個有「激勵」的合同(博弈規則、博弈機制)能使代理人按委託人的目標來行動,其中的關鍵是如何「激勵」。但在設計合同時,還要考慮代理人和委託人對風險的態度,如風險中立和風險規避的參與人對同一合同的態度是不一樣的。在對稱信息下,可以獨立地考慮最優的風險分擔問題。而在不對稱信息下,「激勵」與「風險」則是相互交叉的,一般來說,帕累托最優的風險分擔不能達到。

1. 對稱信息下的最優合同

假定代理人的行動 a(或自然狀態 θ) 是可觀測的,即信息是對稱的。此時,委託人可以根據觀測到的 a 對代理人實行獎懲,就是說,激勵合同可以建立在行動上,從而,激勵相容約束是多餘的,因為委託人可以設計任意的「強制合同」:如果代理人選擇 a^*,委託人將付你 $s(a^*) = s^*$,否則委託人將付 $s < s^*$,使得下列條件成立:

$$\int u(s(a^*))f(x,\pi,a^*)\mathrm{d}x - c(a^*) > \int u(s(a))f(x,\pi,a)\mathrm{d}x - c(a)$$

$$\forall a \in A$$

只要 s 足夠小,代理人絕不會選擇 $a \neq a^*$。

在對稱信息情況下,首先假定行動 a 給定,討論什麼是產出的最優分配

方式;然後,再討論最優的行動選擇 a。可以看到,在對稱信息下,帕累托最優風險分擔和帕累托最優努力水平都可以達到。

(1) 最優風險分擔合同

給定努力水平 a,產出是一個簡單的隨機變量,因此,問題簡化為一個典型的風險分擔問題,選擇 $s(\pi)$ 解下列最優化問題:

$$\max_{s(\pi)} \int v(\pi - s(\pi)) f(\pi, a) d\pi$$

$$s.t. (IR) \int u(s(\pi)) f(\pi, a) d\pi - c(a) \geq \bar{u}$$

構造拉格朗日函數如下:

$$L(s(\pi)) = \int v(\pi - s(\pi)) f(\pi, a) d\pi + \lambda \left[\int u(s(\pi)) f(\pi, a) d\pi - c(a) - \bar{u} \right]$$

最優化的一階條件是:

$$-v'(\pi - s^*(\pi)) + \lambda u'(s^*(\pi)) = 0$$

即:

$$\frac{v'(\pi - s^*(\pi))}{u'(s^*(\pi))} = \lambda \quad (1)$$

這裡拉格朗日乘數 λ 是嚴格正的常數(因為參與約束的等式條件滿足)。上述最優條件意味著,委託人和代理人收入的邊際效用之比應該等於一個常數,與產出 π(和狀態變量 θ)無關。如果 π_1 和 π_2 是任意的兩個收入水平,那麼,下列等式應該滿足:

$$\frac{v'(\pi_1 - s(\pi_1))}{u'(s(\pi_1))} = \frac{v'(\pi_2 - s(\pi_2))}{u'(s(\pi_2))} \Rightarrow \frac{v'(\pi_1 - s(\pi_1))}{v'(\pi_2 - s(\pi_2))} = \frac{u'(s(\pi_1))}{u'(s(\pi_2))}$$

(2)

就是說,在最優條件下,不同收入狀態下的邊際替代率對委託人和代理人是相同的,這是典型的帕累托最優條件。這意味著,如果委託人和代理人都是嚴格風險規避的($v'' < 0, u'' < 0$),最優風險分擔要求每一方都承擔一定的風險。如果委託人是風險中性者($v'' = 0$)而代理人是嚴格風險規避者($u'' < 0$),那麼,代理人不承擔任何風險,所有的風險都由委託人承擔。從數學上講,此時,委託人的邊際效用是恆定的(不失一般性,假定 $v' \equiv 1$),最優化條件(1)變成:

$$\frac{1}{u'(s(\pi))} = \lambda$$

因為 λ 是一個常數,u' 隨 a 而遞減,滿足上述條件的唯一的 $s(\pi)$ 是 $s(\pi) \equiv s^0$,代理人的收入與產出 π 無關,即代理人不承擔任何風險。如果委託人是嚴格風險規避者($v'' < 0$)而代理人是風險中性者($u'' = 0$),委託人

不承擔任何風險,所有的風險都由代理人承擔。

(2)最優努力水平(激勵問題)

在最優風險分擔合同中,是假定代理人的努力水平 a 是給定的。現在我們來討論最優努力水平 a 的選擇。因為 a 是可觀測的,委託人可以強制代理人選擇任意的 a,激勵相容約束是多餘的。委託人的問題是選擇 a 和 $s(\pi)$ 解下列問題:

$$\max_{a,s(\pi)} \int v((\pi(a,\theta) - s(\pi(a,\theta)))g(\theta)\mathrm{d}\theta$$

$$s.t.\ (IR) \int u(s(\pi(a,\theta)))g(\theta)\mathrm{d}\theta - c(a) \geq \bar{u}$$

構造拉格朗日函數:

$$L(a,s(\pi)) = \int v(\pi(a,\theta) - s(\pi(a,\theta)))g(\theta)\mathrm{d}\theta$$
$$+ \lambda\left[\int u(s(\pi(a,\theta)))g(\theta)\mathrm{d}\theta - c(a) - \bar{u}\right]$$

最優化的兩個一階條件分別為:

$$-v' + \lambda u' = 0$$

和

$$\int v'\left(\frac{\partial \pi}{\partial a} - \frac{\partial s}{\partial \pi}\frac{\partial \pi}{\partial a}\right)g(\theta)\mathrm{d}\theta + \lambda\left[\int u'\frac{\partial s}{\partial \pi}\frac{\partial \pi}{\partial a}g(\theta)\mathrm{d}\theta - \frac{\partial c}{\partial a}\right] = 0$$

其中第一個等式是 $s(\pi)$ 的一階條件,第二個等式是 a 的一階條件。使用第一個一階條件 $\lambda = v'/u'$,第二個一階條件可以簡化為:

$$\int v'\frac{\partial \pi}{\partial a}g(\theta)\mathrm{d}\theta - \lambda\frac{\partial c}{\partial a} = 0$$

或用期望值算出 E:

$$E\left[v'\frac{\partial \pi}{\partial a} - \lambda\frac{\partial c}{\partial a}\right] = 0 \Rightarrow \cdots \Rightarrow Ev'\left[\frac{\partial \pi}{\partial a} - \frac{1}{u'}\frac{\partial c}{\partial a}\right] = 0 \qquad (1)$$

其中 $v'\partial\pi/\partial a$ 可以解釋為用委託人的效用單位度量的努力水平 a 的邊際收益,$\lambda\partial c/\partial a$ 可以解釋為用委託人的效用單位度量的 a 的邊際成本。因此,上述條件是一個典型的帕累托最優條件:努力的期望邊際收益等於期望邊際成本。就是說,當 a 可以被委託人觀測時,帕累托最優是可以達到的,因為 a 是在外生變量 θ 實現之前選擇的,最優的 a 獨立於 θ。

特別地,如果委託人是風險中立的($v''=0, v'=1$),條件(1)變為:

$$E\left[\frac{\partial \pi}{\partial a} - \frac{1}{u'}\frac{\partial c}{\partial a}\right] = 0$$

最優風險分擔意味著 u' 應該是一個常數。因此:

$$E\frac{\partial \pi}{\partial a} = \frac{1}{u'}\frac{\partial c}{\partial a}$$

其中：$E\frac{\partial \pi}{\partial a} = \frac{\partial}{\partial a}\int \pi(a,\theta)g(\theta)d\theta$ 是邊際期望產出，$\frac{1}{u'}\frac{\partial c}{\partial a}$ 是代理人在貨幣收入和努力之間的邊際替代率。

類似地，代理人是風險中立時（$u'' = 0, u' = 1$），最優風險分擔意味著委託人保留一個固定收入水平 y^0（使得 v 不變），代理人承擔全部風險，條件（1）變成：

$$v'E\frac{\partial \pi}{\partial a} = \frac{\partial c}{\partial a}$$

即努力的邊際收益等於邊際成本。這時代理人的收入為 $\pi(a^*,\theta) - y^0$。

從上面的分析可以看出，當委託人可以觀測代理人的努力水平時，即信息是完全的，風險問題和激勵問題可以獨立解決，帕累托最優風險分擔和帕累托最優努力水平可以同時實現，最優合同可以表述如下：

$$s = \begin{cases} s^*(\pi) = s^*(\pi(a^*,\theta)), & a \geq a^* \\ \underline{s}, & a < a^* \end{cases}$$

即委託人要求代理人選擇 a^*；如果觀測到代理人真的選擇了 $a > a^*$，委託人根據 $s^*(\pi(a^*,\theta))$ 支付給代理人；否則，代理人得到 $\underline{s}$。只要 $\underline{s}$ 足夠小，代理人就不會選擇 $a < a^*$。

但是，如果委託人不能直接觀測到代理人的努力水平 a 和外生變量 θ，即在信息不對稱時，上述帕累托最優是無法實現的（除非代理人是風險中性的）。因為，如果給定 $s^*(\pi(a,\theta))$，代理人將選擇 a 而使下式最大化：

$$\max_a \int u(s^*(a,\theta))g(\theta)d\theta - c(a)$$

上述最優化的一階條件是：

$$E\left[u'\frac{\partial s^*}{\partial \pi}\frac{\partial \pi}{\partial a} - \frac{\partial c}{\partial a}\right] = 0 \Rightarrow Eu'\left[\frac{\partial s^*}{\partial \pi}\frac{\partial \pi}{\partial a} - \frac{1}{u'}\frac{\partial c}{\partial a}\right] = 0 \qquad (2)$$

令 a^{**} 是（2）式的解。一般條件下來說，滿足條件（2）的 a^{**} 與滿足條件（1）的 a^* 是不同的。比較兩個條件括號內的部分可以看出，因為 $\partial s^*/\partial \pi < 1$，而 $\partial^2 c/\partial a^2 > 0$，則 a^{**} 小於 a^*，即代理人選擇的努力水平小於帕累托最優努力水平。如果委託人是風險中立的，帕累托最優風險分擔要求 $s^*(\pi) = s^0$，可知 $a^* > 0$。但給定 $s^*(\pi) = s^0$，條件（2）味著 $a^{**} = 0$，這就意味著，如果收入與工作的努力程度無關，代理人為什麼要努力工作呢？

這就是說，給定 $s^*(\pi)$，對委託人最優的 a，而對代理人卻並不是最優的，因此，如果委託人不能觀測到 a，代理人將選擇 $a < a^*$ 以提高自己的收益水平。因為利潤水平不僅與代理人的努力水平有關，而且受外生變量 θ 的影響，代理人可將低產出的出現歸咎於不利的外生變量 θ 的影響，從而逃避委託人指責。而委託人不能觀測到 a，自然也就不能證明低產出是代理人沒

有努力工作的結果,這就是所謂的「道德風險」。

這給我們的啟示是,當委託人不能觀察到代理人的努力水平時,最優激勵合同的設計要求代理人承擔比在對稱信息下更大的風險。

2. 信息不對稱情況下的最優激勵合同

在信息不對稱時,委託人不能觀測到代理人的行動 a 和外生變量 θ,只能觀測到產出 π。這時,委託人不可能使用在對稱信息下的「強制合同」(不考慮代理人的激勵相容約束)來迫使代理人選擇委託人希望的行動,而只能通過激勵合同誘使代理人選擇委託人希望的行動。委託人的問題是選擇滿足代理人參與約束和激勵相容約束的激勵合同以最大化自己的期望效用。即委託人在設計合同時,必須考慮代理人的激勵相容約束(IC),因為不論委託人如何獎懲代理人,代理人總是會選擇最大化自己得益的行動。

假定 a 有兩個可能的取值,L 和 H,其中 L 代表「偷懶」,H 代表「勤奮」。假定 π 的最小可能值是 $\underline{\pi}$,最大可能值是 $\bar{\pi}$。如果代理人勤奮工作($a = H$),π 的分佈函數和分佈密度分別為 $F_H(\pi)$ 和 $f_H(\pi)$。如果代理人偷懶($a = L$),分佈函數和分佈密度分別為 $F_L(\pi)$ 和 $f_L(\pi)$。我們假定 $\pi(a, \theta)$ 仍是 a 的增函數,即代理人工作越努力,產出越高。當我們將 π 本身作為一個隨機變量時,這個假定可以重新表述為:分佈函數滿足一階隨機占優條件,即對於所有的 $\pi \in [\underline{\pi}, \bar{\pi}]$,$F_H(\pi) \leq F_L(\pi)$,其中嚴格不等式至少對某些 π 成立。就是說,勤奮工作時高利潤的概率大於偷懶時高利潤的概率[π 大於任何給定的 $\tilde{\pi}$ 的概率為 $1 - F(\tilde{\pi})$],如圖 5.1 所示[當 a 是連續變量且 $F(\pi, a)$ 對 a 可微時,這個假設意味著 $\partial F / \partial a < 0$]。

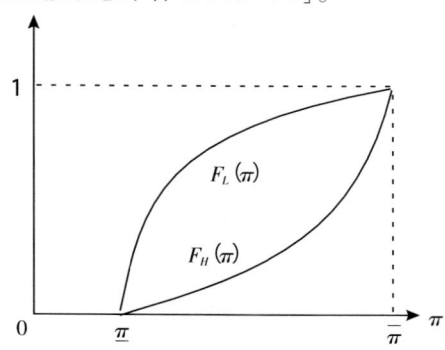

图 5.1 一阶随机占优条件

假定 $c(H) > c(L)$,即勤奮工作的成本比偷懶的成本高。在這一假設下,如果委託人只想選擇 $a = L$,他可以通過規定 $s(\cdot) \equiv \underline{s}$ 來達到這個目的,因為當 $s(\cdot) \equiv \underline{s}$ 時,偷懶是代理人的最優選擇。但顯然委託人是希望代理人

選擇 $a = H$，此時，代理人的激勵相容約束意味著 $\partial s/\partial \pi \neq 0$，為了使代理人有足夠積極性自動選擇勤奮工作，委託人必須放棄帕累托最優風險分擔合同。

委託人的問題是選擇激勵合同解下列最優化問題：

$$\max_{s(\pi)} \int v(\pi - s(\pi)) f_H(\pi) \mathrm{d}\pi$$

$$s.\,t.\ (IR) \int u(s(\pi)) f_H(\pi) \mathrm{d}\pi - c(H) \geq \bar{u}$$

$$(IC) \int u(s(\pi)) f_H(\pi) \mathrm{d}\pi - c(H) \geq \int u(s(\pi)) f_L(\pi) \mathrm{d}\pi - c(L)$$

激勵約束 IC 意味著，給定 $s(\pi)$，代理人選擇勤奮工作時得到的期望效用大於選擇偷懶時的期望效用。

令 λ 和 μ 分別為參與約束 IR 和激勵相容約束 IC 的拉格朗日乘數。那麼，上述最優化問題的一階條件為：

$$-v' f_H(\pi) + \lambda u' f_H(\pi) + \mu u' f_H(\pi) - \mu u' f_L(\pi) = 0$$

整理得：

$$\frac{v'(\pi - s(\pi))}{u'(s(\pi))} = \lambda + \mu(1 - f_L/f_H) \tag{3}$$

這就是「莫里斯 — 霍姆斯特姆條件」。

在(3)式中，如果 $\mu = 0$，則得到對稱信息下的帕累托最優風險分擔條件(1)。但因為 $\mu = 0$ 破壞了激勵相容約束 IC，因此，μ 應大於 0。這樣，非對稱信息下的最優合同不同於對稱信息下的最優合同。顯然，代理人的收入比對稱信息下具有更大的波動，例如，如果委託人是風險中性的($v' = 1$)，在對稱信息下，帕累托最優風險分擔意味著代理人得到固定收入而不承擔任何風險；但在非對稱信息下，代理人必須承擔一些風險。這就導致在非對稱信息下的激勵與風險的取捨。

為了說明這一點，我們用 $s_\lambda(\pi)$ 表示由條件(1)決定的最優風險分擔合同，$s(\pi)$ 表示滿足條件(3)的激勵合同。那麼，比較(3)和(1)，有下述結果：

$$s(\pi) \leq s_\lambda(\pi), \text{if } f_L(\pi) \geq f_H(\pi)$$
$$s(\pi) > s_\lambda(\pi), \text{if } f_L(\pi) < f_H(\pi)$$

就是說，對於一個給定的產出 π，如果 π 在代理人偷懶($a = L$)時出現的概率大於勤奮工作($a = H$)時出現的概率，代理人在該產出時的收入所得向下調整；反之，如果 π 在代理人偷懶($a = L$)時出現的概率小於勤奮工作($a = H$)時出現的概率，代理人在該產出時的收入所得向上調整。

可見，在不對稱信息條件下，最優激勵合同要求代理人承擔比對稱信息條件下更大的風險。而且，由於委託人不能觀察到代理人的行動 a，在給

定 $s^*(\pi)$ 時,對委託人最優的 a 對代理人並不是最優的,代理人會選擇 $a < a^*$ 來提高自己的得益。因為產出水平不僅與代理人的努力程度有關,而且與外生因素 θ 有關,代理人會將低產出解釋為是不利的外生因素的影響,從而逃避委託人的懲罰。而委託人由於不能觀察到代理人的行動 a,也就很難證明低產出是代理人不努力的結果,這就是「道德風險」。

(三) 道德風險的防範

在委託——代理關係中,由於代理人具有委託人不能觀察的「行動」或「知識」,故可能產生「道德風險」或「逆向選擇」的問題,委託人在信息不對稱時希望代理人按委託人的目標行動,就必須設計出滿足代理人參與約束和激勵相容約束的激勵合同。上面給出的是一個抽象的基本理論的激勵合同的設計,在實際中,激勵的方式多種多樣,則可構成許多不同的激勵合同,用以解決「道德風險」或「逆向選擇」的問題。

1. 聲譽合同

法瑪(Fama)在 1980 年提出,「道德風險」可以通過「時間」來解決。他認為,在競爭的經理市場上,經理的市場價值決定於其過去的經營業績,從長期來看,經理必須對自己的行為負完全的責任;因此,即使沒有顯性激勵合同,經理也有積極性努力工作,因為這樣做可以改進自己在經理市場上的聲譽,從而提高未來的收入。

霍姆斯特姆(Holmstrom)1982 年用模型來論證法瑪的上述思想。現在用一個簡單的模型來證明這一點。

假定只有兩個階段,$t = 1, 2$,每個階段的生產函數如下:
$$\pi_t = a_t + \theta + u_t, t = 1, 2$$
這裡,假設 π_t 為產出,a_t 是經理的努力水平,θ 為經理的經營能力(假定與時間無關),u_t 是外生的隨機變量(如技術或市場的不確定性)。a_t 是經理的私人信息,π_t 是共同信息,θ 和 u_t 是正態獨立分佈的,均值均為 0($E\theta = Eu_t = 0$),方差分別為 σ_θ^2 和 σ_u^2;再假定隨機變量 u_1 和 u_2 是獨立的,即 $\text{cov}(u_1, u_2) = 0$。

假定經理是風險中性的,並且貼現率為 0。因此,經理的效用函數如下:
$$U = w_1 - c(a_1) + w_2 - c(a_2)$$
其中,w_t 是經理在 t 期的工資,$c(a_t)$ 是努力的負效用。假定 $c(a_t)$ 是嚴格遞增的凸函數,且 $c'(a_t) = 0$。

在上述假定下,如果股東可以與經理簽訂一個顯性激勵合同 $w_t = \pi_t - y_0$,其中 y_0 不依賴於 π_t,帕累托一階最優可以實現,風險成本等於零,經理的最優努力水平為:
$$c'(a_t) = 1, t = 1, 2$$

為了使我們的討論有意義,假定這樣的顯性激勵合同不存在,經理只能拿固定工資。

顯然,如果委託—代理關係只是一次性的,經理將不會有任何努力工作的積極性:
$$c'(a_t) = 0 \Rightarrow a_t = 0$$

但是,當代理關係持續兩個時期時,儘管經理在 $t = 2$ 的最優努力仍為 $a_2 = 0$,因為博弈沒有第三階段,經理無須考慮聲譽問題,但是經理在第一階段的最優努力水平會大於零。原因是經理在第二階段的工資 w_2 依賴於股東對經理經營努力 θ 的預期,而 a_1 通過對 π_1 的作用影響這種預期。

假定資本市場是完全競爭性的,經理的工資等於預期產出:
$$w_1 = E(\pi_1) = E(a_1) = \bar{a}_1$$
$$w_2 = E(\pi_2 \mid \pi_1)$$

這裡的 $\bar{a}_1$ 是市場對經理在時期 1 的努力水平的預期,$E(\pi_2 \mid \pi_1)$ 是給定時期 1 的實際產出為 π_1 的情況下市場對時期 2 的產出的預期,在前面的假設下,有:
$$E(\pi_2 \mid \pi_1) = E(a_2 \mid \pi_1) + E(\theta \mid \pi_1) + E(u_2 \mid \pi_1) = E(\theta \mid \pi_1)$$
(因為 $E(a_2 \mid \pi_1) = E(u_2 \mid \pi_1) \equiv 0$)

假定市場具有理性預期,則在均衡時,$\bar{a}_1$ 等於經理的實際選擇,當觀測到 π_1 時,市場知道 $\theta + u_1 = \pi_1 - \bar{a}_1$。但市場不能把 θ 與 u_1 分開,就是說,市場不知道除經理的努力外,π_1 是經理經營能力的結果還是外生的不確定因素 u_1 的結果,市場要根據 π_1 來推斷 θ。令:
$$\tau = \frac{\text{var}(\theta)}{\text{var}(\theta) + \text{var}(u_1)} = \frac{\sigma_\theta^2}{\sigma_\theta^2 + \sigma_u^2}$$

即 τ 為 θ 的方差與 π_1 的方差的比率。σ_θ^2 越大,τ 越大。根據理性預期公式:
$$E(\theta \mid \pi_1) = (1 - \tau)E(\theta) + \tau(\pi_1 - \bar{a}_1) = \tau(\pi_1 - \bar{a}_1)$$

假定 $E\theta = 0$,就是說,給定 π_1 下市場預期的 θ 的期望值是先驗期望值 $E\theta$ 和觀測值 $(\pi_1 - \bar{a}_1)$ 的加權平均,市場根據觀測到的信息修正對經理能力的判斷,事前有關能力的不確定性越大,修正越多。這一點是很自然的,因為 τ 反應了 π_1 包含的有關 θ 的信息,τ 越大,π_1 包含的信息量越多。特別地,一方面,如果沒有事前的不確定性($\sigma_\theta^2 = 0$),$\tau = 0$,市場將不修正;另一方面,如果事前的不確定性非常大($\sigma_\theta^2 \to \infty$),或者如果沒有外生的不確定性($\sigma_u^2 = 0$),$\tau = 1$,市場將完全根據觀測到的 π_1 修正對 θ 的判斷。一般情況下,τ 介於 0 與 1 之間。

給定 $\tau > 0$,均衡工資 $\omega_2 = E(\theta \mid \pi_1) = \tau(\pi_1 - \bar{a}_1)$,意味著時期 1 的產出越高,時期 2 的工資越高。將 w_1 和 w_2 代入,經理的效用函數為:

$$U = \bar{a}_1 - c(a_1) + \tau(a_1 + \theta + u_1 - \bar{a}_1) - c(a_2)$$

經理最優化的一階條件為：

$$c'(a_1) = \tau > 0 \Rightarrow a_1 > 0$$

就是說，儘管經理的最優工作努力沒有對稱信息下那麼大 [滿足 $c'(a_1) = 1$]，出於聲譽的考慮，經理在時期1的努力水平嚴格大於0，這在單階段模型中是不可能的，τ 越大，聲譽效用越強。

上述的兩期聲譽模型可以推斷到 T 期的情況。如果經理工作 T 期，則除最後一期的努力 a_T 為零外，所有 $T-1$ 期之前的努力 a_t 均為正。並且，努力隨年齡的增長而遞減，即：$a_1 > a_2 > \cdots > a_{T-1} > a_T$。這可以解釋為什麼越是年輕的經理越努力的現象。

聲譽模型實際上是利用重複博弈中參與人為了長期的利益而放棄短期利益在委託—代理關係中的一個運用。委託人利用代理人為了長期利益而樂於建立良好聲譽的願望來激勵代理人，即股東可根據經理過去的努力以及可信任程度對其提升或獎勵，從而減小道德風險。

聲譽模型在實際工作中也有許多應用，如用聲譽模型來解釋為什麼企業的歷史越長，銀行給它的貸款利率就越低等。

戴蒙德（D. Diamond）在1989年用一個模型來解釋為什麼老企業的違約風險比新企業要低。模型裡有三種類型的企業：R型企業、S型企業和RS型企業，R型企業只選擇有風險的項目，而S型企業只選擇無風險的項目，RS型企業在兩個項目間獨立地進行選擇。有風險項目的預期收益為負，無風險項目的預期收益很低但大於0，儘管有風險項目的預期收益很低，但是有風險項目一旦成功了，其收益率比無風險項目的要高得多。

企業在0時期成立，在每一期的開始向銀行申請貸款。企業是交疊世代的，即在任何一個時點上都有不同年齡的企業同時存在，但是模型只考察一代企業的生命週期。假設所有的參與人都是風險中性的。在每一期的結束，企業得到利潤並償還貸款，然後企業再選擇新的項目並申請下一期的貸款。銀行不能判斷企業選擇了什麼樣的項目，也不知道企業的當期利潤。但是，如果企業不歸還貸款，銀行就會把企業資產據為己有。如果企業選擇了有風險的項目，而且項目失敗了，最後就會出現這種情況。

戴蒙德模型是逆向選擇和道德風險的綜合：借款人（企業）有不同的類型，某些借款人可以在幾種行動之間選擇。

這個博弈的均衡路徑分為三個階段。RS型企業在早期階段選擇有風險項目。如果項目失敗了，它們的損失最大也就是破產；如果項目成功了，那麼它們在償還了貸款之後還有很多剩餘的利潤。隨著時間的推移，破產使選擇有風險項目的企業（RS型企業和R型企業）數量越來越少，而S型企業的數量卻沒有什麼變化。因此，銀行就能夠在不降低利潤的情況下降低利

率。無風險資產的價值是其無風險的現金流減去利息支出，有風險資產的價值是預期的公司破產前的現金流減去利息支出的值。如果利率下降了，相對於有風險資產而言，無風險資產的價值就上升了。在 t_1 期開始的博弈第二階段，因為此前的利率已經下降了不少，所以 RS 型企業也開始選擇無風險項目，這時只有少量的 R 型企業繼續選擇有風險的項目，而且 R 型企業的數量在不斷地減少。因為銀行知道 RS 型企業轉而選擇無風險項目了，所以利率在 t_1 期就會大幅度下降。一個企業存在的時間越長，它是 R 型企業的可能性就越小，所以銀行就會給它利率較低的貸款。圖 5.2 畫出了利率隨時間變化的路徑。

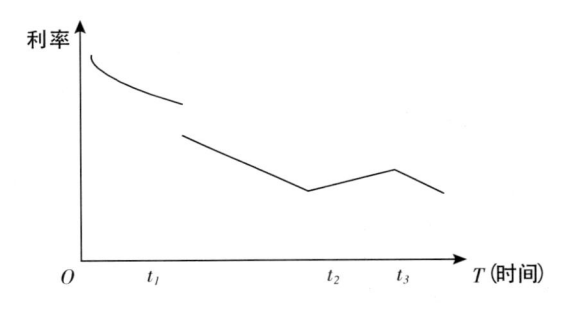

图 5.2 利率随时间的变化

随着時間越來越接近最後一期 T，無風險資產在未來的現金流的價值也逐漸降低。這時，即使在利率較低的情況下，RS 型企業也會再次開始選擇有風險項目。和 t_1 期不同的是，RS 型企業不會一下全部改為選有風險項目。在 t_1 期之前，只有一部分 RS 型企業轉向選擇無風險項目，因而銀行願意降低利率，而這又使無風險項目對 RS 型企業更有吸引力。如果一部分 RS 型企業在 t_2 期轉而選擇有風險項目，則銀行會提高利率，而較高的利率又使有風險項目對 RS 型企業更有吸引力。RS 型企業在 t_2 期和 t_3 期之間採用混合戰略。隨著時間的推移，越來越多的 RS 型企業轉而選擇有風險項目，利率也隨著有風險項目的增多而上升了。在 t_3 期，因為利率比較高，而且時間也很接近終點了，這時所有的 RS 型企業都採取選擇有風險項目的純戰略。在最後一期，因為失敗了的有風險項目使 RS 型企業的數量減少了，所以銀行利率又會有所下降。

2. 效率工資合同

所謂效率工資合同，是委託人為了使代理人害怕失去工作，給代理人支付超出他的能力的工資來激勵代理人的一種形式。

「效率工資」一詞最初來自發展經濟學，根據新古典經濟學，工資決定

於工人的邊際生產率。但發展經濟學家發現，在發展中國家，兩者的關係似乎正相反：邊際生產率決定於工資。一種可能的解釋是，在發展中國家，由於人們營養普遍不良，較高的工資可以改善工人的營養，從而提高勞動生產率。但後來人們發現，「邊際生產率決定於工資」的現象在發達國家也存在，特別地，企業支付的工資高於工人的市場保留工資的現象與新古典理論的預測不相符。

夏皮羅和斯蒂格利茨(Shapiro, Stiglitz)在1984年說明非自願失業如何可以由委託——代理模型來解釋。這裡的委託人是企業經理，代理人是所雇用的工人。當所有工人都以市場工資雇用時，被發現偷懶並被解雇的工人能馬上找到一份同樣的工作時，解雇是不起作用的。為了誘使工人不偷懶，企業可能提供給他一個超過市場出清工資的數目，如果他被發現偷懶而被解雇的話，他將失去這個數目的工資。但如果一個企業發現提高工資有利可圖，則所有企業均會提高工資。或許有人認為在工資水平再度相同後，不偷懶的激勵將會消失。但當一個企業提高工資時它的勞動需求將會降低，而當所有企業提高工資後，勞動市場需求將會降低，從而出現失業，即使所有企業支付相同工資，一個工人也有不偷懶的激勵。這時如果工人被解雇，他將會失業，同時即使他有一定概率離開失業大軍，但失業率可以高到使工人不願冒被發現的風險去偷懶的程度。在該均衡中，雖然勞動的邊際收益與工資相等，但由於它超過了努力的負效用，因而該均衡不是符合最優效率的，但從次優的意義上講它是有效的。通過遏制偷懶，在工廠門口徘徊的饑餓的工人執行著一項對社會來說有價值的功能(但他們不能因此得到報酬)。

這些企業行為看似十分矛盾，它們支付給工人高額工資以吸引他們，同時拒絕願意以低工資工作的人。該理論能夠解釋為什麼合格的求職者未獲成功，而業績平平的經理人卻長居其位嗎？雇主不願意雇用具有天分的人，因為這樣的人在因偷懶而被解雇後能夠找到另外的工作，而且在某些工作中可信任性比天分更重要。

直觀地講，當企業不可能完全監督工人的行為時，工資構成工人偷懶被發現從而被解雇的機會成本，工資越高，機會成本越高，因此，較高的工資有利於減少工人偷懶的傾向性。

3. 錦標制度

在委託——代理關係中，由於信息不對稱，委託人不能觀察到代理人的行動 a，只能觀察到代理人的產出。但產出水平不僅與代理人的努力程度有關，而且與外生因素有關，代理人會將低產出解釋為是不利的外生因素的影響，從而逃避委託人的懲罰。而委託人由於不能觀察到代理人的行動 a，也就很難證明低產出是代理人不努力的結果，同時也可以將高產出解釋為

是有利的外生因素的影響，而不是代理人努力的結果，從而克扣本應給代理人的報酬。這就產生了所謂的雙向「道德風險」的問題，不僅對代理人存在「道德風險」問題，對委託人也存在「道德風險」問題。因此，有時用絕對的產出量來決定代理人的報酬就沒有激勵作用，如在經濟低潮時，經理非常努力地工作，但其產出（如利潤）的絕對量卻很低；而在經濟高潮時，經理不努力工作，卻得到高的產出。又如銷售人員，一個銷售人員在一個有較高購買力的地區推銷，不用付出很大的努力卻得到好的銷售業績；而另一個銷售人員在一個購買力很低的地區推銷，付出了很大的努力卻得到差的銷售業績等。

而所謂錦標制度，是委託人試圖在近乎相同的外部環境下，根據代理人在所有代理人中的相對表現（如排名）來確定其所得，而不是根據其絕對表現來確定其所得。錦標制度的實質是希望排除不確定的外生因素的影響，從而使委託人對代理人的努力程度的判斷更為準確，這樣既可降低風險成本又可強化激勵機制。當然，在運用錦標制度時，代理人的業績必須是相關的。

錦標制度類似於拍賣，但與拍賣不同之處在於，在錦標中失敗一方的行為直接影響博弈結果。同拍賣一樣，當委託人想要從代理人處獲取信息時，錦標制度尤其有用。因為在由委託人設計的錦標中，代理人自己提供工資標準，因而它也被稱為標尺競爭。

在法瑞爾（Farrell）一篇未發表的論文中，他使用錦標來解釋為什麼「懈怠」會成為導致與壟斷相聯繫的福利損失的主要來源。過去對此的解釋常常基於錯誤的推理，通常的論斷是，由於壟斷者不必像競爭性企業那樣為了生存而最大化利潤，因而生產無效產量。這依賴於企業關心生存而不是利潤這樣值得懷疑的假定。法瑞爾提供了一個更弱的假設，儘管壟斷廠商的股東最大化利潤，但經理卻最大化他們自身的效用，在沒有其他企業運行作參照的情況下道德風險問題將會很嚴重。

假定企業 1 有兩種可能的生產技術：快速和精細。對於每種技術，自然獨立地以概率 p 選擇生產成本 $c = 1$，以 $1 - p$ 的概率選擇生產成本 $c = 2$。經理可以隨機選擇一種技術，也可以去調查兩種技術的成本，這樣做的效用成本為 F。股東可以觀察到最終的生產成本，但不能觀察到經理是否做過調查。如果他們觀察到經理選擇快速技術且生產成本 $c = 2$，他們無法確定這是經理在沒有調查情況下的選擇，還是在調查兩種技術並發現它們均為高成本情況下的選擇。工資合同是基於股東可觀測的變量，所以其形式為 (W_1, W_2)，其中，當 $c = 1$ 時工資為 W_1，當 $c = 2$ 時工資為 W_2。在不調查情況下經理的效用為 $\log W$，在調查的情況下為 $\log W - F$，同時如果他辭職則獲得 $\log \overline{W}$ 的保留效用。

如果股東想讓經理進行調查,則合同必須滿足自選擇約束:
$$U(不調查) \leq U(調查) \tag{1}$$
如果經理調查,他仍舊有$(1-p)^2$的概率不能找到低成本的技術,所以自選擇約束等價於:
$$p\log W_1 + (1-p)\log W_2 \leq [1-(1-p)^2]\log W_1 + (1-p)^2\log W_2 - F \tag{2}$$

由於股東想要盡可能降低經理的補償,因此自選擇約束為緊的,將不等式變為等式並進行簡化,得到:
$$p(1-p)\log\frac{W_1}{W_2} = F \tag{3}$$

參與約束(也為緊的)為$U(\overline{W}) = U(調查)$,或:
$$\log\overline{W} = [1-(1-p)^2]\log W_1 + (1-p)^2\log W_2 - F \tag{4}$$

對(3)、(4)的聯立方程求解W_1與W_2,結果為:
$$W_1 = \overline{W}e^{F/p}$$
$$W_2 = \overline{W}e^{F/(1-p)}$$

企業的預期成本為:
$$[1-(1-p)^2]\overline{W}e^{F/p} + (1-p)^2\overline{W}e^{-F/(1-p)}$$

如果參數為$p = 0.1, F = 1$以及$\overline{W} = 1$,則近似值為$W_1 = 22,026$並且$W_2 = 0.33$,此時預期成本為$4,185$。很可能發生的情況是股東決定不值得讓經理調查。

現在假定其他情況同上,但此時企業1有了一個競爭者企業2。企業1的股東可以進行如下威脅,即如果企業2採用了低成本技術而企業1未採用的話,將對經理進行無限嚴厲的懲罰。如果企業2的股東同樣行事的話,兩個經理將陷入囚徒困境:兩者均希望不調查,但每個人均因為害怕別人調查而進行調查。對企業1的強制性合同可以規定$W_1 = W_2$以完全保障企業1的經理,同時如果企業2的成本低於企業1則進行無限嚴厲懲罰。合同僅需要滿足參與約束$\log W - F = \log\overline{W}$,所以$W = 2.72$,並且企業1的學習成本僅為$2.72$(而不是$4,815$)。競爭通過解僱經理的威脅(而不是企業破產的威脅)提高了效率。

此外,解決「道德風險」的問題還有:① 風險分擔合同,即使代理人(如經理)不僅得到薪水,而且得到對企業股票的看漲期權,如果他降低了股票價值,他的期權價值也會下降來激勵代理人。② 油鍋合同,如果僅當代理人偷懶並且自然狀態出現不利時企業才會變得無法支付紅利,則如果規定當企業紅利降低時將解僱代理人,代理人將會努力工作。③ 全盤出售,代理人通過槓桿收購買入委託人的資產。如出租汽車公司(委託人)將汽車賣給出

租車司機(代理人)，出租車司機只向公司上繳固定的費用，剩餘的利潤全歸出租車司機自己。這時，出租車司機就像給自己幹活一樣，既有多拉客賺錢的積極性，同時由於汽車是自己的，也有維護和保養汽車的積極性。此外還有監督等措施來降低「道德風險」。

二、舊車市場 —— 逆向選擇

像「道德風險」一樣，「逆向選擇」這個概念最初也是來自保險市場，在保險市場上，「道德風險」來自保險公司不能觀察到投保人在投保後的防範措施(行動)，從而投保人的防範措施偏離沒有保險或沒有事後信息不對稱時的防範措施；逆向選擇來自保險公司事前不知道投保人的風險程度(信息)，從而保險水平不能達到對稱信息情況下的最優水平(即高風險的消費者把低風險的消費者趕出保險市場)。如有一種現象是 60 歲以上的人不容易買到保險，保險公司最喜歡的客戶當然是身強體壯、無病無災的人。但照理講保險公司能對高年齡的人索取更高的保險費，他們也願意支付更高的保險費，因而應該形成這樣的市場。然而結果卻還是存在很大問題，其原因在於不對稱信息的存在。投保者更清楚自己的健康狀態，即便有體檢證明，保險公司仍然不能完全瞭解投保者的私有信息，因此他們只能形成對投保者健康狀態的一種概率判斷，由此定下的保費會高於身體較健康者的支付意願，低於身體不健康者的支付意願。因此健康的人不願意參加保險，不健康的人則踴躍參加。這種現象進而會使保險公司提高保費，這樣又會使一些身體較健康者退出，保險公司又提高保費，如此往復循環，就將使這種保險市場萎縮。

當然，在現實中的保險市場上，道德風險和逆向選擇是同時存在的，保險公司既缺乏投保人的風險程度的事前信息，也難以觀察到投保人的事後防範措施。

(一) 逆向選擇分析的一般步驟

(1) 自然選擇代理人的類型，代理人知道自己的真實類型，而委託人不知道；

(2) 委託人提出一種激勵方案(合同)；

(3) 代理人決定是接受還是拒絕這一方案(合同)，如果拒絕，博弈結束；

(4) 代理人採取一定行動，委託人觀測到行動的結局，執行合同給予代理人相應的報酬。

從逆向選擇分析的一般步驟中，可以看出逆向選擇和道德風險的委託—代理博弈的不同之處在於：首先，在逆向選擇中，代理人具有委託人不知道的私有信息，但代理人的行動是委託人完全可以觀測得到的；而在道德

風險中,則是雙方的初始信息相同,但委託人不能完全觀測到代理人的行動。其次,逆向選擇的非對稱信息發生在簽訂合同之前,即代理人在簽訂合同之前就擁有了關於自己類型的私人信息;而道德風險的非對稱信息發生在簽訂合同之後,即代理人在簽訂合同之後的行動委託人不能觀測到　,但在簽訂合同時,委託人知道代理人的類型。

因此,在道德風險問題中,委託人的問題是設計一個最優的激勵合同來誘使代理人選擇委託人所希望的行動,故其重點在於代理人的行動;而在逆向選擇問題中,委託人在簽訂合同時不知道代理人類型的信息,委託人的問題是選擇什麼樣的合同來獲得代理人的私人信息,故其重點在於代理人會接受什麼樣的合同。如果激勵合同不合適,則代理人的選擇就會和委託人所期望的方向不同,也就是做出逆向的選擇。

在有些逆向選擇博弈中,有可能沒有第三步,即代理人沒有選擇的餘地,這發生在委託人對於代理人的行為具有一定的強制力的時候。最顯著的例子就是國家稅收體制,只要是公民就不能不接受國家的稅收方案,當然如果考慮到可以通過移民來「用腳投票」從而拒絕這一稅收方案的情況,那第三步仍然是存在的。

(二) 舊車市場

逆向選擇最經典的例子是阿克洛夫(Akerlof)在1970年提出的「檸檬市場」概念,這成為他最著名的貢獻,並產生了重要影響。阿克洛夫最初的討論針對的是舊車市場。在美國,表面看上去還不錯實際上很差勁的二手車在俚語中被稱為「檸檬」,因此這裡所說的檸檬市場是指賣二手汽車的市場。

在舊車市場上,之所以產生逆向選擇,起關鍵作用的是信息不對稱。在二手車市場上,信息不對稱是顯然的,賣主知道自己舊車的真實狀況,但買主不知道,尤其是在舊車被整修一新的時候。

阿克洛夫舊車市場一個簡單的理論模型是:有多個潛在的賣主1和多個潛在的買主2,賣主知道自己出售的舊車(同一品牌、行程里數、外觀均差不多)的質量 θ,買主不知道 θ,但知道 θ 的分佈函數 $F(\theta)$;$V(\theta)$ 為買主對舊車的評價,$W(\theta)$ 為賣主對舊車的評價,且 $V(\theta) \geq W(\theta)$,$\partial V/\partial \theta > 0$,$\partial W/\partial \theta > 0$;買主出價 P,賣主決定接受或不接受;如果接受,賣主的得益為 $u_1 = P - W(\theta)$,買主的得益為 $u_2 = V(\theta) - P$;如果不接受,雙方的效用均為零。這裡假設買主和賣主都是風險中立的。因為 $V(\theta)$,$W(\theta)$,P 的具體取值不同,故可用這個簡單的理論模型代表多種不同的舊車市場交易情況。

1. 對稱信息的舊車市場交易

現假定賣主出售的車只有兩種類型的最簡單的情況:$\theta = 6,000$ 元(車況好) 和 $\theta = 2,000$ 元(車況差)。如果信息是對稱的,即買主和賣主對舊車

的質量都是清楚的,則戰略是:賣主對車況好的車要高價,對車況差的車要低價;買主買下賣方所出售的舊車。

2. 兩種類型非對稱信息單一價格的舊車市場交易

如仍假定賣主出售的車只有兩種類型:$\theta = 6,000$ 元(車況好) 和 $\theta = 2,000$ 元(車況差),賣主知道自己所售車的車況,而買主不知道,且每種類型舊車的概率為二分之一;所謂單一價格是指買賣雙方有相同的偏好且對車的評價等於車的質量,即 $V(\theta) = W(\theta) = \theta$。在沒有成交時,買賣雙方的得益為$(0,0)$;如果在價格 P 時成交,則賣主的得益為 $u_1 = P - W(\theta)$,買主的得益為 $u_2 = V(\theta) - P$。

在對稱信息下,買主顯然願意以 6,000 元的價格買下車況好的車,而只願意以 2,000 元的價格買下車況差的車。但由於信息的不對稱,逆向選擇發生了,若賣主要價為 4,000 元時(平均質量的價格),買主將會推斷賣主賣出的肯定是車況差的車(檸檬貨),否則賣主肯定不會將車況好的降價出售,因此買主只肯出價 2,000 元;同時,在 4,000 元的價格下,車況好的車將會退出市場,因為 4,000 - 6,000 < 0。這時的均衡價格為 2,000 元,買者買到的全是檸檬貨,賣者售出的也全是檸檬貨,好貨全部(1/2)退出市場。這就是在非對稱信息下檸檬貨驅除好貨的逆向選擇。

3. 連續類型非對稱信息單一價格的舊車市場交易

顯然,車況只有兩種類型的情況與實際不太相符。車況一般是連續分佈的,如假定車況 θ 在 $[2,000, 6,000]$ 區間上均勻分佈,則密度函數為 $f(\theta) = 1/(6,000 - 2,000) = 1/4,000$。同樣,當買賣雙方有相同的偏好且對車的評價等於車的質量時,只存在一種價格。如果所有的車都在市場上,車的平均質量 $E\theta = 4,000$ 元,買者願意支付的價格也是 4,000 元;但此時,只有車況低於 4,000 元的賣者才願意出售,所有車況高於 4,000 元的賣者都將退出市場,欲出售汽車的平均質量降為 $E\theta = 3,000$ 元,買者願意支付的價格也降為 3,000 元;但此時,只有車況低於 3,000 元的賣者才願意出售,所有車況高於 3,000 元的賣者都將退出市場,欲出售汽車的平均質量降為 $E\theta = 2,500$ 元,買者願意支付的價格也降為 2,500 元;如此循環,直至價格降至 2,000 元,這是唯一的均衡價格。但由於車況是連續分佈的,當價格降至 2,000 元時,市場中的汽車數目為無窮小,市場也就完全崩潰了。

可用圖 5.3 來反應舊車質量在連續類型時檸檬貨驅除好貨的逆向選擇導致市場完全崩潰的過程。

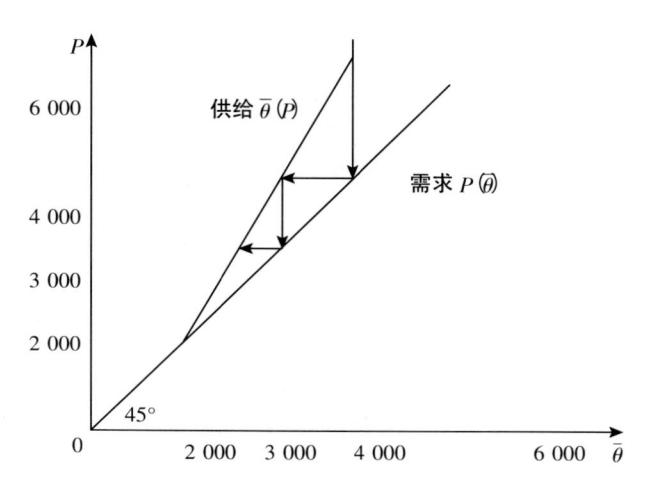

图 5.3 柠檬货驱除好货(市场完全崩溃)

圖 5.3 中的橫軸表示汽車的平均質量,縱軸表示舊車價格。每個價格導致一個不同的平均質量,儘管市場上出售的車的平均質量隨著價格的上升而上升,但平均質量上升的幅度小於價格上升的幅度(這裡等於 1/2)。因為均衡意味著價格等於平均質量($P = \bar{\theta}$),均衡價格一定在過原點的 45°線上,即圖 5.3 中的需求曲線 $P(\bar{\theta})$ 的斜率為 1,供給曲線 $\bar{\theta}(P)$ 的斜率為 2,唯一的交點為 2,000。

4. 連續類型非對稱信息多種價格的舊車市場交易

當舊車質量是連續分佈的且買賣雙方對車的質量評價相同時,整個舊車市場將會崩潰,事實上這個結論過於極端。現實中,買賣雙方對車的質量評價一般是不相同的,一般情況下,交易之所以發生,是因為買者對同一物品的評價高於賣者。如果假定買者對舊車的評價高於賣者,即 $V(\theta) = k\theta > W(\theta) = \theta$,即買者的評價是賣者的 $k(k \geq 1)$ 倍,雖然此時車況好的車仍然不會進入市場,但舊車的交易就會出現,而不會完全沒有交易(市場崩潰)。如果交易成功,賣者的效用為 $u_1 = P - \theta$,而買者的效用為 $u_2 = k\theta - P$;如果交易不成功,買賣雙方效用均為零。

當買者的評價高於賣者時,交易帶來的淨剩餘為 $(k-1)\theta$,買賣雙方的討價還價決定這個淨剩餘的分配,則形成多個成交價格。當買者的人數多於賣者,從而賣者佔有全部剩餘時的交易情況如圖 5.4 所示。

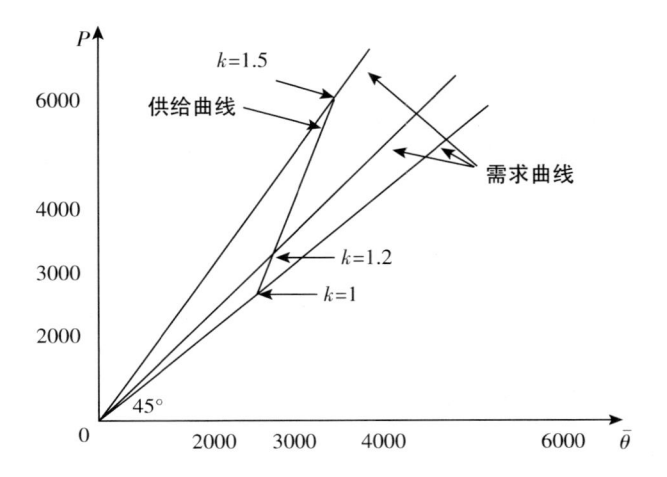

图 5.4 买者的评价高于卖者时的旧车交易(部分交易)

圖 5.4 給出了對應不同 k 值的均衡點的直觀解釋。當買者的人數多於賣者,從而賣者佔有全部剩餘時,賣者的供給曲線與圖 5.3 相同,仍為 $\bar{\theta}(P)$,但買者的需求曲線為 $P(\bar{\theta}) = k\bar{\theta}$,而不是 $P = \bar{\theta}$。均衡價格和均衡車況分別為:

$$P = \frac{2,000k}{2-k} \quad (k \leq 1.5, 否則 P = 4,000k)$$

$$\bar{\theta} = \min\left\{\frac{4,000}{2-k}, 4,000\right\}$$

如果 $k = 1$,舊車市場處於連續型非對稱信息單一價格的交易情況。對於所有的 $k > 1$,均衡價格和均衡質量均高於上例中的均衡價格和均衡質量。均衡價格和均衡質量都是 k 的增函數(或非遞減函數),就是說,買者與賣者的評價差距越大,均衡價格越高,交易量越大。比如說,當 $k = 1.2$ 時,均衡價格等於 3,000 元,所有 $\theta \leq 3,000$ 元的車都進入市場,所有 $\theta > 3,000$ 元的車都退出市場,市場上出售的車的平均車況為 $\bar{\theta} = 2,500$ 元。特別地,當 $k > 1.5$ 時,所有的車都成交。平均車況為 $\bar{\theta} = 4,000$ 元,均衡價格為 $P = 4,000k$ 元。

因此,如果信息是對稱的,所有的車都應該從賣者手中轉到買者手中,但由於信息的不對稱,逆向選擇使得所有 $\theta > 2,000k/(2-k)$ 元的車留在賣者手中,從而市場只會部分地存在,交易的數量不是最有效的。

前面是假定買者的人數多於賣者,從而交易帶來的所有剩餘都被賣者拿走。但也可能賣者的人數多於買者,這時賣方應提供什麼價格呢?假定 $k = 1.2$,在 $P = 3,000$ 元時,所有 $\theta = 3,000$ 元的車都願意出售,但並非所有的賣者都能找到買主,這時的平均車況為 $\bar{\theta} = 2,500$ 元(見圖 5.4),買方

的剩餘為零($u_2 = 1.2 \times 2,500 - 3,000 = 0$)。但當要價較低的賣者仍然可以找到買主,如買方最希望的價格與車況的組合(均衡結果)是($P = 2,000$元,$\theta = 2,000$元),這時因為買主對車況的評價高於賣方,即$V(\theta) = k\theta = 1.2 \times 2,000 = 2,400$元$> W(\theta) = \theta = 2,000$元,當買主以$P = 2,000$元的價格買到$V(\theta) = 2,400$元的車時,他將獲得400元的剩餘($u_2 = V(\theta) - P = 2,400 - 2,000 = 400$)。從圖5.4中可看出,需求曲線的斜率隨賣方人數對買方人數比例的上升而下降,即意味著賣方人數越多,買方願支付的最高價格越低,從而均衡價格和均衡質量都隨賣者人數的增加而下降。

5. 賣方對車況有不同評價時的舊車市場交易

在前面的幾種情況中,都是假定賣方對車的評價是相同的,即$W(\theta) = \theta$。但現實中,賣方對車的評價一般是不同的,即由於賣車的原因不同而產生不同的評價,如有的是由於不喜歡車子的牌子希望賣掉舊車去更換其他牌子的汽車,而有的是由於出國而賣車,也有的可能本身就是做舊車生意的等。這時,賣方對車的評價為$W(\theta) = (1 + \varepsilon)\theta$,$\varepsilon$在這裡為一個可正可負、但均值為零的隨機變量。仍假設賣方的評價$V(\theta) = \theta$。因此,這種情況下交易成功時,賣方的得益為$u_1 = P - (1 + \varepsilon)\theta$,買方的得益為$u_2 = \theta - P$。可見,只有當$(1 + \varepsilon)\theta \leq P$時,賣方才會願意賣車。如$\varepsilon = -0.15$,當$\theta = 2,000$元時,賣者最低會以$P = 1,700$元的價格出售汽車(如急於賣掉汽車出國的賣方);而當$\varepsilon = 0.15$,$\theta = 2,000$元時,賣者最低能夠接受的價格是$P = 2,300$元(如以做舊車生意為生的賣方)。這也是舊車市場上,買方想知道賣方賣車的原因及賣方身分的道理,因為在一般情況下,汽車是賣方本人的並急於出售的賣方,ε會為負,買者會判斷車況較好,而售價會較低;而以做舊車生意為生的賣方,ε會為正,買者會判斷車況較差,而售價會較高。

因此,當賣方對車況有不同評價時,逆向選擇使有些賣者的評價高於買者的車不能成功交易。一般而言,均衡交易量低於對稱信息下的交易量。

以上幾個例子表明,在對稱信息下,舊車市場是完全且有效的。但在不對稱信息下,由於逆向選擇的產生,舊車市場有可能完全崩潰,也可能只存在部分市場,這取決於車況的分佈函數和買賣雙方對車況評價的差異程度。

同時,以上幾個例子都是假定買者和賣者全是風險中性的,但如果買賣雙方都是風險規避的,則情況會有所不同。仍以上面第4種情況為例,對賣方而言,風險規避不會帶來任何影響,因為賣方清楚自己的價格及他提供的汽車的車況,因而不會有任何風險。但買方則面臨風險,如當$k = 1.2$時,如果買者知道車的質量,他願意為$\theta = 3,000$元的車付出$P = 3,600$元的價格。但當他是風險規避的,他只知道車的平均車況為$\bar{\theta} = 3,000$元(實際車況可能是2,500元或3,500元),他將不會為此付出3,600元,因為車況

好時增加的500元的效用低於車況差時減少的500元的效用,此時風險規避的買方可能只願意出價2,900元。這樣,風險規避時的均衡價格和均衡質量都較風險中性情況下低。

(三) 逆向選擇的解決辦法

從舊車市場的交易中可以看出,在信息不對稱的條件下,由於代理人(賣方)隱藏信息(知識),則會產生逆向選擇,而逆向選擇可能會導致市場的完全失效或部分失效。這就意味著總會有部分買者會上當受騙,同時也會有車況好的車反而賣不出去的現象發生。舊車市場的例子可以進一步推廣到與此相類似的其他商品的交易或其他領域的逆向選擇問題,如長期困擾中國的許多地方假冒偽劣商品猖獗的現象,一方面是許多消費者上當受騙,另一方面是優質商品被假冒偽劣商品衝擊。因此,防止或減少逆向選擇的現象,對提高市場效率,促進社會道德規範,提倡誠信經營,構造和諧社會都有積極意義。

解決逆向選擇問題的方法很多,但從理論上講,防止逆向選擇的最根本的方法是消除信息的不對稱,這是因為逆向選擇產生的原因是信息不對稱。在舊車市場上,這就意味著買方需要掌握有關汽車方面的許多專業知識,從而具有識別汽車真實質量的本領。在更一般的魚龍混雜的商品市場上,就要求消費者都應該成為所購商品方面的專家,這顯然是辦不到的。退一步講,即使是通過一些培訓可以使消費者都成為所購商品方面的專家,但由於成本太高,也是幾乎無法實施的。這大概就是理論和實際的矛盾,這也是近幾年為打擊假冒偽劣商品,希望通過提高消費者的識別能力來減少信息不對稱的努力,但眾所周知,這樣的效果並不理想。

既然如此,我們應該換一個角度來思考防止或減少逆向選擇問題的途徑,即對賣方實施一些有效的監督,嚴厲的懲罰或恰當的獎勵等措施也可起到防止或減少逆向選擇的問題。如使商品的質量以合同或條令的形式來加以保證,如國家正在考慮不僅對新車實施「三包」,而且對舊車也實行「三包」的政策,一旦發現質量問題,賣方必須付出昂貴的代價(目前的問題是如何真正實施)。政府的非經濟的干預對防止或減少逆向選擇問題也是重要的,如停業整頓、取消執照、終身禁入等。加大懲罰力度應是現實中打擊假冒偽劣商品的一個有力措施,讓假冒偽劣商品的制販者不僅身敗名裂,更重要的是要罰他個傾家蕩產,在這樣的制度選擇下,有可能大大減少假冒偽劣商品的現象。對誠信商家的獎勵措施也是一個重要的方面,這種獎勵不應僅是精神方面的,還應是物質方面的。當然,目前更重要的是執行力度的問題。

三、保險政策的篩選

前面已述,逆向選擇來自保險公司(委託人)事前不知道投保人(代理

人)的風險程度(信息),從而保險水平不能達到對稱信息情況下的最優水平,故產生逆向選擇的問題,這將使某些保險市場萎縮。

面對一些有逆向選擇的保險市場,能否設計出一種讓投保人自我選擇的機制呢?羅森查德(Rothschild)與斯蒂格利茨(Stiglitz)在1976年的一篇文章中給出了這種思路。

(一)逆向選擇的保險市場

在保險市場上,保險公司是委託人,投保人是代理人。假定有兩類投保人,第一類是風險比較高的,第二類是風險比較低的。投保人自己知道自己的類型,而保險公司不知道。如汽車意外險中,開快車的屬於第一類,開車謹慎的屬於第二類;又如健康保險中,身體健康的屬於第一類,身體不健康的屬於第二類等。第一類投保人出險的概率比較高,設這類人出險的概率為 e,第二類投保人出險的概率比較低,設這類人出險的概率為 f,$0 < f < e < 1$。假設所有的投保人都有財產 W,一旦發生意外,會損失 L。因此,如果不買保險,消費者的最終財產或者為 W 或者為 $W - L$。一旦買了保險,其保險費為 P。同時,保險公司還規定有一部分損失應由投保人自負,自負部分的損失叫可減損失,記為 D。所以,如買了保險,消費者的最終財產或者是 $(W - P)$(如沒有發生事故),或者是 $(W - P - D)$(如發生事故)。

而保險公司的期望利潤是取決於購買保險的顧客的類別的。如果顧客是高風險的人,則保險公司的期望利潤為:

$$Eu(P, D, e) = P - e(L - D)$$

這裡,e 為出事故的概率,$(L - D)$ 為出事故時保險公司要賠付的金額。

同理,如投保人是低風險的人,則保險公司的期望利潤為:

$$Eu(P, D, f) = P - f(L - D)$$

為了確定保險費用 P,需要用到保險學中的兩個術語。一個術語是統計上的公平,所謂統計上的公平是指,如果某種保險政策下的利潤期望值為零,則稱該保險政策為保險統計上公平的政策。另一個術語是完全保險,它是指,如果可減損失 $D = 0$,即所有損失都由保險公司賠償,則稱該保險政策為完全保險政策。

顯然,在完全保險政策下,統計公平的保險價格 P 應滿足:

(1)對於高風險的顧客有:$P = eL$;
(2)對於低風險的顧客有:$P = fL$。

假定投保人是規避風險的,且低風險的投保人與高風險的投保人具有同樣的效用函數 $\pi(x)$,效用函數呈凹性。風險高的投保人(用 1 表示)的期望效用為:

$$E\prod\nolimits_1(D, P; e) = e\pi(W - P - D) + (1 - e)\pi(W - P)$$

可見，風險高的投保人的期望效用取決於自負部分 D、保險價格 P 與出事故的概率 e。

同理，風險低的投保人(用 2 表示)的期望效用為：

$$E\prod\nolimits_{2}(D,P;f) = f\pi(W-P-D) + (1-f)\pi(W-P)$$

可見，風險低的投保人的期望效用取決於自負部分 D、保險價格 P 與出事故的概率 f。

這時，如果保險公司對兩類不同的投保人採用相同的保費，則逆向選擇的問題就產生了。風險低的投保人認為保費過高而退出保險市場，而進入保險市場的全是高風險的投保人，在此保費下，保險公司將會產生虧損。為了不產生虧損，保險公司將提高保費，在此保費下，認為保費過高的風險低的投保人退出保險市場，而進入保險市場的全是在此保費下高風險的投保人。如此循環，高風險的投保人不斷驅除低風險的投保人，與舊車市場一樣，該類保險的市場將面臨崩潰。

但上述高風險和低風險兩類投保人由於辦事的行為方式不同，故對於保險價格 P 與自負部分 D 的態度會有很大的不同，高風險的投保人由於出事故的概率較高，所以會喜歡選擇低的 D 與高的 P，即寧可付較高的保險費去換得較低的自負部分風險；而低風險的投保人由於出事故的概率較低，一般會喜歡選擇高的 D 與較低的 P，這在客觀上為保險公司提供了篩選不同投保人的契機。因此，儘管保險公司不知道前來購買保險的投保人屬於什麼類型，但它可以通過設定不同的 P 與 D 的組合來篩選不同的消費者，讓顧客自我選擇(如圖 5.5 所示)。

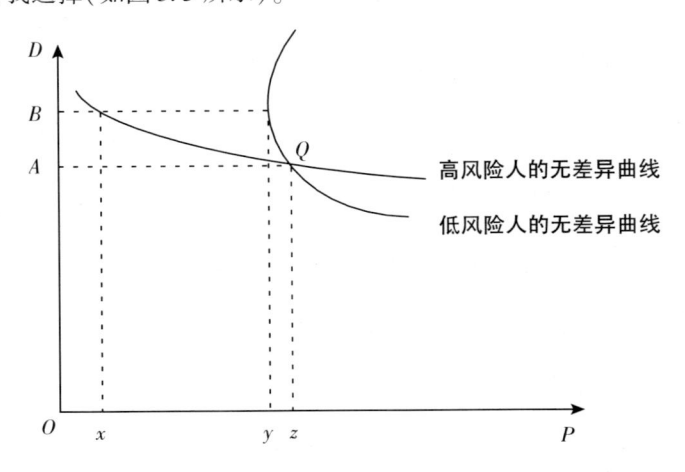

圖 5.5 兩類不同投保人的无差异曲线

在圖 5.5 中,高風險的投保人的無差異曲線比較平坦,而低風險的投保人的無差異曲線比較陡峭。這是因為,對高風險的投保人,若在期望效用 $E\prod_1$ 對 D 求一階導數,在期望效用 $E\prod_2$ 對 P 求一階導數,則有:

$$\frac{dD}{dP} = -\frac{-e\pi'(W-P-D)-(1-e)\pi'(W-P)}{-e\pi'(W-P-D)} \quad (1)$$

同理,對低風險的投保人,若在期望效用 $E\prod_2$ 對 D 求一階導數,在期望效用 $E\prod_1$ 對 P 求一階導數,則有:

$$\frac{dD}{dP} = \frac{-f\pi'(W-P-D)-(1-f)\pi'(W-P)}{-f\pi'(W-P-D)} \quad (2)$$

因為 $0 < f < e < 1$,所以(1)式大於(2)式,這就表明儘管兩類投保人的無差異曲線的斜率都為負,但風險大的顧客的無差異曲線的斜率負得少一些,因而曲線會更加平坦一些。從兩種類型投保人的無差異曲線這種差異,就會發現,當我們從兩條無差異曲線的交點 $Q(z,A)$ 向上移動時,當在縱軸的自負率從 A 上升到 B 時,低風險的人認為這不是什麼大不了的事,只要求保險費用(橫軸表示)從 z 降為 y 即可;但是對於風險高的顧客來說,一旦自負率從 A 上升到 B 時,則意味著風險大大上升,這時,只有保險價格從 z 下降為 x 才能抵消由於 D 上升對高風險投保人帶來的損失。

(二)保險政策的篩選功能

從上面的分析得到,高風險的投保人喜歡選擇低的 D 與高的 P,而低風險的投保人喜歡選擇高的 D 與較低的 P,這就為保險公司制定保險政策提供了依據。保險公司對 D 與 P 可以有各種搭配,但基本原則是讓自負率 D 與保險價格 P 之間存在替代關係(見圖 5.6)。

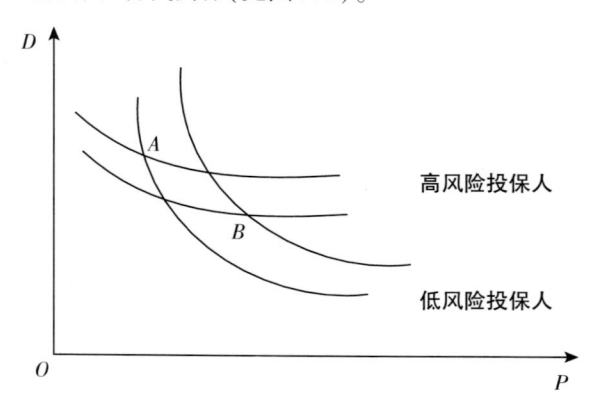

圖 5.6　自负率 D 与保险价格 P 的组合

圖5.6畫出了四條無差異曲線，對每一種類型的投保人都各畫出兩條。由於 D 與 P 對於投保者都意味著損失，所以無差異曲線越接近於原點，則越是代表高的效用水平。

　　考慮圖5.6中的兩個組合點 A 與 B。在 A 點，意味著保險價格比較低，但自負率比較高，這種組合往往為低風險的投保人所接受。這是因為，儘管低風險的投保人也可以買由 B 點所代表的保險政策組合，但對他來說，B 點處於效用水平較低的那條無差異曲線上，而 A 點則在效用水平較高的那條無差異曲線上，所以低風險的投保人會選擇 A。同理，在 B 點上，意味著保險價格比較高，但自負率比較低，這種組合往往為高風險的投保人所接受。這是因為，儘管高風險的投保人也可以買由 A 點所代表的保險政策組合，但對他來說，A 點處於效用水平較低的那條無差異曲線上，而 B 點則在效用水平較高的那條無差異曲線上，所以高風險的投保人會選擇 B。

　　因此，在存在不對稱信息的保險市場中，通過保險公司對自負率 D 和投保價格 P 的不同組合而構成多種保險組合方案供不同類型的投保人自我選擇，在一定程度上可以防止和減少由於逆向選擇帶來的問題。

四、信號傳遞與信號甄別模型

　　在不完全信息的動態博弈中，由於擁有私人信息的代理人隱藏信息而產生的逆向選擇可能會導致市場的部分失效或全部失效，從而使帕累托最優的交易不能實現。但如果擁有私人信息的代理人有辦法用某種信號將私人信息傳遞給沒有信息的委託人（信號傳遞），或者是沒有信息的委託人有辦法誘使有私人信息的代理人揭示其私人信息（信號甄別），則交易的帕累托改進可以得到實現。信號傳遞與信號甄別的區別是：在信號傳遞中，是擁有私人信息的代理人先行動；而在信號甄別中，則是沒有信息的委託人先行動。如在舊車交易中，擁有私人信息的賣方向買方提供一定時期的保修期（如一年），這意味著賣方向買方提供了一個車況好的信號，因為車的質量越好，維修保證的預期成本越低。顯然，擁有車況好的賣方敢於向買主提供保修期的積極性大於擁有車況差的賣方，買主將保修期看成是車況好的信號，從而願意以較高的價格購車。這是一個信號傳遞的例子。在本章第三例保險政策的篩選中，沒有信息的保險公司根據自負率 D 和保險價格 P 的組合給出了 A 和 B 兩個投保方案，高風險的投保人喜歡選擇 B，而低風險的投保人喜歡選擇 A。若某一投保人選擇了 B，則保險公司則判斷他是高風險的投保人，這就是信號甄別。

（一）信號傳遞模型

　　信號傳遞的形式多種多樣，信號傳遞模型也可用於多個領域。下面用勞動力市場的信號傳遞來說明信號傳遞的一般機制。

1. 勞動力市場的信號傳遞機制

勞動力市場是市場經濟中具有重要地位的一個市場。勞動力市場既具有一般市場共有的特點和供求規律,也有很強的特殊性和政策性;既與勞動者的生理及心理規律有關,也可以揭示教育在市場經濟中的作用等。

假設有一個雇主(委託人)和一個雇員(代理人),雇主希望聘到一個能力強的雇員,假定雇員的能力 θ 只有兩種情況: $\theta = 1$ (能力差), $\theta = 2$ (能力強)。雇員知道自己是能力差還是能力強,但雇主不知道,只知道能力差和能力強的概率(如各為 0.5)。假定雇主給雇員的工資也只有兩檔, $W = 1$ (低工資)和 $W = 2$ (高工資)。雇主希望給能力強的雇員以較高的工資,而給能力差的雇員以較低的工資。問題在於,在雇主不能觀察到雇員真實能力的情況下,能否找到一種信號來識別雇員能力的高低呢?或者說,雇員通過什麼信號向雇主傳遞自己能力高低的信息呢?人們自然想到了教育。假定教育水平能用文憑(如職高文憑、大學專科文憑、大學本科文憑、研究生文憑等)來反應, $s \in \{0, e\}$,其中 $s = 0$ 表示未獲得文憑, $s = e$ 表示獲得文憑。為什麼文憑能夠成為傳遞雇員能力高低的信號呢?這是因為拿到文憑需要付出成本(這裡的成本僅指拿到成本所花費的時間、精力、努力程度等,而不是指學費),雇主相信,能力強的雇員獲得文憑的成本較能力差的雇員獲得文憑的成本低,即能力強的雇員能較輕鬆地獲得文憑,而能力差的雇員要獲得文憑卻要花很大精力才能獲得文憑。假定能力差的雇員獲得文憑的成本為 $c(s) = s$,能力強的雇員獲得文憑的成本 $c(s) = ks, (k<1)$ 。因此,雇主通過雇員是否有文憑來決定雇員的工資 $W(s)$,見到有文憑的雇員即認為是能力強的雇員而付給較高的工資,而沒有文憑的雇員即認為是能力差的雇員而付給較低的工資。當雇員接受雇主的雇傭時,雇員的工資為 W ,產出為 y ,能力強的雇員的產出 $y = 2$,能力差的雇員的產出 $y = 1$ 。雇員的得益為 $W - c(s)$,雇主的得益為 $y - W$ 。雇主的問題是如何根據雇員發出的信號來判斷雇員是能力差還是能力強的,即希望確定一個 e^* ,使 e^* 具有這樣的功能,當 $s < e^*$ 時,雇主認為雇員的能力差,付給較低的工資 $W = 1$,當 $s \geq e^*$ 時,雇主認為雇員的能力強,付給較高的工資 $W = 2$ 。這樣,在雇主不知道雇員能力差和能力強的情況下,通過文憑這個信號傳遞了有關雇員能力的信息(如圖 5.7 所示)。

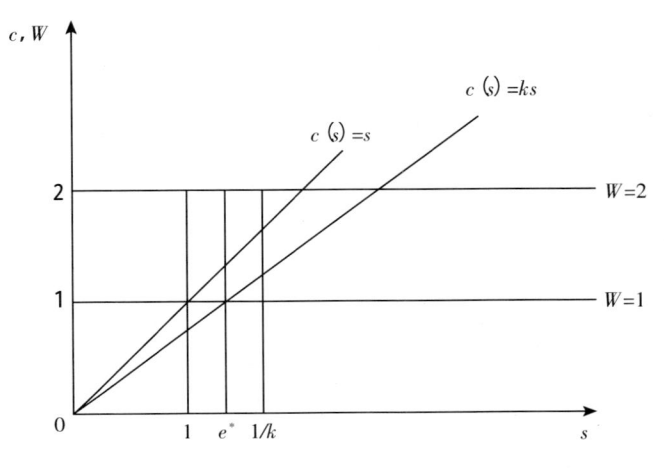

图 5.7 文凭的信号传递机制

在图 5.7 中,可以看出文憑 s、工資 W、教育成本 $c(s)$ 三者的關係。由於能力差的雇員的教育成本 $c(s) = s$ 高於能力強的雇員的教育成本 $c(s) = ks$,故能力強的雇員會偏好於 $s = e^*$,因為工資線 $W = 2$ 只對應於 $s \geq e^*$ 的狀況,由於 $s = e^*$ 時,工資線 $W = 2$ 與教育成本線 $c(s) = ks$ 的距離最長,即在這樣的工資水平下,雇員只會選擇 $s = e^*$,而不會選擇 $s > e^*$,因為太高的文憑增加了教育成本,而工資仍然是 2,此時的得益為 $2 - ke^*$,大於選 $s = 0$ 的得益 $1 - k \times 0$。而能力差的雇員會偏好於 $s = 0$,因為工資線 $W = 1$ 只對應於 $s < e^*$ 的狀況,其得益 $1 - 0$,大於選 $s = e^*$ 的得益 $2 - e^*$。而當:

$$\begin{cases} 2 - ke^* > 1 - k \times 0 & ,對能力強的雇員 \\ 1 - 0 > 2 - e^* & ,對能力差的雇員 \end{cases}$$

時,可解得:

$$1 < e^* < 1/k$$

這樣,當雇員選擇 $s \geq e^*$ 時,雇主可判斷他是能力強的雇員;當雇員選擇 $s < e^*$ 時,雇主可判斷他是能力差的雇員。這樣,雇員通過文憑的信號傳遞了有關自己能力的信息。

2. 斯賓塞勞動力市場博弈模型

斯賓塞(Spencer)1974 年提出的勞動力市場博弈模型是信號博弈的典型代表。勞動力市場博弈的博弈順序是:首先,自然隨機決定一個雇員的能力 θ,θ 有強(H)和差(L)兩種可能。能力強的概率 $p(\theta = H)$ 和能力差的概率 $p(\theta = L)$ 是雇員和雇主的共同知識。其次,雇員自己清楚是能力強還是能力差,然後為自己選擇一個受教育水平 $s \geq 0$。再次,有兩個雇主同時觀察到雇員的受教育水平,但不能觀察到雇員的能力,並同時提出願支付給雇

員的工資 $W(s)$。最後，雇員選擇接受或不接受工作，如果雇員選擇接受工作，則為給出工資較高的雇主工作，若兩家企業的工資相同，則隨機決定為誰工作。用 W 表示雇員接受工作時的工資。

在該博弈中，雇員的得益為 $W - c(s,\theta)$，$c(s,\theta)$ 是該能力為 θ、受教育程度為 s 的雇員供給勞動的成本；雇到該雇員的雇主的得益為 $y(s,\theta) - W$，$y(s,\theta)$ 為該能力為 θ、受教育為 s 的雇員的產出；沒雇傭到該雇員的雇主得益為 0。

這個信號博弈中的信號接收方為兩個，這是一個有三個參與人之間有同時選擇的兩階段不完全信息的動態博弈。

不用一個雇主或市場總雇主而用兩個雇主的原因是，雇主之間相互競爭對它們在勞動力市場上的雇傭行為有非常明顯的影響，一個雇主或市場總雇主無法反應這種競爭和影響。存在相互競爭的兩個雇主的影響主要體現在企業均衡戰略的決定方式上，由於沒雇傭該雇員的雇主得益為 0，因此兩個雇主之間的競爭會使雇主的期望得益趨向於 0，即雇主的最佳戰略就是讓工資接近其產出。如果確定了這一點，則市場上是一個雇主還是許多雇主就無關緊要了，因此時企業的行為與現實中競爭性市場上雇主的行為是一致的。為了假設有兩個雇主同時作為信號接收方的情況下，保證他們之間的競爭會使他們所出的工資相當於雇員的產出，還需假設兩家企業觀察到雇員受教育程度 s 以後，對雇員的能力有相同的判斷 $p(H_s)$ 和 $p(L_s) = 1 - p(H_s)$，或者說上述判斷是這兩個雇主之間的共同知識。

(1) 教育不影響產出時的勞動力市場的信號傳遞

假設教育水平為 $s \in \{0,1\}$，其中 $s = 0$ 表示沒有文憑，$s = 1$ 表示有文憑。令 $\theta = 1$ 代表能力差，$\theta = 2$ 代表能力強，且 $\theta = 1$ 和 $\theta = 2$ 的概率各為 0.5。再假設雇員的產出 $y(s,\theta) = \theta$，這個假設意味著有無文憑不影響產出。教育成本 $c(s,\theta) = s/\theta$，這個假設意味著能力越強，教育成本越低，這是斯賓塞勞動力市場博弈中一個關鍵的假設，也稱為「分離條件」。正是因為不同能力的雇員拿到文憑的教育成本不同，文憑才可能作為信號來傳遞雇員能力的信號。

在完全競爭的勞動力市場上，均衡條件下的工資等於預期的產出，雇主的預期收益為零。在對稱信息下，即雇員的能力不僅雇員知道，雇主也知道，即雇員的能力是共同知識。在上面的假設下，文憑沒有價值卻要花費成本，因此無論是能力強還是能力差的雇員均會選擇不要文憑（$s = 0$），雇主給能力強的雇員的工資 $W(\theta = 2) = 2$，給能力差的雇員的工資 $W(\theta = 1) = 1$，這是在對稱信息下的帕累托最優均衡。但在不對稱信息下，這個帕累托最優均衡卻是達不到的。

在信息不對稱的情況下，雇主不知道雇員是能力差還是能力強的，即

不能觀察到 θ，但知道雇員有無文憑，即能觀察到 s。因此，雇主給雇員的工資不能根據 θ 來確定，只能根據 s 來確定。這時均衡可能是混同均衡，也可能是分離均衡。

我們先來考慮混同均衡。

混同均衡是指不同能力類型的雇員都採用相同的戰略，即相同的教育水平的均衡。若令 $P(\theta = 1 | s)$ 為觀察到雇員選擇教育水平 s 時雇主認為雇員是能力差的後驗概率。因為教育水平不影響產出，故當雇主觀察不到 θ 時，雇主的期望產出 $E(y) = 0.5 \times 1 + 0.5 \times 2 = 1.5$。雇主之間的競爭使工資等於預期的產出，即 $W = E(y) = 1.5$。均衡時，能力差和能力強的雇員都會選擇 $S = 0$。這時的混同均衡可表示為：

$$混同均衡(PE):\begin{cases} s(\theta = 1) = s(\theta = 2) = 0 \\ W(0) = W(1) = 1.5 \\ P(\theta = 1 | s = 0) = 0.5 \\ P(\theta = 1 | s = 1) = 0.5 \end{cases}$$

混同均衡意味著兩類雇員都會選擇不拿文憑，這時教育不傳遞信息，因而雇主會讓工資等於期望產出，與有無文憑無關。可以證明混同均衡是這樣一個均衡：給定雇主支付的工資與文憑無關和雇主的後驗概率 $P(\theta = 1 | s = 1) = 0.5$，雇員的最優選擇是不拿文憑；給定雇員的最優選擇是不拿文憑，則 $s = 1$ 是不可能事件，由於貝葉斯修正意味著 $P(\theta = 1 | s = 0) = 0.5$，則 $P(\theta = 1 | s = 1) = 0.5$，雇主的最優選擇是 $W = 1.5$。在混同均衡時，文憑不能傳遞有關能力的信息。

下面我們來看分離均衡。

在上面的混同均衡中，混同均衡的成立是在假定雇主觀察到 $s = 1$ 時不修正先驗概率。但如果雇主的後驗概率為 $P(\theta = 1 | s = 1) = 0$，即雇主觀察到雇員有文憑時雇主認為雇員是能力差的後驗概率為零，則雇主不認為有文憑的雇員是能力差的，上面的混同均衡則不成立。因為給定 $P(\theta = 1 | s = 1) = 0$，當雇員選擇 $s = 1$ 時，雇主將選擇 $W(s = 1) = 2$，能力強的雇員將選擇獲取文憑，因為這時他的得益為 $u = (s, \theta) = W - s/\theta = 2 - 1/2 = 1.5$，而選擇沒有文憑的得益為 $u = 1 - 0 = 1$。其分離均衡可表示為：

$$分離均衡(SE):\begin{cases} s(\theta = 1) = 0, s(\theta = 2) = 1 \\ W(0) = 1, W(1) = 2 \\ P(\theta = 1 | s = 0) = 1 \\ P(\theta = 1 | s = 1) = 0 \end{cases}$$

分離均衡意味著，能力差的雇員選擇不要文憑，能力強的雇員選擇獲取文憑；雇主認為沒有文憑的雇員一定是能力差的，因而支付工資 $W(0) = 1$，認為有文憑的雇員一定是能力強的，因而支付工資 $W(1) = 2$。可以證明，

這時分離均衡是一個精煉貝葉斯均衡：一方面，給定雇主的後驗概率和工資決策，能力強雇員的最優選擇是獲取文憑，因為 $u = (s = 1, \theta = 2) = 1.5 > \pi(S = 0, \theta = 2) = 1$；能力差雇員的最優選擇是不獲取文憑，因為 $u = (s = 0, \theta = 1) = 1 \geq u(S = 1, \theta = 1) = 1$。另一方面，給定雇員的選擇，雇主根據後驗概率確定的工資決策是最優的。

可見，在分離均衡中，文憑就成為傳遞雇員能力的信號。這是因為能力強的人獲取文憑的成本低於能力差的人，正因為如此，能力強的人才能通過選擇獲取文憑把自己與能力差的人區分開來。如果獲取文憑的成本與能力無關，文憑就不可能起到信號傳遞的作用，因為低能力的人會模仿高能力的人選擇同樣的教育水平。

在這個簡單的模型中，存在一個混同均衡和一個分離均衡。但是，混同均衡並不是一個合理的均衡，因為它依賴於我們有關雇主的在非均衡路徑上後驗概率的特定假定，即 $P(\theta = 2 | s = 1) = 0.5$，而這個假定是不合理的。因為，如果雇主認為沒有文憑意味著能力差，則雇主開出的工資是 $W(0) = 1$，有文憑意味著能力強，則雇主開出的工資是 $W(1) = 2$。能力差的雇員選擇不獲取文憑時得益為 $u = 1 - 0 = 1$，選擇獲取文憑時得益為 $u = 2 - 1 = 1$，所以不獲取文憑是能力差的雇員的(弱)最優選擇。如果雇主認為沒有文憑意味著能力強，則雇主開出的工資是 $W(0) = 2$，有文憑意味著能力差，則雇主開出的工資是 $W(1) = 1$。能力差的雇員選擇不獲取文憑時得益為 $u = 2 - 0 = 2$，選擇獲取文憑時得益為 $u = 1 - 1 = 0$，這時，不獲取文憑仍是能力差的雇員的最優選擇。就是說，不論雇主的後驗概率如何，不獲取文憑總是能力差的雇員的最優選擇，而獲取文憑總是能力差的雇員的劣戰略。同理，$s = 1$ 卻不是能力強雇員的劣戰略。因此，當雇主觀察到 $s = 1$ 時，雇主不應該認為雇員有任何可能性是能力差的，即合理的後驗概率為 $P(\theta = 1 | s = 1) = 0$，即 $P(\theta = 2 | s = 1) = 1$。給定 $P(\theta = 2 | s = 1) = 1$，能力強雇員將選擇 $s = 1$，因此，$s(\theta = 1) = s(\theta = 2) = 0$ 不構成一個混同均衡，即能力強雇員不會選擇沒有文憑而使自己與能力差的雇員混同在一起，而會選擇獲取文憑這個信號使自己與能力差的雇員分離開來。故這個模型中唯一合理的均衡是分離均衡：能力差雇員選擇不要文憑，而能力強的雇員選擇獲取文憑。

在上面的模型中，是假設教育本身不能提高雇員的能力[即 $y(s, \theta) = \theta$]，但從上面的分析可看到，這個模型中唯一合理的均衡是分離均衡：能力差雇員選擇不要文憑，而能力強的雇員選擇獲取文憑。這表明，即使教育本身並不提高工人的產出，但它具有傳遞信號的功能。對此，張維迎教授有一段非常精彩的話：「教育本身不改進工人的能力，但可以傳遞有關這種能力的信息。原因是，教育要花費成本，而高能力的人的教育成本相對於低能

的人要低,因為一個笨蛋要比一個聰明人遭受更大的痛苦才能完成必修的課程,拿到文憑。這樣,文憑就成為能力的象徵,儘管不一定是能力的源泉。高能力的人要把自己與低能力的人分開,就得接受沒有實際價值的教育。」

(2)教育影響產出時的勞動力市場的信號傳遞

在上面介紹的模型中,是假設教育本身不影響雇員的產出,但這個假設與實際情況不太吻合,一般情況下,教育會提高勞動者的能力從而影響其產出,這時雇員產出函數不再是 $y(s,\theta) = \theta$,這裡假定:

$$y(s,\theta) = \begin{cases} s, & \theta = 1 \\ ks, & \theta = 2 \end{cases}$$

式中的 $k > 1$,這意味著,對於任何給定的 s,能力強的雇員的產出是能力差的雇員的產出的 k 倍,而給定 θ,雇員的教育水平越高,則產出也越高。另外,在上述模型中是假設教育 s 是只有 0 和 1 兩種情況的離散變量,但文憑有小學文憑、中學文憑、職高文憑、大學專科文憑、大學本科文憑、碩士研究生文憑、博士研究生文憑等多種,雖然這也應是離散變量,但為分析方便起見,這裡將把 s 當成連續變量來處理,即 $s \in [0,\bar{s}]$。同樣假設雇員的能力 θ 只有兩種情況,令 $\theta = 1$ 代表能力差,$\theta = 2$ 代表能力強。

在不對稱信息的條件下,不完全信息給能力差的雇員提供了偽裝成能力強的雇員的機會,偽裝的方法是接受較多的教育,這樣做是否合算則取決於偽裝的代價,即受更多的教育的成本與獲得較高工資相比是否合算。顯然,只有當:

$$W(\theta = 1) - c[\theta = 1, s(\theta = 1)] < W(\theta = 2) - c[\theta = 1, s(\theta = 2)]$$

時,能力差的雇員才會選擇接受較多教育,偽裝成能力強;反之,則選擇接受較低的工資,不會非常吃力地去追求高學歷。

在這個教育影響產出不對稱信息的勞動力市場博弈中,同樣存在混同均衡和分離均衡。

我們先來考慮這個博弈的混同均衡。

同樣地,混同均衡是指不同能力類型的雇員都採用相同戰略,即相同的教育水平的均衡。記這個相同的教育水平為 s^*。這時雇員選擇的教育水平不能反應他們的能力,即教育水平起不到傳遞雇員能力的信號功能,則有 $p(\theta = 1 | s^*) = p(\theta = 1), p(\theta = 2 | s^*) = p(\theta = 2)$。這意味著,儘管雇主觀察到 $s = s^*$,但由於不同能力類型的雇員都選擇 s^*,s^* 沒有給雇主帶來有用的補充信息,故雇主對雇員是能力差還是能力強的後驗概率等於其先驗概率。若 $p(\theta = 1) = 0.5$,則 $p(\theta = 1 | s^*) = p(\theta = 1) = 0.5$,同理,若 $p(\theta = 2) = 0.5$,則 $p(\theta = 2 | s^*) = p(\theta = 2) = 0.5$。

兩個雇主在觀察到 s^* 以後,雇主不能從教育水平來區分雇員的能力,故只能給兩類雇員支付相同的工資,即均衡條件下的工資為:

$$W(s^*) = P(\theta = 2)y(\theta = 2, s^*) + (1 - P(\theta = 2))y(\theta = 1, s^*)$$
$$= 0.5ks^* + 0.5s^* = 0.5s^*(k+1)$$

精煉貝葉斯均衡還要求雇主設定當雇員的教育是非均衡的 $s < s^*$ 時的判斷和選擇 $W(s)$，並證明兩類雇員對雇主的戰略的最佳反應都是 $s = s^*$。為此，可設雇主在 $s < s^*$ 時判斷雇員肯定為低能力，即：

$$p(\theta \mid s) = \begin{cases} 0 & \text{，當 } s < s^* \text{ 時} \\ p(\theta) & \text{，當 } s \geq s^* \text{ 時} \end{cases}$$

他們的完整策略為：

$$W(s) = \begin{cases} s^* & \text{，當 } s < s^* \\ 0.5s^*(k+1) & \text{，當 } s \geq s^*, k > 1 \end{cases}$$

很顯然，一個能力為 θ 的雇員選擇的教育水平 s 應該滿足：

$$\max_s [W(s) - c(\theta, s)]$$

由於只有當 $s = s^*$ 時，工資 $W(s) = 0.5s^*(k+1)$；$s < s^*$ 時，工資 $W(s) = s^*$，由於 $k > 1$，故 $0.5s^*(k+1) > s^*$。因此，$0.5s^*(k+1) - c(\theta, S^*) \geq s^* - c(\theta, s^*)$ 時，雇員選擇 s^*；而當不等式逆轉時，雇員應選擇使 $s^* - c(\theta, s^*)$ 取最大值的教育水平。

因此，上述不等式成立時，雇員的選擇是序列理性的，而如果兩種類型雇員的生產率、教育成本都滿足該不等式時，s^* 就是混同的精煉貝葉斯均衡戰略。

當然，在該模型中，混同均衡的教育水平 s^* 不是唯一的，而是可能有許多種，只要滿足上述不等式，並使雇主形成相應的判斷就可以了。

下面我們來分析分離均衡。

分離均衡意味著不同能力的雇員選擇不同的教育水平，即能力差的雇員選擇 $s^*(\theta = 1)$，能力強的雇員選擇 $s^*(\theta = 2)$，$[s^*(\theta = 1) < s^*(\theta = 2)]$。這時雇員選擇的教育水平將能傳遞雇員能力的信息，雇主得到雇員選擇的教育水平這個補充信息後的後驗概率是：

$$p[(\theta = 2) \mid s] = \begin{cases} 0 & \text{當 } s < s^*(\theta = 2) \\ 1 & \text{當 } s \geq s^*(\theta = 2) \end{cases}$$

即當雇主觀察到雇員的教育水平較高時 $[s^*(\theta = 2)]$，他認為該雇員一定是能力強的，因為能力差的雇員不會選擇較高的教育水平；而當雇主觀察到雇員的教育水平較低時 $[s^*(\theta = 1)]$，他認為該雇員一定是能力差的，因為能力強的雇員不會選擇較低的教育水平。當然，在工資水平一定時，能力強的雇員只會選擇 $s = s^*(\theta = 2)$，而不會選擇大於 $s^*(\theta = 2)$ 的教育水平，因為這樣會增加教育成本而減少自己的得益。

雇主在完全競爭時，讓工資等於產出，即：

$$W(s) = \begin{cases} s^* & ,\text{當 } s < s^*(\theta = 2) \\ ks^* & ,\text{當 } s \geqslant s^*(\theta = 2) \end{cases}$$

因為 $s^*(\theta = 2)$ 是能力強的雇員對工資函數 $W(s) = ks^*$ 的最佳反應；$s^*(\theta = 1)$ 是能力差的雇員對工資函數 $W(s) = s^*$ 的最佳反應。

在這種條件下，構成了本模型的分離均衡。同樣，分離均衡也不是唯一的，對於不同的工資函數，有無窮多個分離均衡。

從以上的分析可以看出，當教育水平是連續變量，教育水平影響產出時也存在多個分離均衡和混同均衡，但可以證明（略），用「直觀標準」（見第四節）可以剔除所有混同均衡，即混同均衡不是勞動力市場的信號傳遞模型中的一個合理的均衡。用非均衡路徑上劣戰略剔除的辦法，可以證明多個分離均衡中，只有一個分離均衡是合理的。這表明，無論教育水平是否影響產出，教育水平都具有傳遞有關雇員能力的功能。

(二) 信號甄別模型

與信號傳遞博弈不同，在勞動力市場的信號甄別博弈中，沒有私人信息的雇主先行動，即提供一個工資合同 $W(s)$；具有私人信息的雇員後行動，即雇員在觀察到雇主提供的工資合同 $W(s)$ 後選擇一個教育水平。故信號甄別模型中的博弈順序是：首先，自然隨機決定一個雇員的能力，有強(H)和差(L)兩種可能，雇員自己清楚自己是能力強還是能力差，但雇主不知道。能力強的概率 $p(\theta = H)$ 和能力差的概率 $p(\theta = L)$ 是雇員和雇主的共同知識（假定各為0.5）。其次，兩個雇主各提供一個工資合同 $W(s)$。再次，雇員在觀察到雇主提供的工資合同 $W(s)$ 後選擇一個教育水平 s。最後，雇員選擇接受或不接受工作，如果雇員選擇接受工作，則為給出工資較高的雇主工作，若兩家企業的工資相同，則隨機決定為誰工作。

羅斯查爾德和斯蒂格利茨在1976年的信號甄別模型中指出，信號甄別中的均衡意味著存在一組工資合同 $\{W_1(s_1), W_2(s_2), \cdots, W_n(s_n)\}$ 和一個選擇規則，$R: \theta \to W(s)$，使得：首先，每一類型的雇員在工資合同中選擇一個最適合自己的工資合同（這意味著，具有 θ 能力的雇員選擇 $W_\theta(s_\theta)$，對於所有的 $W(s)$，$u_\theta\{W_\theta(s_\theta)\} \geqslant u_\theta\{W(s)\}$）；其次，雇主的得益不能為負；最後，不存在新的工資合同能夠使得選擇提供該合同的雇主得到嚴格正的得益。

1. 離散信號下的勞動力市場的信號甄別模型

假定 $y(s,\theta) = \theta$，即教育水平不影響產出，即有 $y(s,\theta = 1) = 1, y(s,\theta = 2) = 2$。$s \in \{0,1\}$，其中 $s = 0$ 表示沒有文憑，$s = 1$ 表示有文憑，即教育水平只有兩種。在離散信號下的信號甄別模型中，不存在混同均衡，這是因為在信號傳遞中，均衡依賴於雇主在觀察到雇員的教育水平對先驗概率進

行修正後的後驗概率,而非均衡路徑上的後驗概率具有任意性 ,對應不同的後驗概率,則有不同的均衡。而在信號甄別模型中,是雇主先行動選擇工資合同,雇員後行動選擇教育水平,後行動的雇員具有完全信息 。雇員行動後的後驗概率不影響雇主的選擇 ,故在信號甄別模型中,後驗概率是沒有意義的。例如,如果有一個雇主提供如信號傳遞中的期望工資的混同合同 $W(s=0) = W(s=1) = 1.5$(見教育不影響產出時的混同均衡),則其餘的雇主會提供 $W(s=1) = 2$ 的工資合同吸引走所有的能力強的雇員,因此,在信號甄別模型中不存在混同均衡,而只存在分離均衡,且分離均衡是唯一的,即:

$$\text{分離均衡}(SE)\begin{cases}s(\theta=1)=0, s(\theta=2)=1\\ W(s=0)=1, W(S=1)=2\end{cases}$$

這意味著,能力差的雇員選擇接受不獲得文憑,拿較低工資的合同;而能力強的雇員選擇接受獲得文憑,拿較高工資的合同。雇主通過提供不同的工資合同來甄別雇員的能力。

2. 連續信號下的勞動力市場的信號甄別模型

在離散的勞動力市場的信號甄別模型中,是假定教育水平是離散的,即 $s \in \{0,1\}$,其中 $s=0$ 表示沒有文憑,$s=1$ 表示有文憑。假定教育水平是連續的,即 $s \in [0,\bar{s}]$,s 在 $[0,\bar{s}]$ 區間連續變化。同樣也假定教育水平不影響產出,即 $y(s,\theta) = \theta$。在連續信號下的勞動力市場的信號甄別模型中,同樣不存在混同均衡。如果存在分離均衡(因為有時不存在純戰略的分離均衡,證明略),分離均衡也是唯一的,即:

$$(SE)\begin{cases}s(\theta=1)=0, s(\theta=2)=s^*\\ W(s=0)=1, \quad s<s^*\\ W(S=1)=2, \quad s\geq s^*\end{cases}$$

在教育水平是連續的情況下,雇主設計一個教育水平為 s^* 的合同,對於教育水平低於 s^* 的雇員付給 1 個單位的工資,對於教育水平等於和高於 s^* 的雇員付給 2 個單位的工資。能力差的雇員選擇不接受任何教育(因為只要教育水平低於 s^* 的拿相同的工資),拿較低工資的合同,而能力強的雇員選擇等於 s^* 教育水平(因為教育水平高於 s^* 的還是拿相同的工資),拿較高工資的合同。這裡的教育水平為 s^*,是雇主用以分離(甄別)能力差和能力強的雇員的信號。

在這個模型中,對雇主的參與約束要求是:

$$W(s=0) \leq \theta_1 = 1, W(s\geq s^*) \leq \theta_2 = 2$$

其中,θ_1 代表能力差,θ_2 代表能力強,s^* 代表雇主甄別能力差和能力強的教育水平,勞動力市場的競爭使上式變為等式。能力差的雇員的自然選擇約

束為：
$$u_1(s=0) \geqslant u_1(s=s^*)$$

則有：$W(s=0)-0 \geqslant W(s=s^*)-s^{*}/2$，即 $1-0=2-s^{*}/2, s^* = 2$。這意味著，當 $s^* = 2$ 時，使上式的等式成立。且 $s^* = 2$ 時的分離合同帕累托優於其餘的分離合同，故在教育水平連續的情況下，不存在混同均衡，且分離均衡也是唯一的。

(三) 教育水平的含義

在上面的例子中，我們用勞動力市場來介紹了信號傳遞與信號甄別模型。模型中受教育程度 s 的含義可有多種理解。一種是以「學習年限」作為受教育程度 s 的量度，因為學習年限與生產率之間有正相關關係。現實觀察中，一般而言，學習年限較高的雇員有較高的生產率（即受教育程度要影響雇員產出）。但問題是，生產率本身的高低究竟是取決於學習年限，還是素質能力高從而生產率高的雇員傾向於多學習，這尚未得到充分的實證依據。實際上，即使學習年限長短對生產率毫無影響，工資也會隨著學習年限的增加而增加。此外，還可將 s 解釋為修讀課程的數量和成績，也可理解為所讀學校的質量等。在這種解釋下，則有類似的結論：即使在名牌學校學習本身並不一定能提高生產率，即使選修課程多、成績好也不一定能提高生產率，但從名牌學校畢業的、選修課程多的或成績好的學生得到的工資總是較高，有時還高許多。原因就是員工受教育程度是反應其能力的一個信號，因為對於能力強的人而言，接受較多的教育、進名校、獲取好成績、選修更多的課程會比能力差的成本更低。因此，高能力的人為了與低能力的人相區別，就會傾向於接受更多的教育（即使這些教育毫無價值），因為雇主見到高學歷的人就判斷其具有高能力而付給較高的工資。

五、用負債比率顯示企業質量

股份制企業是現代企業的主要形式，但一般情況下，經理（代理人）與投資者（委託人）之間信息是不對稱的。如經理知道企業的真實利潤，投資者不知道。經理能否找到一個信號來傳遞企業利潤狀況而影響企業的市場價值呢？一些經濟學家認為，用資本結構（如資產負債比率）可以傳遞企業利潤狀況的信息，從而影響企業的市場價值來指導投資者的投資取向。羅斯（Ross）在 1977 年用一個簡單的模型證明了這一點。

在羅斯模型中，企業經理知道企業利潤的真實分佈函數，投資者不知道；企業利潤分佈函數是根據一階隨機占優排序的（即越是好的企業，高利潤的概率越高）。經理的得益是企業市場價值（包括股票價值和債券價值）的增函數，但如果企業破產，經理要受到懲罰（包括失去工作、名譽損失

等)。經理使用企業的負債比率(負債占總資產的比重)向投資者傳遞企業利潤分佈的信息,投資者把較高的負債率看作是企業高質量的表現,這是因為,破產概率與企業質量負相關,與企業負債率正相關,低質量的企業不敢用過度舉債的辦法模仿高質量的企業。這一理論的結論是:越是好的企業,負債率越高。

假定有兩個時期,兩個參與人(經理和投資者)。令 π 為企業時期2的利潤,π 在區間 $[0,\theta]$ 上均勻分佈;經理知道 θ,但投資者只知道 θ 的概率分佈 $P(\theta)$,因此 θ 是企業的類型。在時期 1,經理首先選擇負債水平 D,投資者然後再根據觀察到的負債水平 D 決定企業的市場價值 V_0。在時期 2,企業利潤實現(從博弈論的角度看,第 1 時期包含兩個博弈階段;第 2 時期對我們的分析是不重要的。投資者「選擇」企業市場價值的含義是,因為信息不完全,投資者只能根據公開信息給企業以市場評價)。假定經理的目標是最大化企業在時期1的市場價值和時期2的期望價值(減去破產懲罰)的加權平均值,即:

$$u(D,V_0(D),\theta) = (1-r)V_0(D) + r(\frac{\theta}{2} - L\frac{D}{\theta})$$

式中,$V_0(D)$ 是給定負債水平 D 時企業在時期 1 的市場價值,$\theta/2$ 是企業在時期2 的期望價值,D/θ 是企業破產的概率,L 是破產懲罰,r 是權數。企業在時期2的期望價值等於 $\theta/2$,破產概率等於 D/θ,來源於 π 在區間 $[0,\theta]$ 上均勻分佈這個假設。我們假定 $D \leq \theta$,否則令 $D/\theta = 1$(破產概率不能大於1,隱含地假定企業沒有其他資產)。這個目標函數隱含地反應了這樣一個假定:經理的福利隨企業市場價值的增加而增加,隨破產概率的上升而減少。

當經理選擇負債水平 D 時,他預測到投資者將從 D 推斷 θ,從而選擇 $V_0(D)$。如果經理選擇 D 時投資者認為企業屬於類型的期望值是 $\tilde{\theta}(D)$,那麼,企業的市場價值是:

$$V_0(D) = \frac{\tilde{\theta}(D)}{2}$$

我們只考慮分離均衡,因為:

$$\frac{\partial^2 u(D,V_0(D),\theta)}{\partial D \partial \theta} = \frac{rL}{\theta^2} > 0$$

即質量(θ)越高的企業,越不害怕負債,將 $V_0(D)$ 代入經理的效用函數並對 D 求導得一階條件:

$$\frac{\partial u}{\partial D} = \frac{1}{2}(1-r)\frac{\partial \tilde{\theta}(D)}{\partial D} - rL\frac{1}{\theta} = 0$$

在均衡情況下,投資者從 D 正確地推斷出 θ;就是說,如果 $D(\theta)$ 是屬於類型 θ 的企業經理的最優選擇,那麼 $\tilde{\theta}(D(\theta)) = \theta$。因此,$(\partial \tilde{\theta}/\partial D) = $

$(\partial D/\partial \theta)^{-1}$。將此等式代入一階條件得微分方程：

$$2rL\frac{\partial D}{\partial \theta} - (1-r)\theta = 0$$

解上述微分方程得：

$$D(\theta) = (\frac{1-r}{4rL})\theta^2 + c$$

這就是經理的均衡戰略（這裡 c 是常數）。逆轉上式並將 θ 代入 $V_0 = \bar{\theta}/2$，得企業的市場價值（即投資者的均衡戰略）為：

$$V_0(D) = ((D-c) \cdot \frac{rL}{1-r})^{1/2}$$

在這個博弈中因為類型 θ 是連續分佈的，沒有非均衡路徑，因此，對於每一個觀察到的 D，貝葉斯法則定義一個後驗概率：

$$\tilde{p}(\theta^{-1}(D) \mid D) = 1 \text{ 和 } \tilde{p}(\bar{\theta} \neq \theta^{-1}(D) \mid D) = 0$$

其中 $\theta^{-1}(D)$ 是經理均衡戰略 $D(\theta)$ 的逆函數。

上述精煉貝葉斯均衡意味著，越是高質量的企業，負債水平（及負債率）越高；儘管投資者不能直接觀察到企業的質量，但他們通過觀察企業的負債率來判斷企業的質量，從而正確地給企業定價。特別應該強調的是，在這個簡單的例子中，如果沒有信息的非對稱性，企業的負債水平與企業價值是無關的。非對稱性信息迫使越是好的企業承擔越高的負債率，以顯示自己的高質量。因為增加負債而提高企業破產概率，經理為信息的非對稱性付出成本，這種成本在完全信息下是不存在的。這也是經理有興趣向投資者披露內部信息的原因所在（如果經理有更廉價的方法讓投資者知道企業的真實價值，他就沒有必要承擔破產成本）。

從上述均衡也可以看出，經理越不重視企業的市場價值，企業的負債率就越低。直觀地講，在這個例子裡，負債的唯一目的是向外部投資者傳遞信息，如果經理不重視企業的市場價值，他就沒有必要向市場傳遞信息，從而沒有必要舉債和承擔破產懲罰。

需要注意的是，博弈論中的例子很多是從西方市場經濟發展較為成熟的市場中引入的，由於市場環境的區別，博弈論中的一些方法及結論在中國經濟的實際運用中需要慎用。如本例就是一個明顯的證明，在中國的實際現實中，負債率越高越是高質量的企業的論斷顯然是不正確的。

六、賠償官司

博弈論的一個重要和廣泛應用的領域是司法領域，我們以賠償官司說明博弈在打官司中的應用。

某魚塘的主人認為是由於附近某化工廠的污水流入魚塘而造成自己

魚塘中魚類的死亡而準備將化工廠告上法庭。化工廠(被告)知道魚類的死亡的原因,而魚塘的主人不知道,魚塘的主人只知道不是由於污水造成魚類的死亡的概率是 P,而是的概率為 $(1-P)$。這是一個不完全且不完美信息的動態博弈(見圖 5.8)。

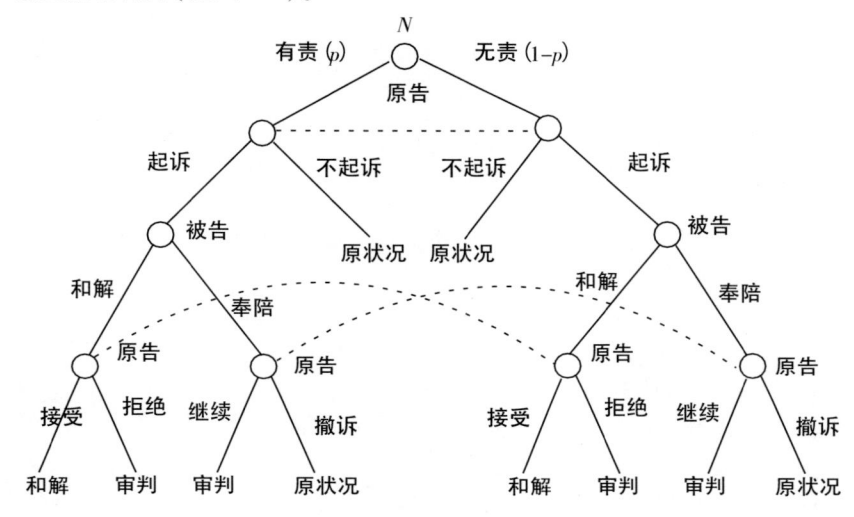

图 5.8 赔偿博弈的博弈树

在圖 5.8 中,「自然」選擇被告(化工廠)有責還是無責,被告自己知道,原告(魚塘主人)不知道。原告在不知道被告是否真正有責的情況下選擇起訴還是不起訴。如果原告不起訴,則意味著魚塘主人自認倒霉;如果起訴,則被告可選擇和解或是奉陪。被告知道願意和解或是奉陪,原告不知道。原告在不知道被告是否願意和解的情況下選擇,如果被告選擇和解,原告選擇接受或拒絕;如果被告選擇奉陪,原告選擇繼續或撤訴。從博弈樹中可看出,原告的信息非常的少。

用剔除劣戰略的方法,可以看出不起訴是原告的一個劣戰略。

如果假定官司打到法庭上,則會真相大白。如果用 S 表示和解時原告得到的賠償額,用 W 表示被告被判有責的賠償損失額,用 D 表示被告的訴訟費,用 Q 表示原告的訴訟費。

賠償官司有三種可能的結果:和解(若和解的賠償額 S 不多時)、審判(若期望的有責的賠償損失額 W 高而原告的訴訟費 Q 較低時)、原告撤訴(若期望的有責的賠償損失額 W 與原告的訴訟費 Q 之差為負時)。這些結果實際上哪一個會發生,很顯然取決於模型的參數 S、W、D、P 的取值。

表 5.1 中,每欄中上面是每種戰略原告的得益,下面是被告的得益。給

出 S、W、D、Q、P 的不同取值，則可找出該博弈的均衡。在某些給定的數值時，還可能存在多個均衡，讀者可自行進行分析。

表 5.1　　　　　　　　　賠償官司的戰略式表述

		被告的戰略			
		(和解,和解)	(奉陪,奉陪)	(和解,奉陪)	(奉陪,和解)
	不起訴	0 $(0,0)$	0 $(0,0)$	0 $(0,0)$	0 $(0,0)$
原告的戰略	(起訴;接受,繼續)	S $(-S,-S)$	$PW-Q$ $(-W-D,-D)$	$PS-(1-P)Q$ $(-S,-D)$	$P(W-Q)+(1-P)S$ $(-W-D,-S)$
	(起訴;拒絕,繼續)	$PW-Q$ $(-W-D,-D)$	$PW-Q$ $(-W-D,-D)$	$PW-Q$ $(-W-D,-D)$	$PW-Q$ $(-W-D,-D)$
	(起訴;拒絕,撤訴)	$PW-Q$ $(-W-D,-D)$	0 $(0,0)$	$P(W-Q)$ $(-W-D,0)$	$-(1-P)Q$ $(0,-D)$
	(起訴;拒絕,撤訴)	S $(-S,-S)$	0 $(0,0)$	PS $(-S,0)$	$(1-P)S$ $(0,-S)$

七、汽車信貸博弈

近幾年，隨著中國汽車消費市場的逐步升溫，拉動了汽車消費信貸市場迅速擴張，汽車消費貸款已成為繼個人住房貸款之後重要的消費信貸品種，並呈快速增長的趨勢。如 1998 年全國汽車消費信貸餘額僅為 4 億元，1999 年為 25 億元，2001 年為 436 億元，2002 年則為 1,150 億元。但在汽車消費信貸市場快速增長的同時，也蘊藏著巨大的風險。據統計，某年國內 1,800 多億元汽車消費貸款中就有超過 945 億元的貸款無法收回。在我國，由於汽車消費貸款受信用風險、市場風險、操作風險等多種風險的影響，如何找到一個既能減少汽車消費信貸的風險，又能使該業務健康發展的方法，已引起了許多金融界人士對此的關注和探討。在該例中，不準備對個人信用的建立、評估進行討論，也不對市場風險、操作風險進行分析。本例僅是對銀行某種政策（如汽車消費信貸是否應加入清算業務）的選擇用博弈的方法進行分析。

汽車信貸博弈研究的是一個銀行在向消費者提供購車貸款時，如何考慮消費者是否會足夠努力工作以償還貸款的問題。當消費者不能歸還貸款時，銀行是否應加入清算環節。這個博弈類似於隱藏行動的道德風險問題，但這裡的隱藏行動不是指汽車貸款消費者是否努力想辦法按期歸還貸款，因為消費者是否努力是可觀察的，而在於消費者未兌現「按期還款」的承諾時，銀行對其懲罰是不可合同化的。

在汽車信貸博弈中，有兩個參與人，銀行和消費者，分別用 1 和 2 表示。為了簡化分析，我們假設將貸款歸還期定為一次性還款，而不是實際中的按月分期付款。同時也未考慮汽車的折舊、汽車降價等因素，作這樣的假設

並不影響分析的結論。

該博弈順序是:第一,銀行可以向消費者提供一筆汽車貸款或不貸款。該貸款可以使消費者購買價值為 14 萬元的汽車,但消費者到期需償還 $L = 15$ 萬元,否則汽車歸銀行所有;第二,消費者接受或拒絕貸款;第三,消費者選擇「努力工作」,得到收入 20 萬元,或選擇「閒散」,得到收入 10 萬元,工作的負效用為 $D = 8$ 萬元;第四,消費者償還或拖欠貸款(銀行的另一種選擇是,當消費者不能按期還款時,銀行同意以 $S = 10$ 萬元進行清算,並令消費者擁有汽車所有權;消費者接受或拒絕清算 S);第五,如果銀行未收回 L 或 S,它將收回汽車。

如果銀行未進行貸款或消費者拒絕貸款,雙方的支付均為零。如果汽車對消費者的價值為 15 萬元,對銀行的價值為 9 萬元,當提供貸款時銀行的得益為:

$$u_1 = \begin{cases} L - 14 & \text{,如果最初貸款償還} \\ S - 14 & \text{,如果清算發生} \\ 9 - 14 & \text{,如果汽車被收回} \end{cases}$$

如果消費者選擇「工作」,收入 $W_1 = 20$ 萬元,工作負效用 $D_1 = 8$ 萬元。如果他選擇「閒散」,則 $W_2 = 10$ 萬元,$D_2 = 0$。消費者的支付為:

$$u_2 = \begin{cases} W_1 + 15 - L - D_1 & \text{,如果最初貸款償還} \\ W_2 + 15 - S - D_2 & \text{,如果清算發生} \\ W_2 - D_2 & \text{,如果汽車被收回} \end{cases}$$

顯然,在汽車消費貸款中,雙方都是通過簽訂具有法律約束力的合同來完成交易的,但問題在於,合同並不要求消費者直接保證「努力工作」,或者即使合同要求消費者直接保證「努力工作」,但當消費者沒有償還貸款時,銀行將有合法的權利取得汽車的所有權,但銀行卻不能因為消費者未兌現「努力工作」的承諾而將其送入監獄。

(一) 沒有清算行為的汽車信貸博弈

在沒有清算行為的汽車信貸博弈中,按照序貫理性原則從博弈末期向前遞推,由於消費者償還 $L = 15$ 萬元時他將獲得價值 15 萬元的汽車,因而他將願意償還。當選擇「努力工作」時,他可以償還貸款,因而所獲得的得益是 12 萬元$(20 + 15 - 15 - 8)$;但如果選擇「閒散」,他將不能償還貸款,從而銀行收回汽車,其支付為 10 萬元$(10 - 0)$,因而消費者會選擇「努力工作」。對銀行而言,當它以 $L = 15$ 萬元提供貸款時消費者將會償還,同時又由於該數額為消費者能同意的最大數額,因而它會選擇以 $L = 15$ 萬元的條件提供貸款,銀行的得益為 1 萬元$(15 - 14)$。故在沒有清算行為的汽車信貸博弈的均衡是:銀行將以 $L = 15$ 萬元的條件發放貸款,同時消費者會選擇「努力

工作」並償還貸款。

(二) 有清算行為的汽車信貸博弈

如果當消費者不能按期還款時,銀行同意以 $S = 10$ 萬元進行清算,由於清算行為會導致銀行拒絕貸款的均衡,從而使得銀行與消費者獲得的得益從 $(1,12)$ 降到 $(0,12)$,因此清算行為對銀行是不利的,因為交易收益消失了。

在沒有清算行為時汽車信貸博弈中實現的均衡被破壞的原因是,消費者將通過選擇「閒散」而偏離該均衡。在沒有清算行為時,選擇「閒散」的結果將是銀行保留汽車;在加入清算行為時,銀行仍有保留汽車的權利,此時的得益為 −5 萬元$(9 − 14)$。但如果銀行選擇加入清算並提供 $S = 10$ 萬元,該清算將會被消費者接受,原因在於他將保留價值為 15 萬元的汽車,同時銀行與消費者的得益分別為 −4 萬元$(10 − 14)$ 和 15 萬元$(10 + 15 − 10)$。因此,銀行會考慮加入清算行為,因為清算行為使銀行的得益由 −5 萬元降到 −4 萬元。同時消費者將通過選擇「閒散」而將其得益從 12 萬元提高到 15 萬元。但由於銀行剛開始就預測到該結果,銀行將會選擇拒絕貸款而使自己的處境更好,此時的支付為 $(0,12)$。銀行也不可能通過提高償還條件 L 而使其不至於虧本,如 $L = 25$ 萬元,消費者仍然會欣然接受合同,因為他知道選擇「閒散」並拖欠時,他最終的支付恰好為 $S = 10$ 萬元。

從上面的分析可以看出,在汽車信貸博弈中加入清算行為會產生某種自相矛盾的結果。從消費者拖欠貸款開始的子博弈中,清算使得參與人對無效懲罰進行了帕累托改進,即銀行的得益由 −5 萬元降到 −4 萬元,消費者的得益從 12 萬元提高到 15 萬元。但對整個博弈而言,它使得參與人無法通過懲罰而威懾無效的行動,因而降低了效率,即銀行選擇不貸款。在任何懲罰只是造成淨損失而不是在懲罰者與被懲罰者之間轉移支付的場合,情況總是如此。這是表現可觀測性與可合同化之間差異的有力例子,即消費者的努力是可觀測的,但不是真正可合同化的,其原因在於破產約束限制了他因選擇閒散而被懲罰的程度。這正好反應了中國汽車消費信貸走過的一條曲折的道路。汽車消費信貸始於 1994 年出抬的《汽車消費信貸辦法》,這時處於起步階段,帶有很大的嘗試性。1996 年 5 月,中國建設銀行率先開辦汽車按揭貸款,同年 8 月,中國工商銀行開辦購車抵押貸款,但由於認為銀行開辦汽車消費貸款會面臨很大風險,1996 年 11 月,才開始不久的汽車消費貸款被中國人民銀行緊急叫停,銀行退出了汽車消費貸款市場。1997 年由廠家、經銷商獨立承擔沒有金融機構參加的汽車消費分期付款業務開始進行,但到 1998 年,由於汽車廠商墊付的資金越來越多,風險也開始顯現,由廠家、經銷商開展的汽車消費分期付款業務幾乎處於停滯狀態。1998 年 10 月,中國人民銀行頒布《汽車消費貸款管理辦法》,允許國有獨資商業

銀行發放汽車消費貸款,用戶用取得的貸款向經銷商購買汽車,然後按分期付款的方式歸還貸款。1999年3月,中國人民銀行又出抬《關於開展個人消費信貸指導意見》,為所有國內商業銀行的汽車消費貸款開了綠燈,使汽車消費貸款在北京、廣州、上海、武漢等大城市得到快速發展,中國的銀行業正式進入了汽車信貸市場。與此同時,各大保險公司為爭奪龐大的汽車消費這塊蛋糕,紛紛推出車貸約保證保險。根據銀行與保險公司之間的協定,購買汽車貸款履約保證保險是購車人獲得銀行貸款的必要步驟,為的是幫助銀行規避信貸風險。保險公司會派人調查貸款人的資信狀況,保險合同一旦簽訂後,如果借款人不能按約還款(因故意詐欺和不可抗力原因導致的除外),保險公司將承擔彌補銀行損失的責任。由於車貸履約保證保險能分散銀行的貸款風險,一度成為各地車貸繁榮的保證。截至2001年年末,各家銀行汽車消費信貸的餘額已達 400億元,隨後更是迅猛增長,到2003年年底,車貸餘額已近1,800億元。銀行車貸業務的蓬勃發展,也支撐了汽車消費的快速發展。然而,蒸蒸日上的車貸背後,風險卻悄然而來,保險公司為了爭奪客戶競相推出優惠政策,銀行盲目收單,看到保單便放款。從2001年開始,車貸風險日漸明顯,最突出的表現是部分地區保險公司的車貸險業務賠付率高達100%以上,有的還達到了130%。到2002年下半年,國內各主要財產保險公司的車貸險業務事實上都開始縮減,截至2002年年底,以廣東為例,省內各保險機構收取車貸險保費共計204億元,保險公司應賠償的金額高達158億元,到2003年第一季度,廣州地區各財險公司車貸險平均賠付率達135.57%,個別公司的賠付率竟高達400%。開展了五六年之久的車貸履約險,相繼在北京、廣州、上海、深圳、蘇州、杭州等城市被緊急叫停。而在保險公司退出保證保險之際,又為銀行掌控車貸風險提出新的難題。來自某銀行的數據顯示,2001年年末該銀行汽車消費貸款餘額為134.15億元,不良貸款率僅為0.46%,但至2003年5月末,貸款餘額為462.94億元,不良貸款率上升為3.32%。

從中國汽車消費貸款走過的歷程可以看出,汽車消費貸款面臨許多風險,如何降低其風險是銀行面臨的一個重大的問題。有許多辦法可以減少或降低汽車消費貸款的風險,其中包括業務政策的選擇。

八、新股發行價格的信號傳遞博弈

在前面介紹的信號傳遞博弈中,都是研究的「一個」信號的信號傳遞博弈。在有的博弈問題中,如果有多個特徵需要代理人向委託人傳遞時,則需要使用多信號傳遞模型。信號傳遞模型在金融經濟學中有著較廣泛的運用。如馬修斯(Matthews)和摩爾(Moore)在1981年用多信號傳遞模型來研究股票的擔保發行問題,休斯(Hughes)在1986年用多信號傳遞模型來研

究投資銀行在新股發行中的角色等。

許多事實表明,股份公司常常以低於股票價值的價格(低價格)來發行新股,從而股票價格在發行後迅速上升,使股票購買者獲得豐厚的收益(正是這種豐厚收益的驅使,在一個較長的時間裡,中國股市中許多人和機構通過購新股而獲得巨大的收益)。從博弈的角度看,股份公司以低價格發行新股的目的是想用「股份公司所保留的股票的百分比」和「低價格」兩個信號來傳遞「新股價值的期望」和「方差」兩個特徵,從而影響潛在的購買者對股份公司前景的判斷。

在新股低價發行的信號傳遞模型中,兩個參與人是「股份公司」1 和「潛在的投資者」2,股份公司是代理人,投資者是委託人。該博弈的順序是:首先,自然選擇股份公司每股價值的期望(μ)與方差(σ^2),股份公司知道,而投資者不知道;然後,股份公司選擇 a 的比重保留股票,並以每股 P_0 的價格發行其餘的 $(1-a)$ 股票;潛在的投資者在觀察到 a 和 P_0 後決定是否購買該公司的股票;當市場價格由 P_0 變為 P_1 時,P_1 表現為投資者對 μ 的估計值;自然選擇每股的價值 F,F 的期望為 μ,方差為 σ^2,F 以概率 q 顯示給投資者並變為市場價格 P_1;股份公司以市場價格出售餘下的股票。

顯然,股份公司所獲價值為以 P_0 發行的股份價值加上後來以 P_1 或 F 出售的價值,其得益 U_1 為股份公司所獲價值的效用 V,即:
$$U_1 = V\{(1-a)P_0 + a[qF + (1-q)P_1]\} \qquad V' > 0, V'' < 0$$

而投資者的得益 U_2 為他們購買股份的真實價值減去他們支付的價格,即:
$$U_2 = (1-a)(F - P_0) + a(1-q)(F - P_1)$$

在較早時期,利蘭與派爾(Ieland,Pyle)在 1977 年用一個信號來解釋了股份公司低價發行新股的現象。在他們的模型中,是假定方差(σ^2)是共同知識,只用「股份公司所保留的股票的百分比(a)」一個信號來傳遞「新股價值的期望」的特徵。因為如果股份公司保留的股票的百分比 a 較大,會使非多樣化的股份公司承擔更大的風險。股份公司願意保留較大 a,意味著股份公司有信心承受這些風險,向投資者表明股票價值會大於投資者的預期,從而使投資者願意購買該股份公司的股票。可見,在 σ^2 是共同知識時,用一個信號就可顯示充分的信息。

但在新股低價發行的信號傳遞模型中,σ^2 不是共同知識,即投資者不知道 σ^2,這時用一個信號不再能顯示充分的信息。保留較小份額的高方差的股份公司可以與保留較大份額的低方差的股份公司用相同的價格出售餘下的股票,或者說保留相同份額的股份公司,既可意味著與低方差相伴的低價值,也可意味著與高方差相伴的高價值。這時,股份公司就可用股票

發行價格作為第二個信號，投資者通過觀察到的 a 與 P_0 兩個信號來推斷 μ 與 σ^2，從而做出相應的選擇。例如，股份公司可以通過兩種方式來表明其股票擁有高期望值(如 $\mu = 10$)：一是保留一個高百分比(如 $a = 0.3$)，並以較高價(如 $P_0 = 8$)發行股票；二是保留一個低百分比(如 $a = 0.1$)，並以較低價(如 $P_0 = 6$)發行股票(如圖5.9所示)。

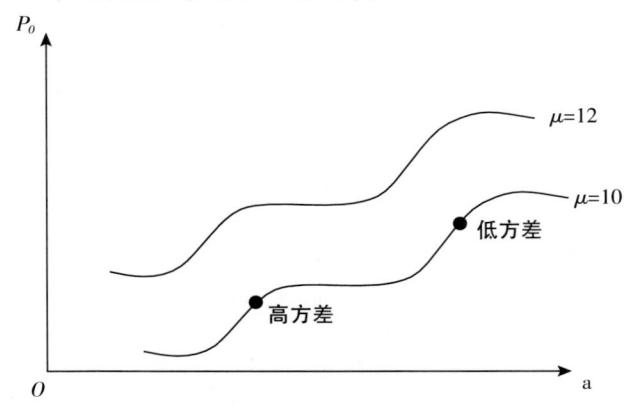

图 5.9　a 与 P_0 的组合图

在圖5.9中可看出，如果股票有高方差，股份公司將選擇保留一個低百分比並以較低價發行股票，這將降低股份公司的風險。同時，若投資者觀察到股份公司保留了一個低百分比並以較低價發行股票，則推斷該股份公司的股票擁有高方差及 $\mu = 10$，故預期以 $P_0 = 6$ 的價格發行的股票價格將上升，投資者將會購買該股份公司的股票；若投資者觀察到股份公司保留了一個高百分比並以較高價發行股票，則推斷該股份公司的股票擁有低方差及 $\mu < 10$，故預期以 $P_0 = 8$ 的價格發行的股票價格將不會上升，投資者將不會購買該股份公司的股票。

可見，低價格傳遞了該種股票擁有高期望與高方差的信息，股份公司預見到這一點，即股票價格將上升，但只有當股票以較低價發行來向投資者傳遞高方差的信息時才能實現投資者對高價值的預期，投資者才會購買該公司的股票。

值得注意的是，該模型是在較成熟的投資型的股市中，這樣的信號傳遞可能才是有效的。若是在一個不太成熟的投機型的股市中，若價格不能傳遞價值的信息，或者股份公司的所有者有缺位現象等情況時，該模型的結論則有可能失效。

九、壟斷限價模型

壟斷限制性定價模型（簡稱壟斷限價模型）是不完全信息動態博弈在產業組織理論中的一個重要的應用，其中最著名的是米爾格羅姆—羅伯茨（Milgrom, Roberts）在1982年提出的壟斷限價模型。人們常常看到這樣一個現象，壟斷企業制定的產品價格一般低於微觀經濟學定義的最優壟斷價格（即邊際收益等於邊際成本的價格）。對這個現象傳統經濟學的解釋是，如果價格等於壟斷價格，其他企業看到有利可圖，就會進入；相反，如果價格低一些，其他企業看到進入無利可圖，就不會進入，壟斷企業就可以繼續保持其壟斷地位。但從博弈論的角度看，價格作為一種承諾是不可置信的，因為不論壟斷者現在是什麼價格，一旦進入者進入，壟斷者就會改變價格，因此，用低價格是不可能阻止進入的。米爾格羅姆和羅伯茨試圖通過對壟斷限價模型的分析，對此現象用博弈論的知識加以解釋。由於壟斷者與進入者之間信息的不對稱，即壟斷者知道自己的成本，而進入者不知道，但進入者可觀察到壟斷者的價格。因此，壟斷者企圖用低於微觀經濟學定義的最優壟斷價格來向進入者發出一個信號，來傳遞壟斷者是低成本企業的信息，讓進入者相信進入是不利的，從而用低價格來嚇退進入者。

米爾格羅姆—羅伯茨的壟斷限價模型是假定有兩個時期，兩個企業，企業1是壟斷者，企業2是進入者。在第一個時期，市場上只有一個企業，即壟斷者，壟斷者選擇價格 P；在第二個時期，進入者在觀察到壟斷者的價格 p 後決定是否進入，如果進入者進入，這時的市場變為寡頭競爭，如果進入者不進入，市場上仍只有一個壟斷者。

假定壟斷者有兩種類型（成本），高成本（H）和低成本（L）。壟斷者是高成本的概率是 $g(H)$，是低成本的概率是 $1-g(H)$。如果壟斷者選擇價格 P_1，他的短期壟斷利潤為 $U_1^\theta(P_1)$，$\theta = H, L$。用 P_u^θ 表示類型 θ 的壟斷價格，$U_1^\theta = U_1^\theta(P_u^\theta)$ 表示最大短期壟斷利潤，其中，$P_u^H > P_u^L$，$U_1^H < U_1^L$，並假定 $U_1^\theta(P_1)$ 是嚴格的凹函數。

在第一個時期，壟斷者知道自己的類型 θ，進入者不知道 θ。為了分析的簡單起見，我們假定，在第二個時期，一旦進入者進入，就可以知道壟斷者的類型 θ，因此第二個時期的寡頭價格獨立於第一個時期的價格 P_1。用 V_1^θ 和 V_2^θ 分別代表當壟斷者為類型 θ 時壟斷者（用腳標1表示）和進入者（用腳標2表示）在第二個時期的寡頭利潤。為了使分析有意義，我們假定 $V_2^H > 0 > V_2^L$，即在完全信息的條件下，當且僅當壟斷者是高成本時，進入者才會選擇進入。我們用 δ 代表壟斷者和進入者共同的貼現因子，即壟斷者和進入者的貼現因子均為 δ。

很顯然,壟斷者當然希望有辦法阻撓進入者的進入而保持壟斷地位,因為壟斷利潤大於寡頭利潤,即 $U_1^a > V_1^a$。他想讓進入者認為自己是低成本,進入將會無利可圖而選擇不進入,但在不完全信息條件下,進入者不知道壟斷者成本的高低,空口聲明又是無效的。壟斷者想到了用價格作為信號向進入者傳遞有關自己成本的信息。因此,壟斷者選擇一個較低價格的目的,是想向進入者傳遞自己是低成本的信息,從而達到阻撓進入者進入。可見,壟斷限價模型實質上是一個信號傳遞模型。在後面的分析中我們將看到,不僅低成本的壟斷者有選擇低價格 P_1^L 的意願,而且在一定條件下(當第一個時期選擇低價格造成的損失可能被第二個時期繼續保持壟斷地位的收益所彌補時),高成本的壟斷者也有選擇低價格 P_1^L 的衝動。

該壟斷限價模型的均衡也有分離均衡和混同均衡。

讓我們首先考慮分離均衡。所謂分離均衡是:壟斷者的戰略是,在第一個時期,低成本(L)的壟斷者選擇價格 P_1^L,高成本(H)的壟斷者選擇價格 P_1^H;在第二個時期,進入者在觀察到壟斷者的價格後選擇進入還是不進入。進入者的戰略是,當觀察到價格是 P_1^L 時,則判斷壟斷者是低成本,則選擇不進入;當觀察到價格是 P_1^H 時,則判斷壟斷者是高成本,則選擇進入。

由於在分離均衡中,進入者能根據觀察到的價格推斷出在位者的真實成本,對高成本的壟斷者而言,高成本壟斷者在第一個時期的最優選擇是 $P_1^H = P_u^H$,即短期壟斷價格,這時的壟斷利潤為 U_1^H。在第二個時期,進入者進入,壟斷者獲得寡頭利潤為 δV_1^H。因此,高成本壟斷者的總利潤是($U_1^H + \delta V_1^H$),即第一個時期的壟斷利潤加第二個時期寡頭利潤的貼現值。

假定低成本的壟斷者選擇 P_1^L,如果要高成本的壟斷者也選擇 P_1^L(即偽裝成低成本)從而阻止進入者進入,壟斷者的總利潤是 $[U_1^H(P_1^L) + \delta U_1^H]$。因此,只有當下列條件滿足時,高成本壟斷者才不會選擇低成本壟斷者的均衡價格 P_1^L:

$$U_1^H + \delta V_1^H \geqslant U_1^H(P_1^L) + \delta U_1^H \tag{1}$$

也可寫成:
$$U_1^H - U_1^H(P_1^L) \geqslant \delta(U_1^H - V_1^H) \tag{1'}$$

就是說,當高成本壟斷者選擇 P_1^L 導致的第一個時期的利潤減少額大於從第二個時期保持壟斷地位得到的利潤增加額的貼現值時,高成本壟斷者才不會有積極性選擇低成本壟斷者的均衡價格 P_1^L。這就是高成本壟斷者分離均衡的必要條件。

類似地,可證明低成本壟斷者分離均衡的必要條件。當低成本壟斷者選擇 P_1^L 從而能阻止進入者進入時,低成本壟斷者的總利潤是 $U_1^L(P_1^L) + \delta U_1^L$;如果他選擇 $P_1 \neq P_1^L$,他的總利潤不會低於 $U_1^L + \delta V_1^L$(因為低成本壟斷者總可以選擇短期壟斷價格 P_u^L,最糟糕的情況也就是進入者進入,低成本

壟斷者在第二個時期獲得寡頭利潤)。因此,只有當下列條件成立時,才是低成本壟斷者的均衡價格:

$$U_1^L(P_1^L) + \delta U_1^L \geq U_1^L + \delta V_1^L \qquad (2)$$

也可寫成: $\qquad U_1^L - U_1^L(P_1^L) \leq \delta(U_1^L - V_1^L) \qquad (2')$

就是說,當低成本壟斷者第一個時期選擇短期壟斷價格 P_u^L 從而導致進入者進入時的第一個時期利潤增加額小於選擇最優價格 P_1^L 從而阻止進入者進入時的第二個時期利潤增加額的貼現值。這就是低成本壟斷者分離均衡的必要條件。

為了使分析有意義,我們假定不存在 $P_1^L = P_u^L$ 的分離均衡,即意味低成本壟斷者在定價時不會使其等於壟斷價格。否則,當 $P_1^L = P_u^L$ 時,高成本的壟斷者也將選擇 P_1^L,因為:

$$U_1^H - U_1^H(P_u^L) < \delta(U_1^H - V_1^H) \qquad (3)$$

如果兩類企業的成本相差不是很大,這個條件是滿足的。如果成本相差很大,每種類型的壟斷者都會選擇短期壟斷價格就會是一個分離均衡,但後面將看到這個條件不滿足的情況。

在合理的假設條件下,條件(1)和條件(2)定義了一個區間 $[P', P'']$,使得任何 $P_1^L \in [P', P'']$ 構成一個分離均衡價格。條件(3)意味著 $P'' < P_u^L$。因此,為了得到分離均衡,低成本壟斷者必須選擇一個足夠低的價格(低於短期壟斷價格 P_u^L),使得高成本的壟斷者想要模仿低成本壟斷者價格將付出很高的成本。區間 $[P', P'']$ 存在的條件是所謂的「斯賓塞 — 莫里斯條件」(SM):

$$\frac{\partial}{\partial P_1}(U_1^H(P_1) - U_1^L(P_1)) > 0$$

也可寫為:

$$\frac{\partial U_1^H(P_1)}{\partial P_1} > \frac{\partial U_1^L(P_1)}{\partial P_1}$$

這個條件也稱為分離條件。這個條件意味著,改變價格對不同類型壟斷者的利潤的影響是不同的。特別地,高成本壟斷者比低成本壟斷者更願意選擇高價格而不願意選擇低價格,即由低價格變為高價格時,對高成本壟斷者帶來的利潤增量大於低成本壟斷者。這個條件一般是可以滿足的。為簡單起見,假定邊際成本是不變的,對高成本壟斷者和低成本壟斷者的邊際成本分別記為 C^H 和 C^L,$C^H > C^L$,需求函數為 $Q(P_1)$。那麼:

$$\frac{\partial U_1^H(P_1)}{\partial P_1} = \frac{\partial}{\partial P_1}((P_1 - C^H)Q(P_1))$$

$$= Q(P_1) + (P_1 - C^H)\frac{\partial Q(P_1)}{\partial P_1}$$

$$\frac{\partial U_1^L(P_1)}{\partial P_1} = \frac{\partial}{\partial P_1}((P_1 - C^L)Q(P_1))$$

$$= Q(P_1) + (P_1 - C^L)\frac{\partial Q(P_1)}{\partial P_1}$$

因為 $C^H > C^L$,$Q'(P_1) < 0$,條件 (SM) 是滿足的。如果成本函數是連續分佈的,條件 (SM) 變為:

$$\frac{\partial^2 U(P,C)}{\partial P \partial C} = \frac{\partial}{\partial P \partial C}((P - C)Q(P)) = -\frac{\partial Q(P)}{\partial P} > 0$$

條件 (SM) 保證曲線 $y = U_1^L - U_1^L(P_1^L)$ 和 $y = U_1^H - U_1^H(P_1^L)$ 在 (P_1^L, y) 空間只交叉一次(如圖5.10所示)。

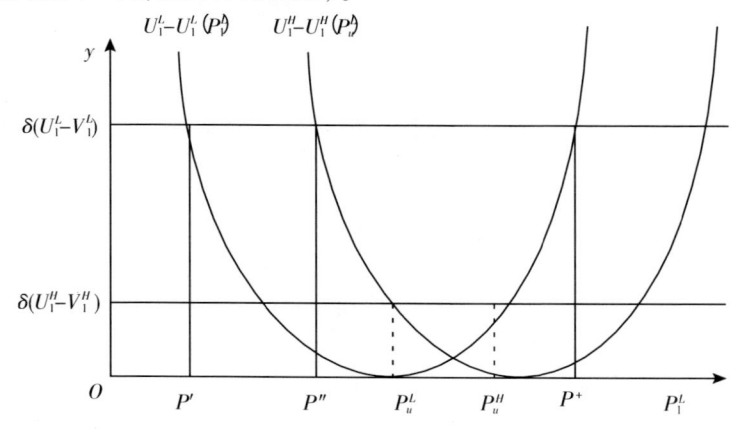

图 5.10　垄断限价模型

在圖5.10中,P' 對應於等式條件 $(2')$,P'' 對應於等式條件 $(1')$,$P''' < P_u^L$ 對應於條件 (3)。因為 P_u^θ 是短期壟斷價格,U_1^θ 是短期最大壟斷利潤,當 $P_1^L = P_u^\theta$ 時,$y = U_1^\theta - U_1^\theta(P_1^L) = 0$;在所有 $P_1^L \neq P_u^\theta$ 時,$y = U_1^\theta - U_1^\theta(P_1^L) > 0$。從圖5.10中可以看出,所有的 $P_1^L \in [P', P'']$ 滿足分離條件 $(1')$ 和 $(2')$,其中 P'' 是最低成本分離價格,P' 是最高成本分離價格。

可以證明,上述必要條件也是充足條件。假定高成本壟斷者選擇 P_u^H,低成本壟斷者選擇 $P_1^L \in [P', P'']$。當進入者觀察到 P_u^H 時,進入者認為壟斷者是高成本的後驗概率是 1,選擇進入;當進入者觀察到 P_1^L 時,進入者認為壟斷者是高成本的後驗概率是 0,選擇不進入。當進入者觀測到的價格不屬於這兩個價格時,後驗概率是任意的。保證所假定的戰略 (P_1^L, P_u^H) 是均衡戰略的最簡單的辦法是選擇 $\tilde{g}(H \mid P_1 \neq P_u^H, P_1^L) = 1$,即當進入者觀察到價格不是 P_u^H 或 P_1^L 時,就認為在位者是高成本,選擇進入。這樣,就會使得沒有任

何類型的壟斷者有興趣偏離所假定的均衡戰略。高成本的壟斷者不會偏離 P_u^H 選擇任何其他可能使進入者進入的價格，因為在其他所有可能使進入者進入的價格中，P_u^H 可最大化第一個時期的利潤。高成本壟斷者也沒有積極性選擇 P_1^L，因為 P_1^L 滿足條件(1′)。同理，低成本的壟斷者也沒有積極性偏離均衡 P_1^L。

這樣，我們得到連續的分離均衡，即有無窮多個分離均衡，即高成本壟斷者選擇 P_u^H，低成本壟斷者選擇任何的 $P_1^L \in [P', P'']$；進入者看到 P_1^L 時認為 $\tilde{g}(H | P_1^L) = 0$，選擇不進入，看到任何 $P_1 \neq P_1^L$ 時就認為 $\tilde{g}(H | P_1 \neq P_1^L) = 1$，選擇進入。特別地，$P_1^L = P''$ 是一個最低成本的均衡。在所有這些均衡中，低成本壟斷者會「限制」自己的價格低於壟斷價格以阻止進入者進入。值得注意的是，這樣的連續分離均衡對於任何 $g(H) > 0$ 都是存在的。對比之下，如果 $g(H) = 0$，低成本的壟斷者就會選擇短期壟斷價格 P_u^L。這意味著，信息結構的小小變化就會導致均衡結果的很大不同，只要進入者認為壟斷者是高成本的先驗概率 $g(H)$ 大於 0，低成本的壟斷者就不得不非連續地降低價格以顯示自己是低成本。

下面我們來分析壟斷限價模型的混同均衡。混同均衡為：壟斷者的戰略是，在第一個時期，無論高成本的壟斷者還是低成本的壟斷者都選擇一個相同的價格 P_1；在第二個時期，進入者不能從觀察到的價格獲得壟斷者的類型，因此，當進入者預期進入時自己的期望利潤小於零時，進入者不進入，當進入者預期進入時自己的期望利潤大於零時，進入者進入。

因為壟斷者選擇混同均衡的目的是想進入者觀察到這個價格後選擇不進入，因此，壟斷者第一個時期選擇價格 P_1 時，只有讓進入者感到進入時預期的期望利潤為負，進入者才會選擇不進入。故混同均衡要存在的條件是：

$$gV_2^H + (1-g)V_2^L < 0$$

即進入者進入時預期的期望利潤為負。如果上述條件不成立，在混同均衡下，進入者會選擇進入，因為期望利潤大於 0。因為混同均衡不能阻止進入，在位者的最優選擇是短期壟斷價格，即高成本壟斷者選擇 $P_1 = P_u^H$，低成本壟斷者選擇 $P_1 = P_u^L$，因此混同均衡不存在。

因此，混同均衡的存在必然滿足上面的假定條件。現在的問題在於，在滿足上面的假定條件的情況下，如何確定一個混同價格 P_1，既能阻止進入者進入，又能使不論是高成本的壟斷者還是低成本的壟斷者都不願意偏離 P_1。如果偏離的話，在最壞的情況下將導致進入者進入。因此，對低成本的壟斷者而言，P_1 必須滿足(2′)，對高成本的壟斷者而言，P_1 必須滿足：

$$U_1^H - U_1^H(P_1) \leq \delta(U_1^H - V_1^H) \tag{4}$$

满足式(2′)和式(4)的 P_1 的集合依赖于成本函数和需求函数。假定条件(3)满足,那么,在图 5.10 中可以看到,在 P_u^l 周围存在一个区间 $[P'',P^+]$,所有的 $P_1 \in [P'',P^+]$ 都满足式(2′)和式(4)。

容易证明,任何 $P_1 \in [P'',P^+]$ 构成一个混同均衡。因此,如果进入者观察到 P_1,就认为 $g(H|P_1) \equiv g(H)$,即进入者观察到 P_1 后未获得任何新的信息,有关垄断者是高成本的后验概率与先验概率是一样的,进入者选择不进入;如果进入者观察到不是 $P_1 \in [P'',P^+]$ 的任何其他价格,就认为垄断者是高成本,进入者选择进入。因为条件(2′)和(4)是满足的,不论垄断者是低成本还是高成本,垄断者都不会偏离 P_1。

与分离均衡一样,我们得到无穷多个(连续的)混同均衡。特别地,$P_1 = P_u^l$ 是一个均衡,即两种类型的垄断者都选择低成本垄断者的短期垄断价格,高成本垄断者「限制」自己的价格以阻止进入者进入。

从上面的分析中可看到,无论是分离均衡还是混同均衡,都解释了为什么垄断企业制定的产品价格一般低于微观经济学定义的最优垄断价格的现象。

同时,我们也看到,无论是分离均衡还是混同均衡都存在多个精炼贝叶斯均衡。但显然,有些均衡是合理的,有些均衡是不合理的。例如,在所有分离均衡中,$(P_1^L = P'', P_1^H = P_u^H)$ 是一个帕累托最优均衡;在所有混同均衡中,$P_1 = P_u^L$ 帕累托优于 $P_1 \in [P'', P_u^L]$,$P_1 = P_u^H$ 帕累托优于 $P_1 \in [P_u^H, P^+]$。如果存在帕累托均衡,则选择非帕累托均衡显然是不合理的。

另外,垄断限价模型还存在一个准分离均衡,这里不再进行讨论。

第四节 精炼贝叶斯均衡的再精炼

均衡的多重性一直是困扰著所有博弈类型的一个问题,对于精炼贝叶斯均衡也不例外。由于博弈分析的一个重要问题是希望预测哪一个均衡会在实际中发生,只有准确地预测到这一点,参与人才能确定自己的最优行动,否则就会导致一些所有理性参与人都不希望发生的结果而实际发生(如山羊博弈中两败俱伤的结果)。但由于均衡的多重性,要准确地预测到哪一个均衡会在实际中发生有时会十分困难,许多博弈论专家为此进行了大量的研究并继续进行著这方面的研究。

精炼贝叶斯均衡也存在多个精炼贝叶斯均衡的问题,一些学者提出了一些其他的均衡概念以减少精炼贝叶斯均衡,或者在多个精炼贝叶斯均衡中加入一些限制条件来得到更为合理的均衡结果。

一、剔除劣戰略

剔除劣戰略的思想和方法在完全信息博弈中已經介紹過。在完全信息博弈中，剔除劣戰略的方法是直觀的，即如果一種戰略在任何情況下都比另一種戰略要差（嚴格劣戰略），參與人當然沒有理由選擇前者。但在不完全信息博弈中，究竟什麼是一個參與人在均衡情況下的劣戰略，則常常依賴於其他參與人如何規定非均衡路徑上的後驗概率。因此，在不完全信息博弈中剔除劣戰略的思路是將「不選擇劣戰略」的要求擴展到非均衡路徑的後驗概率上。

它的基本思想是，在一個博弈中，如果對於某些類型的參與人，存在某些行動或戰略劣於另一些行動或戰略，而對於另一些類型的參與人則不成立，那麼，當其他參與人觀測到前一類行動時，他不應該以任何正的概率認為選擇該行動的參與人屬於前一類參與人。對非均衡路徑後驗概率的這個簡單限制可以大大減少精煉貝葉斯均衡的數量。

我們以本章第三節不完全信息動態博弈的壟斷限價博弈為例來說明這一點。在壟斷限價博弈的無窮多個分離均衡中，我們曾講到，在所有分離均衡中，$(P_1^l = P'', P_1^H = P_u^H)$ 是一個帕累托最優均衡。這意味著，無論進入者如何規定非均衡路徑上的後驗概率，對於高成本的壟斷者而言，如果高成本的壟斷者選擇價格 P_u^H，他的最低利潤是 $U_1^H + \delta U_1^H$；如果他選擇任何 $P_1 \leq P''$ 的價格，他能得到的最大利潤是 $U_1^H(P_1) + \delta U_1^H$。從 P'' 的定義出發，對於所有的 $P_1 \leq P''$，$U_1^H(P_1) + \delta U_1^H \leq U_1^H + \delta V_1^H$，因此，對於高成本壟斷者來說，$P_1 \leq P''$ 劣於 P_u^H，他不會選擇 $P_1 \leq P''$。但對低成本的壟斷者來說，$P_1 \leq P''$ 是否劣於 P_u^l，則要依賴於進入者如何規定非均衡路徑上的後驗概率。因此，如果進入者觀察到壟斷者選擇了 $P_1 \leq P''$，進入者應該認為壟斷者是低成本而不可能是高成本，即 $\tilde{g}(H | P_1 \leq P'') = 0$，從而進入者選擇不進入。給定這個後驗概率，低成本壟斷者不需要為了阻止進入而選擇 $P_1 < P''$。因此，唯一的合理的精煉貝葉斯分離均衡是：低成本壟斷者選擇 $P_1^l = P''$，高成本壟斷者選擇 $P_1^H = P_u^H$；如果進入者觀測到 $P_1 > P''$，就認為 $\tilde{g}(H | P_1 > P'') = 1$，選擇進入，否則，$\tilde{g}(H | P_1 \leq P'') = 0$，選擇不進入。在這個均衡中，低成本壟斷者為了顯示自己是低成本而限價，但他選擇的價格是能夠阻止進入者進入的最大可能的價格（即最低成本的分離均衡價格）。

這樣，我們用剔除劣戰略的方法在壟斷限價博弈的無窮多個分離均衡中，得到了在壟斷限價博弈中唯一的分離均衡是最低成本分離集合，即低成本壟斷者在所有滿足分離條件的價格集合中選擇了最高分離均衡價格 P''。

但是,用剔除劣戰略的方法卻不能幫助我們縮小壟斷限價博弈的混同均衡的數量,這是因為在混同均衡中,高成本壟斷者沒有劣戰略,這是因為,如果 $P_1 \in [P'', P^+]$ 是低成本壟斷者的均衡戰略,它一定也是高成本壟斷者的均衡戰略。

二、直觀標準

直觀標準是克瑞普斯(Kreps)和克瑞普斯·曹(Kreps-Cho)分別在1984年和1987年提出的,其基本思想是將劣戰略擴展到相對於均衡戰略的劣戰略,從而通過剔除更多劣戰略的辦法縮小均衡數量,進一步改進了精煉貝葉斯均衡的概念。

我們仍以壟斷限價博弈為例。由於直觀標準的劣戰略的含義意味著,對於任何戰略的劣戰略一定也是相對於均衡戰略的劣戰略。因此,在壟斷限價博弈中的無窮個分離均衡中用剔除劣戰略的方法得到了唯一的分離均衡(見剔除劣戰略),用直觀標準也得到與用剔除劣戰略的方法相同的唯一分離均衡。

現在我們用直觀標準來分析壟斷限價博弈中的混同均衡戰略。在壟斷限價博弈中,我們得到無窮多個混同均衡,而用剔除劣戰略的方法不能縮小混同均衡的數量。這是因為按照剔除劣戰略中對劣戰略的定義,對高成本壟斷者沒有劣戰略。現假定有一個價格,$P^* \in [P'', P^+]$,$P^* > P_u^L$(低成本企業的短期壟斷價格),$P_u^L \in [P'', P^+]$(見圖5.10)。因此,P^* 與 P_u^L 這兩個戰略都是潛在混同均衡戰略。我們將看到,這兩個戰略沒有任何一個劣於另一個。因為如果壟斷者選擇 p^* 時,進入者認為 $\tilde{g}(H|P^*) = 1$,從而選擇進入,壟斷者選擇 P_u^L 時,進入者認為 $\tilde{g}(H|P_u^L) = 0$,從而選擇不進入,則 p^* 劣於 P_u^L;但是,如果壟斷者選擇 p^* 時,進入者認為 $\tilde{g}(H|P^*) = 0$,從而不進入,壟斷者選擇 P_u^L 時,進入者認為 $\tilde{g}(H|P_u^L) = 1$,從而選擇進入,則 P_u^L 劣於 p^*。現在假定 p^* 是混同均衡[即 $\tilde{g}(H|P^*) = g < 1/2$]。現在的問題是,高成本壟斷者或低成本壟斷者是否會偏離 p^* 而選擇 P_u^L?在壟斷限價模型中已得到,如果進入者認為 $\tilde{g}^-(H|P_u^L) = 1$(即高成本的後驗概率為1),高成本壟斷者不會偏離 p^* 而選 P_u。可看出,即使進入者認為 $\tilde{g}(H|P_u)^L = 0$ 從而選擇不進入,高成本壟斷者也沒有積極性偏離 p^* 而選 P_u^L,這是因為,偏離 p^* 選擇 P_u^L 減少第一階段的利潤,但不增加第二階段的利潤,因為不影響進入者的決策。因此,不論在什麼情況下,如果 P^* 是假定的混同均衡,高成本壟斷者不會選擇 P_u^L。但是,這個結論對低成本壟斷者是不成立的,因為如果進入者認為 $\tilde{g}(H|P_u^L) = 0$ 從而選擇不進入,低成本壟斷者將選擇 P_u^L 而不是 p^*,這個偏離行為增加第一階段的利潤但不減少第二階段的利潤。因

此，如果P_u^L出現，進入者合理的后驗概率應是$\tilde{g}(H \mid P_u^L) = 0$，而不是$\tilde{g}(H \mid P_u^L) = 1$（可見，直觀標準對非均衡路徑的后驗概率進行了更嚴格的限制）。但此時，低成本的壟斷者會偏離p^*而選P_u^L，因此，p^*不可能是一個合理的混同均衡，應該被剔除。這樣，我們可以說，P_u^L是高成本壟斷者相對於p^*的劣戰略。更一般地，可證明所有的$P_1 > P_u^L$的混同均衡都不滿足的直觀標準，因此都是不合理的均衡，應該從合理均衡中剔除。可見，在直觀標準的劣戰略的定義下，劣戰略的範圍進一步擴大了。但是，直觀標準不能應用於$P_1 \in [P'', P_u^L]$的混同均衡。因為，假定$[P'', \tilde{g}(H \mid P'') = g, \tilde{g}(H \mid P_1 \ne P'')= 1]$是一個混同均衡，那麼，不論是高成本還是低成本，所有$P_1 > P''$都不是壟斷者相對於該均衡的劣戰略，因為如果進入者觀察到$P_1 > p''$時認為$\tilde{g}(H) = 0$而選擇不進入，兩種類型的壟斷者都想偏離P''而選擇$P_1 > P''$，這時提高第一個時期的利潤而不影響第二個時期的利潤。因此，當觀察到$P_1 > P''$時，不能提供有關壟斷者類型的任何信息。同理，假定$(P_u^L, \tilde{g}(H \mid P_u^L) = g, \tilde{g}(H \mid P_1 \ne P_u^L) = 1)$是一個混同均衡，那麼，不論是高成本還是低成本，所有$P_1 < P_u^L$都是壟斷者相對於該均衡的劣戰略。這就意味著，在$P_1 \in [P'', P_u^L]$中，用直觀標準也不能區分出劣戰略，故所有$P_1 \in [P'', P_u^L]$的混同均衡都是滿足直觀標準的混同均衡。

可見，在壟斷限價博弈$P_1 \in [P'', P^+]$的混同均衡中，用剔除劣戰略的方法不能縮小混同均衡的數量，但用直觀標準剔除了$P_1 > P_u^L$的劣戰略（減少了混同均衡的數量），仍留下了$P_1 \in [P'', P_u^L]$的多重混同均衡。但在一些博弈中，用直觀標準有可能剔除掉所有的混同均衡。

直觀標準劣戰略的定義：假定$(a_1^*, a_2^*; \tilde{g})$是一個精煉貝葉斯均衡。令$U_1^*(\theta_1)$是類型為$\theta_1$的參與人1的均衡效用水平。那麼，$a_1' \in A_1$是參與人1相對於均衡$(a_1^*, a_2^*; \tilde{g})$的劣戰略，如果對於參與人2的所有的行動$a_2 \in A_2$，下列條件成立：

$$U_1(a_1', a_2, \theta_1) \le U_1^*(\theta_1)$$

（至少有一個嚴格不等式對某些$a_2 \in A_2$成立）

進一步令$\widetilde{\Theta}_1 \subset \Theta_1$是所有滿足上述不等式的$\theta_1$的集合。如果$\widetilde{\Theta}_1 \ne \Theta_1$，那麼，參與人2在非均衡路徑上的合理的后驗概率是：

$$\sum_{\theta_1 \in \widetilde{\Theta}_1} (\theta_1 \mid a_1') = 0$$

在上面的定義中，條件$U_1(a_1', a_2, \theta_1) \le U_1^*(\theta_1)$意味著，沒有任何的$\theta_1 \in \widetilde{\Theta}_1$的參與人1想偏離均衡；條件$\widetilde{\Theta}_1 \ne \Theta_1$意味著，至少有一個類型的參與人（不屬於$\widetilde{\Theta}_1$）想偏離均衡。因此，當觀察到不可能事件$a_1'$時，參與人2應該認為，參與人1屬於$\theta_1 \in \widetilde{\Theta}_1$的後驗概率為0。

此外,用於精煉貝葉斯均衡的再精煉方法有澤爾騰在 1975 年提出的「顫抖手均衡」(第四章已有論述)。

還有克瑞普斯(Kreps)和威爾遜(Wilson)在 1982 年提出的「序貫均衡」。「序貫均衡」也是著重強調非均衡路徑上後驗概率的形成,它是假定在每個信息集上,參與人以嚴格正的概率選擇混合戰略,從而使得博弈到達每一個信息集的概率嚴格為正,這樣就使得貝葉斯後驗概率的公式在每一個信息集上都是適用的,不會出現後驗概率任意取值的情況,然後將均衡作為這種嚴格混合戰略和相應後驗概率的序列的極限,能夠成為這種極限的均衡就是序貫均衡。序貫均衡的實質是對不完全信息動態博弈中的參與人隨著博弈進程修正自己信念的方式作了更為嚴格的要求,認為參與人的行動必須由對行動歷史(因而是序貫的)的信念合理外生而決定。

還有梅耶森(Myerson)在 1978 年提出了「恰當均衡」。「恰當均衡」主要是針對顫抖手均衡存在的一種缺陷而提出的,即顫抖手均衡中引入的被嚴格優超的戰略可能會增加精煉貝葉斯均衡的數量。恰當均衡的核心思想是,如果一種戰略提供的得益小於另一種戰略提供的得益,則在犯錯誤的概率上,前者就是比後者更高階的無窮小。即恰當均衡考慮了參與人對待不同戰略時的態度,對於自己更不利的戰略會更小心慎重,從而會使犯錯誤的概率更小。

梅耶森還證明了,任意有限戰略型博弈至少存在一個恰當均衡,而任意恰當均衡都必定是精煉貝葉斯均衡,也必定是序貫均衡。

另外還有考爾伯格(Kohlberg)和默頓(Merten)在 1986 年提出的「穩定均衡」等。

可見,均衡(不論是完全信息博弈還是不完全信息博弈均衡,也不論是靜態博弈還是動態博弈均衡)多重性一直是困擾博弈論的一大問題,許多博弈論的新發展也是討論如何對均衡進行精煉。

第六章　　有關博弈論的幾個問題

引例：誰是傻瓜

有一個大人拿出兩枚 1 元和 5 角的硬幣讓一個小孩挑選，這個小孩拿走了 5 角的硬幣。許多人認為小孩是一個傻瓜。為了看看這個小孩是否真是傻瓜，一些人同樣拿出兩枚 1 元和 5 角的硬幣讓這個小孩挑選，但小孩每次都拿走 5 角的硬幣。於是更多的人用同樣的方法想看看小孩傻到什麼程度，小孩每次仍只拿走 5 角的硬幣。到底誰是傻瓜？

第一節　　合作博弈與非合作博弈

一、合作博弈與非合作博弈的概念

博弈可劃分為合作博弈與非合作博弈。所謂合作博弈，是指參與人之間能達成一個具有強制性協議的博弈。如果參與人之間不能達成一個具有強制性協議的博弈，就稱為非合作博弈。如囚徒困境中，兩個小偷在被抓住之前達成「相互抵賴」的攻守同盟，如果有人不遵守，將受到嚴厲的懲罰（如被打斷一條腿），這就是合作博弈，博弈的結果為雙方均抵賴；但如果有人不遵守，將不會受到任何懲罰，這就是非合作博弈，博弈的結果為雙方均坦白。又如，在兩個寡頭的古諾產量博弈中，兩個廠商若能聯合起來各自生產壟斷產量的一半，就能獲得更大的利潤。若兩個廠商均能遵守這個協議，就是合作博弈；若兩個廠商不能遵守這個協議，就是非合作博弈。合作博弈強調的是集體理性，以體現效率、公平和公正。非合作博弈強調的是個體理性，是個人選擇的最優，其結果可能是有效率的，也可能是無效率的。

從博弈論的發展過程來看，在博弈論的初期，較多的學者更關注的是合作博弈，到 20 世紀 50 年代，對合作博弈的研究達到鼎盛時期，其代表如納什和夏普里提出的「討價還價」模型，吉利斯（Gillies）和夏普里（Shapley）提出的合作博弈中「核」的概念等。但在對合作博弈的研究過程中，由於對「集體理性」的解釋多種多樣，對「強制性」力度的界定也非常困難，很難有一個簡明清晰的標準來判斷合作博弈解的合理性及可實施性，

因此,從20世紀50年代開始,許多博弈論學者開始將目光轉向非合作博弈(故有學者認為非合作博弈研究始於20世紀50年代)。由於非合作博弈強調的是完全個體理性,而完全個體理性的界定是明確、清晰且唯一的,故使得求解非合作博弈的推理顯得簡明而完美。此後,對非合作博弈的研究出現一個又一個的高潮,現在大多數有關博弈論的書籍都主要是介紹有關非合作博弈的,本書也主要是討論非合作博弈的。但是,由於非合作博弈的結果有很多時候是低效率甚至是無效率的,為了實現參與人更大的利益,需要參與人之間的相互合作。其次,非合作博弈中假設的完全理性的參與人在現實中非常少見,大多數參與人是有限理性的,這就使得許多理論上的均衡與參與人的現實選擇大不相同。如此等等原因,使得近幾年有學者又開始關注對合作博弈的研究,其中一種看法是,非合作博弈的均衡似乎是提供了一種「標準均衡」,由於種種因素的改變(如理性、效用、預期等)導致參與人對「標準均衡」的偏離,故認為應將合作博弈的理論納入非合作博弈的理論體系中進行研究,雖然迄今在這方面還未取得滿意的進展。

合作博弈研究的兩個重點問題是:一是合夥(聯盟)是如何形成的,二是合夥中的成員如何分配他們可以得到的利益。

二、合作博弈中聯盟的形成及利益分配

(一) 聯盟的形成

獵人博弈講的是,有甲、乙兩個獵人到森林去打獵,如果兩個獵人各自為戰,每人都可以打到一只兔子;如果兩個人合作,則可以打到一只鹿;若一人打鹿,一人打兔,則打兔的能打到一只兔,而打鹿的則空手而歸,因為鹿要兩個人圍捕才能打到。其得益矩陣如表6.1所示。

表6.1 獵人博弈

		乙(2)	
		打鹿	打兔
甲(1)	打鹿	10,10	0,2
	打兔	2,0	2,2

在這個博弈中,有兩個納什均衡,即(打鹿,打鹿)和(打兔,打兔)。兩個人均選擇打兔,各自的得益為2;但若兩個人能合夥一起打鹿且各分半只鹿,則各自可得到10的收益。可見,為了雙方的利益,兩個獵人應該結成聯盟一起去打鹿,這就是形成聯盟的動機。在這個博弈中,只有兩個參與人,如果將兩個獵人各自為戰也視為一種聯盟,即將單個參與人的聯盟作為一種特殊聯盟。為了數學處理上的方便,將沒有參與人的聯盟(即空集 Φ) 也

當成一種特殊聯盟,即兩個獵人都未去打獵。則兩個參與人可能形成的 4 種聯盟為 $\{\Phi\}$、$\{1\}$、$\{2\}$、$\{1,2\}$。

如果我們將上面的博弈改為三個獵人(甲、乙、丙)參與的獵人博弈,則可能形成 8 種聯盟(甲、乙、丙分別用 1、2、3 表示):$\{\Phi\}$、$\{1\}$、$\{2\}$、$\{3\}$、$\{(1),(2,3)\}$、$\{(2),(1,3)\}$、$\{(3),(2,1)\}$、$\{1,2,3\}$。

一般地,如果有 n 個參與人的博弈,則可能的聯盟數為 2^n 個。如果不考慮沒有參與人的聯盟,則可能的聯盟數為 2^n-1 個。

因此,所謂的聯盟或合夥是指,如果 $I=\{i_1,i_2,\cdots,i_n\}$ 為參與人的集合,則其中任意一非空子集 $S\subset I$ 為一個聯盟或合夥。一般將單個參與人的聯盟和空集(Φ)作為一種特殊聯盟。

(二) 聯盟利益分配

合作博弈中的聯盟形成後,如何在聯盟內部分配他們的得益則是比聯盟形成更為重要的研究內容,許多研究合作博弈的學者都主要是將目光專注於聯盟利益分配的問題。

如在兩個參與人的獵人博弈中,當兩個獵人合作捕到一只鹿時,在表 6.1 中的得益是假定兩個獵人各分半只鹿的得益,即兩個獵人各得 10。捕到一只鹿的總得益為 20,假如在分配時,甲獵人認為自己在捕鹿時出的力更大(如他認為自己的獵槍更好,或甲打中兩槍,乙只打中了一槍等),因此應分得 2/3 只鹿,乙只能分得 1/3 只鹿,乙是否會同意呢?

又如三個參與人的獵人博弈中,假如這只鹿是由三個獵人合夥時捕到的(合作產生了利益),三個人在一起討論如何分配的問題。當三個人平分時,各得到 1/3 只鹿。甲於是對乙說:「若我們聯合起來平分這只鹿,不分給丙,這樣我們可各得 1/2 只鹿,如何?」乙思考如何回答。丙看見自己將會被排除在分配之列,露出著急的樣子。於是甲轉而對丙悄悄說:「如果我和乙聯手,你什麼也得不到,這樣吧,我和你聯手擠掉乙,但我要得到 3/4 只鹿,分給你 1/4 只鹿,怎麼樣?」丙抱著感激之情答應了。乙回過神來對丙說:「別跟甲這樣狡猾的人合作,與我合作,我將分給你 1/3 只鹿,怎樣?」甲趕忙對丙說:「快別與乙合夥,我將鹿分 2/3 給你,我只要 1/3。」他們到底應該怎樣分這只鹿呢?

這就是聯盟利益分配的問題。一般地,合作博弈中的分配可表示為:在合作博弈中,如果對 n 個參與人而言,存在一個向量 $x=(x_1,x_2,\cdots,x_i)$ 滿足:① $\sum x_i = U(I)$;② $x_i \geq U(i)$。其中 $U(I)$ 表示 i 個參與人的總和收益,$U(i)$ 表示單個參與人(即不與任何參與人結盟)時的收益。

在上面的聯盟分配的定義中,條件①說明各參與人分配的收益總和正好是所有參與人的最大總和收益;條件②說明從聯盟中各參與人分配到的

收益不小於單個參與人所得到的收益,即是說分配必須使每個參與人的得益都比不參與合作博弈而單幹好,這樣參與人才有積極性加入聯盟。

可見,合作博弈存在兩個基本條件:一是,對聯盟來說,整體收益大於其每個參與人單獨博弈時的收益之和;二是,對聯盟內部而言,應存在著具有帕累托改進性質的分配規則,即每個加入聯盟的參與人都能獲得比不加入聯盟時要多一些的收益。如何保證實現和滿足這些條件,而且要使所達成的協議有強制性,正是合作博弈研究的主要內容。

三、聯盟型博弈 — 合作博弈的表現形式

按聯盟中各參與人獲得的收益是否可相互轉移,合作博弈可分為具有可轉移收益的合作博弈和不具有可轉移收益的合作博弈。其中可轉移收益(效用)是指聯盟中各參與人獲得的收益可以相互轉移。一般研究的是具有可轉移效用的合作博弈,其表現形式稱為聯盟型博弈,也稱為特徵函數型博弈。

在前幾章中介紹非合作博弈時,一般是用博弈矩陣(戰略型的一般表示方法)來表示靜態博弈,用博弈樹(擴展型的一般表示方法)來表示動態博弈。博弈樹具有最豐富的信息,並可說明博弈行動的順序與信息結構。在博弈樹的基礎上可以簡化出戰略型博弈。在戰略型博弈中,如果引入合作博弈的假設,則可進一步簡化博弈形勢,不再有戰略細節,其研究的重點放在合作的價值上,就形成了聯盟型(特徵函數型)博弈。

合作或聯盟形式以每類參與人集合可以得到的共同最優結果來表示博弈,如果收益是可以比較的(如獵人博弈中,捕到一只兔子的效用為2,意味著能夠獵人吃2天;捕到一只鹿的效用為20,意味著能夠獵人吃20天),則效用也是可以比較的。更直接的意思是,捕到一只兔子能賣2元,捕到一只鹿能賣20元,即意味著轉移收益是可能的,從合作中得到的收益能用一個單一數字來表示,否則得到的最優結果將只是一種抽象的帕累托最優集。

特徵函數型博弈對每一種可能聯盟給出相應的聯盟總和收益,也就是說給出了一種集合函數,稱為特徵函數 $U(\cdot)$。特徵函數具有超加性:對任意兩個獨立聯盟 S 與 T(即兩者沒有公共的參與人,$S \cap T = \Phi$),有 $U(S \cup T) \geq U(S) + U(T)$。

因此,具有 n 個參與人、參與人集合為 $I = \{i_1, i_2, \cdots, i_n\}$、特徵函數為 $U(\cdot)$ 的聯盟型博弈記為 (I, U)。

合作博弈中,如果有 $U(I) = \sum_{i \in I} U(i)$,$U(i)$ 表示參與人 i 單人組成的聯盟,則稱該合作博弈是非本質的;若有 $U(I) > \sum_{i \in I} U(i)$,則稱此合作博弈

是本質的，就是存在有淨增收益的聯盟。如在三個獵人的博弈中，當每個獵人獨自單干時和三個獵人組成的聯盟（包括空集）都是非本質的合作博弈，只有某兩個獵人組成的聯盟才是本質的合作博弈。

下面我們用兩個獵人的博弈（見表6.1）來說明從戰略型博弈向聯盟型博弈的轉化。

前面已述，在兩個獵人的博弈中，存在四種聯盟，即 $\{\Phi\}$、$\{1\}$、$\{2\}$、$\{1,2\}$。特徵函數 U，就對這四種聯盟求得他們各自的總和收益。一般的求法是設聯盟外局中人將採取行動使該聯盟的總和收益最少，也就是第二章中雙人零和博弈的極小極大值解。

按照這種方法，空集 $\{\Phi\}$ 的總和收益為零，即 $U(\Phi) = 0$，因為沒有人的聯盟是不會有任何收益的。聯盟 $\{1\}$ 的總和收益為2，即 $U(1) = 2$，其原因是參與人1選第一種戰略時對方使他得到的最差結局是0（行中的最小值），選擇第二種戰略時對方使他得到的最差結局是2，其中取最大值得到參與人1自己構成聯盟時的特徵函數值（即最小最大值）。同理，我們有 $U(2) = 2$，也就是參與人2每種戰略選擇遇到的最小值中的最大值。$U(1,2) = 20$，沒有聯盟外參與人，20是參與人1與參與人2能取得的最大總和收益。這樣，就完成了從戰略型博弈向聯盟型博弈的轉化，得到如表6.2所示的聯盟型博弈。

表6.2　　　　　　　　　獵人博弈的聯盟型

	S_2^1	S_2^2
S_1^1	10,10	0,2
S_1^2	2,0	2,2

上面這種極小極大值求特徵函數的方法，受到了很多批評，一種意見認為這是一種非常悲觀的規則，還有意見認為它忽略了聯盟外參與人，使聯盟面臨最糟處境時自己也將付出代價。但這是目前最為簡明有效的方法。故海薩尼提出，特徵函數的取值應該由聯盟與其對立聯盟（聯盟外所有局中人形成的聯盟）之間進行一次談判來決定，這就產生了合作博弈的談判理論。

有的時候，特徵函數可以由對應的戰略型博弈簡化得到（如上例），但有時實際博弈局勢中不容易得到完整的擴展型或策略型博弈，故無法通過簡化得到聯盟型博弈，也可以直接對實際博弈局勢進行分析而獲得。

四、合作博弈的解

合作博弈解的概念繁多，至今仍沒有一種合作博弈解的概念具有納什

均衡在非合作博弈中所占據的地位且得到認同,也沒有一種合作博弈解的概念比其他解的概念更具有理論上的優勢,這就造成了合作博弈解在概念上的混亂,從而在很大程度上限制了合作博弈的實際應用。這大概就是合作博弈在20世紀50年代達到鼎盛時期後,人們又將注意力轉向研究非合作博弈,或者說是現在人們從非合作博弈的研究中得到某些啟示後,又對合作博弈進行研究的原因。

對於一般的合作博弈(包括具有或不具有可轉移效用的合作博弈),其解的核心思想是合作均衡的概念。合作博弈求解的目的是希望得到博弈的「理性」最終分配。主要方法有優超法與賦值法。

優超法的基本思路是,讓加入聯盟的每一個成員都感覺到,聯盟給予他的效用將大於他不加入聯盟所得到的效用。

一般形式的合作博弈的優超概念:由於一般形式的合作博弈中不僅包括具有可轉移效用的合作博弈,也包括不具有可轉移效用的合作博弈,因此,與聯盟型博弈不同的是,它的形式中還包括了戰略概念。設有 n 個參與人,每個參與人有相應的可選擇的戰略,在所有可能的戰略組合上定義各參與人的效用函數,效用向量 $U = (U_1, U_2, \cdots, U_n)$ 表現了博弈的一種分配。這時,優超概念是對效用向量(分配向量)而言的,一種效用向量 $U = (U_1, U_2, \cdots, U_n)$ 被優超,意味著存在一種聯盟 S,對於聯盟中的每一成員 i,聯盟給予他的效用將大於效用向量中他所得到的,即 $U_i(S) > U_i$,對任意的 $i \in S$ 均成立。

在優超概念的基礎上,則可以定義一般形式的合作博弈的合作均衡,即合作均衡是指這樣的戰略組合,它產生的效用不被任何聯盟優超(即核的概念)。

具有可轉移效用的合作博弈的優超概念:由於合作博弈主要研究具有可轉移效用的合作博弈,則具有可轉移效用的合作博弈的優超是指,存在一種聯盟,該聯盟獲得的總收益大於效用向量提供給該聯盟各成員的效用之和。

在優超定義中,最關鍵的是聯盟能提供給成員的效用如何分配,對它的分析方法一般有三種:一種是指聯盟中各成員在聯盟外成員戰略固定時能獲得的效用水平,這種方法來自納什均衡概念定義的思路。其中聯盟內的局中人將聯盟外的局中人所採取的戰略視為既定的,即不期望任何報復性反應,故而稱其為強納什均衡。但由此定義的合作均衡往往因為這種強要求而不存在。另一種是指聯盟不能被阻止得到的效用,也就是說,不管聯盟外成員如何行動,聯盟總可以達成的效用水平,由此得到的合作均衡集合稱為合作博弈的 β 核心。還有一種是指聯盟能保證自己得到的效用,它是關於聯盟收益的最悲觀的評價,對應的合作均衡集合是合作博弈的 α 核心。

上面三種方法是對合作均衡最主要的研究方法。在優超法這一思路下，合作博弈的解概念還包括穩定集、談判集、核心、核仁等，它們均是在以上三種合作均衡概念的基礎上進一步施加各種限制而得到的解概念。

賦值法的思路是：對每種博弈形式，構造一種考慮衝突各方要求的折中的合理結果，通過公理化方法描述解的性質，進而得到唯一的解，及博弈後各參與人得到的效用分配。

(一) 優超法

在給出優超和核的定義之前，我們用三個參與人的獵人博弈來直觀地感受一下優超法的含義(這裡為簡單起見，不用效用值，而用只數表示)。在三個獵人合捕到一只鹿時(即三個獵人均選擇捕鹿，總得益就只有一只鹿)，他們聯盟的特徵函數是：$U(\Phi) = 0$，這是很顯然的；$U_1 = 0$，這是因為兩個人的聯盟得到了一只鹿，一個人單干則什麼也得不到；$U_2 = 1$，即兩個獵人聯盟可得到一只鹿；$U_3 = 1$，即三個獵人聯盟也只能得到一只鹿。現在我們來分析他們分配方案間的優超關係。在平均分配時，甲、乙、丙三人各得到1/3只鹿，即(1/3,1/3,1/3)。當甲對乙第一次提議時，意味著甲與乙結成聯盟，其分配方案為(1/2,1/2,0)，這個分配方案優超平均分配方案(意味著平均分配方案被優超，不是核中的元素)，即聯盟中的甲、乙的收益均由1/3增加到1/2。當第二次甲對丙提議時，意味著甲與丙結成聯盟，其分配方案為(3/4,0,1/4)，這個分配方案優超甲與乙聯盟的分配方案，因為加入這個聯盟的甲的收益由1/2增加到3/4，加入這個聯盟的丙的收益由0增加到1/4。當乙提出與丙聯盟時，其分配方案為(0,2/3,1/3)，這個分配方案優超甲與丙聯盟的分配方案，因為加入這個聯盟的乙的收益由0增加到2/3，加入這個聯盟的丙的收益由1/4增加到1/3。如此等等，這種優超關係將繼續下去。可以證明，沒有任何一種方案不被另一種方案在某個聯盟上優超。

優超的定義：設 x 和 y 為 n 人合作博弈 (I,U) 的兩個分配，$S \subset I$ 為一個聯盟，如果 ① 對任意 $i \in S$，有 $x_i > y_i$，② $\sum_{i \in S} x_i \leq U(S)$，則稱 x 在 S 上優超 y，記為 $x > y$。一旦聯盟 S 發現有 $x > y$，它將放棄分配 y 而接受 x。所以只有不被優超的分配才是令參與人滿意的分配，這就是核的意義。

核的定義：n 人合作博弈 (I,U) 的所有不被優超的分配的集合，稱為它的核，記為 $C(U)$。

核的特徵表現為，n 人合作博弈 (I,U) 的核由所有滿足以下條件的 n 維向量 $x = (x_1, x_2, \cdots, x_i)$ 組成：① 對任意的 $S \subset I$，有 $\sum_{i \in S} x_i \geq U(S)$；② $\sum_{i \in S} x_i = U(I)$。

核存在性的定理：對於 n 人合作博弈 (I,U)，核 $C(U)$ 非空的充分必要

條件是下述線性規劃：

$$P_c \begin{cases} \min z = \sum_{i=1}^{n} x_i \\ s.t. \quad \sum_{i \in S} x_i \geq U(S) \quad \forall \, S \subset I \end{cases}$$

有最小值 $z^* \leq U(I)$。

核存在性的定理說明，核作為一種解的存在是有條件的，有時核可能不存在。

(二) 穩定集

穩定集最早是由馮·諾依曼與摩根斯特恩在《競賽論與經濟行為》中提出的一種合作博弈解的概念。前面我們已提到，合作博弈的一個重要問題是聯盟內部的分配問題，分配的規則不僅決定參與人是否願意結盟，還決定一個參與人願意和其他某一個參與人結成聯盟的問題。馮·諾依曼與摩根斯特恩在討論三人零和博弈的本質結盟(即三人獵鹿中由兩個參與人組成的三種結盟方式)時提出了穩定集的概念。穩定集的中心意思是，要想使結盟穩定，某種結盟的總得益與其他結盟的總得益應相等，在總得益一定的條件下，聯盟中的成員應平均分配其收益且高於聯盟外參與人的收益，這樣的分配集才是穩定的。

這樣，穩定集有如下定義：

對於 n 人合作博弈 (I,U)，分配集 $W \subset E(U)$ 為穩定集，則 W 應滿足：① 不存在 $x,y \in W$，滿足 $x > y$；② 對於任意 $x \notin W$，存在 $y \in W$，使得 $y > x$。

在這個定義中，條件 ① 說明聯盟的內部穩定性，即意味著聯盟內部成員的分配不能是某一個成員的分配優於另一個成員，否則，這種分配會造成聯盟內部的不穩定。條件 ② 說明聯盟的外部穩定性，即意味著加入聯盟的成員的分配應高於不加入聯盟的成員的分配，否則，參與人就沒有加入聯盟的積極性。

同樣，穩定集也可能不存在，而有些博弈則存在穩定集。如對於簡單博弈 (I,U)，S 是一個極小獲勝聯盟，即 $U(S) = 1$，但對 S 的任何真子集 T 有 $U(T) = 0$，則穩定集為：

$$W = \{x \mid x = (x_1, x_2, \cdots, x_i) \in E(U), 若 i \notin S, 則 x_i = 0\}$$

按照上面穩定集存在的定理，在三個獵人的合作博弈中，由兩個獵人組成的三個本質性聯盟存在三個穩定集。因為結成聯盟的兩個人獲得整只鹿，而聯盟外的另一個人什麼也得不到。若分別用 x,y,z 代表甲、乙、丙三個獵人的得益，則三個穩定集可表示為：

$$\{(x,y,0) \mid x,y \geq 0, x + y = 1\}$$
$$\{(x,0,z) \mid x,z \geq 0, x + z = 1\}$$

$$\{(0,y,z) \mid y,z \geq 0, y+z=1\}$$

這三個穩定集分別代表(甲,乙)、(甲,丙)、(乙,丙)結成的聯盟。事實上,這三個穩定集用數值來表示就是表 6.3。

表 6.3　　　　　　　　　　　穩定集

聯盟＼參與人	甲	乙	丙
(甲,乙)	1/2	1/2	0
(甲,丙)	1/2	0	1/2
(乙,丙)	0	1/2	1/2

雖然穩定集也可能不存在,但還是要比核好得多,因為穩定集和核之間的關係是:設 n 人合作博弈 (I,U) 的穩定集為 W,核為 $C(U)$,則 $C(U) \subset W$。

(三) 夏普利值

夏普利值實際上是合作博弈中賦值法解中應用較普遍的一種賦值解。在給出夏普利值的定義之前,讓我們用一個例子來理解夏普利值的含義。

約克和湯姆結伴出遊,約克帶了 3 個餅,湯姆帶了 5 個餅。中午準備吃飯時,遇到了一個未帶干糧的路人,約克和湯姆於是邀請路人共同平分吃掉這 8 個餅。路人為了感謝他們的午餐,於是給了他們 8 個錢幣。路人走後,約克和湯姆商量如何公平地分這 8 個錢幣,湯姆認為自己應分 5 個錢幣,約克只應分 3 個錢幣,因為自己帶了 5 個餅,而約克只帶了 3 個餅。而約克認為應該平均分配,因為是三個人共同吃掉的這 8 個餅,而路人是為感謝我們兩人的共同邀請而給的這 8 個錢幣。兩人為此爭論不休,於是他們求助於公正的夏普利。夏普利對約克說:「湯姆分給你 3 個錢幣,其實你已經占了便宜了。如果要公正的話,你只應該得到 1 個錢幣,而湯姆應該得到 7 個錢幣。」夏普利解釋說:「你們 3 人平分吃掉了這 8 個餅,你吃了 1/3,即 8/3 個餅,路人吃了你帶的 3 個餅中的 3－8/3 ＝ 1/3 個;湯姆也吃了 8/3 個餅,而路人吃了湯姆帶的 5 個餅中的 5－8/3 ＝ 7/3 個。這樣,路人所吃的 8/3 個餅中,有你的 1/3 個,有湯姆的 7/3 個。因此,路人吃的餅中,屬於湯姆的是屬於你的 7 倍,故公平的分法就是你得 1 個錢幣,而湯姆應得 7 個錢幣。」

可見,夏普利值的一個直觀而簡單的理解就是:所得應與自己的貢獻相等。下面我們給出夏普利值的定義。

夏普利(L. S. Shapley)在 1953 年提出了一種合作博弈的分配方式,即利用公理化方法得到合作博弈的唯一解。設 $\varphi_i[U]$ 為參與人 i 在合作博弈 (I,U) 中應得到的期望收益,它應該滿足 3 種公理。若對於 n 人合作博弈

(I,U)，T是一個聯盟，如果對於任意聯盟S均有$U(S\cap T) = U(S)$，則稱T為這個博弈的承載（如果為承載，意味著T以外的參與人對任何聯盟都沒有什麼貢獻）。若令π為I上的一個置換運算，定義博弈$(I,\pi u)$為這樣一個新博弈(I,V)，對任意聯盟$S = \{i_1, i_2, \cdots, i_s\}$有$V(\pi(i_1), \pi(i_2), \cdots, \pi(i_s)) = U(S)$。則$\varphi_i[U](i \in I)$應滿足：

公理1 若S為(I,U)的任意一個承載，則有$\sum_{i \in S} \varphi_i[U] = U(S)$；

公理2 對I的任意置換π和$i \in I$，有$\varphi_{\pi(i)}[\pi u] = \varphi_i[U]$；

公理3 對任意兩個I人合作博弈(I,V)和(I,U)，有$\varphi_i[V+U] = \varphi_i[V] + \varphi_i[U]$。

（公理1、公理2、公理3分別反應的是帕累托最優性、對稱性和可加性要求）

因此，在三個獵人的合作博弈中，夏普利值為$(1/3,1/3,1/3)$，即意味著三個獵人平均分配這只鹿，每個獵人各得到1/3只鹿。穩定集是將這只鹿平均分給了結成聯盟的兩個獵人，而未加入聯盟的獵人則什麼也得不到，既然這只鹿是三個獵人共同捕到的，而分配時則按簡單多數來決定分配，似乎是有失公正的。因此，有人認為，穩定集的分配只考慮了效率，而夏普利值則考慮了公平，即按參與人對聯盟的邊際貢獻來分配，夏普利認為這是對合作博弈一個公平的分配辦法。

在計算夏普利值時，需要對邊際貢獻有正確理解。如在三個獵人的合作博弈中，這只鹿是三個獵人共同捕到的，因此每個獵人對這只鹿都有1/3的分配權。分配規則規定，當有超過50%的票數同意時，這個分配方案就獲得通過而執行，故三個獵人的合作博弈中，只要有兩個人同意的分配方案就會獲得通過。現按隨機次序形成聯盟，即先由甲獵人來組成聯盟，當只有甲一個人時，他提出的方案不會被通過，則甲什麼也得不到（即甲的收益為0）。若當甲與乙組成聯盟時，他們提出由他們倆得到整只鹿，而丙得到0的方案就會獲得通過。這時，乙是甲與乙聯盟中的「關鍵加入者」，由於乙的加入，使這個聯盟得到整只鹿，故乙對該聯盟的邊際貢獻為一只鹿（可記為1）。同理，在甲與丙組成的聯盟中，丙是「關鍵加入者」，丙對該聯盟的邊際貢獻也為一只鹿。在三個獵人的合作博弈中，可能組成的聯盟為，甲乙、甲丙、乙甲、乙丙、丙甲、丙乙6種可能的排列，在這6種可能的排列中，甲、乙、丙對聯盟的邊際貢獻之和均為2，則甲、乙、丙的夏普利值分別為$2/6$、$2/6$、$2/6$（即$1/3,1/3,1/3$）。可見，夏普利值就是：在各種可能的聯盟次序下，參與人對聯盟的邊際貢獻之和除以各種可能的聯盟之和。

在三個獵人的合作博弈中，由於每個獵人對這只鹿都有1/3的分配權，故每個獵人對聯盟的邊際貢獻之和均為2，則按夏普利值的分配是三人均

分這只鹿。但若當參與人的分配權不一樣時,則夏普利值又是多少呢?若一股份公司有 a、b、c 三個股東,a 股東持有 50% 的股份,b 股東持有 35% 的股份,c 股東持有 15% 的股份。現三個股東準備分配一筆利潤(如 10 萬元),他們規定,當有超過 50% 的票數同意時,這個分配方案就獲得通過而執行。如果按股份比例來分配的話,a、b、c 三個股東分別得到這筆利潤的 50%、35% 和 15%。但若按夏普利值分配將會出現什麼結果呢?很顯然,在規定的原則中,任何單個股東提出的分配方案都不能獲得通過。三個股東按隨機次序可能形成的聯盟為:abc、acb、bac、bca、cab、cba 6 種可能的排列。在聯盟 abc 中,a 的票數為 50%,a 的提案不會被通過。加入 b 後,ab 的票數為 85%,ab 的提案會被通過,故 b 是該聯盟中的「關鍵加入者」,b 對該聯盟的邊際貢獻為 10 萬元(即整個利潤)。c 的加入已無關大局,即 c 對該聯盟的邊際貢獻為 0 萬元。聯盟 abc 實際意味著是 ab 結成聯盟,c 被排除在聯盟之外,不過為了分析方便,一般還是表示為 abc。同理,在聯盟 acb 中,實際意味著是 ac 結成聯盟,b 被排除在聯盟之外,ac 的票數為 65%,c 是該聯盟中的「關鍵加入者」,c 對該聯盟的邊際貢獻為 10 萬元。但在聯盟 bca 中,bc 的票數為 50%,故 a 是該聯盟中的「關鍵加入者」,a 對該聯盟的邊際貢獻為 10 萬元。可見,在 6 個可能的聯盟中,聯盟 bac、bca、cab、cba 中的「關鍵加入者」都是 a,則 a 的邊際貢獻之和為 4,而 b、c 的邊際貢獻之和則均為 1。則夏普利值為(4/6、1/6、1/6),即如果按夏普利值分配,a 股東分到 10 萬元的 2/3,而 b、c 股東各分到 10 萬元的 1/6。看來夏普利值分配也未見得那麼公平,但夏普利值卻真實地反應了現實中的「支配權」。

在夏普利值的基礎上,夏普利和蘇比克 1954 年在《評價委員會中權力分佈的一個方法中》的文章中提出了「權力指數」,又稱為「夏普利—蘇比克權力指數」。權力指數的含義是什麼呢?在一則相聲中,「妻管嚴」的丈夫被人問到:「你們家裡的事誰做主?」丈夫回答說:「一半的事情她做主,一半的事情我做主。」當被問到在哪些事情上他做主時,丈夫說:「當我倆意見一致時,我做主;當我倆意見不一致時,她做主。」可見,在這個家庭中,丈夫與妻子的權力並不是一半對一半,事實上,丈夫在這個家庭中任何事情都做不了主。按「夏普利—蘇比克權力指數」的方法,這個家庭中妻子的權力指數為 1,而丈夫的權力指數為 0。讓我們回到現實的經濟問題中,若一股份公司有 a、b、c、d、e 五個股東,股份公司創立之初,五個股東各持有 20% 的股份。在股份公司中,他們遵循「一股一票」的原則,在公司的重大決策上,遵循「簡單多數」原則,即某個決策只要獲得 51% 及以上的票數就被通過。在五個股東各持有 20% 的股份時,各個股東權力指數及權力指數比如表 6.4 所示。

表6.4　　　　　　股份相同時的股東權力指數及權力指數比

股東	股份(%)	權力指數	權力指數比(%)
a	20	6	20
b	20	6	20
c	20	6	20
d	20	6	20
e	20	6	20

　　股份公司在經營了一段時間後，b、c、d、e 四個股東想減少自己持有的股票，而 a 恰好想多持有一些股票。但 b、c、d、e 在轉讓股票時，也不希望 a 完全控制公司，即不希望讓 a 持有 51% 及以上的股票，於是，b、c、d、e 提議各自減持 3% 的股票。這樣，公司的股份將變為：a 佔有 32% 的股份，b、c、d、e1 各佔有 7% 的股份。a 仔細想了想後對 b、c、d、e 四位股東說：「乾脆你們各再減少 1%，我再多得 4%。」b、c、d、e 認為 a 多得 4% 也不過僅持有 36% 的股份，未超過 51%，於是同意了 a 的提議。為什麼 a 希望多得到 4% 的股份呢？首先看看當 a 佔有 32% 的股份，b、c、d、e 各佔有 17% 的股份時的股東權力指數及權力指數比(見表 6.5)。

表6.5　　　　　　股份不同時的股東權力指數及權力指數比

股東	股份(%)	權力指數	權力指數比(%)
a	32	6	20
b	17	6	20
c	17	6	20
d	17	6	20
e	17	6	20

　　從表 6.5 中可看到，當 a 的股份由 20% 增加到 32%，其餘股東的股份由 20% 減少到 17% 時，股東權力指數及權力指數比與所有股東平均持股時完全一樣。這對股東 a 非常不公平，他佔有的股份幾乎是其他股東的 2 倍，但權力卻一樣。

　　但當股東 a 的股份增加到 36% 時，a 的權力指數及權力指數比卻會發生突變(見表 6.6)。

表6.6　　　　股份不同時的股東權力指數及權力指數比

股東	股份(%)	權力指數	權力指數比(%)
a	36	14	64
b	16	2	9
c	16	2	9
d	16	2	9
e	16	2	9

從表6.6中可看到,當 a 的股份由32%增加到36%,其餘股東的股份由17%減少到16%時,股東 a 的權力指數由6陡增到14,權力指數比則由20%陡升到64%,a 得到了控制公司的權力,而其餘股東的權力指數比則由20%下降到了9%。將夏普利值用於分析權力分配時,便得到夏普利 — 蘇比克權力指數。

第二節　　完全理性與有限理性

一、對完全理性與有限理性的認識

在非合作博弈中得到的均衡,都是假設參與人是完全理性的,但完全理性的要求卻近乎苛刻。理性的參與人在與別的參與人進行博弈時,要達到自己利益的最大化而尋找到自己的最優戰略,完全理性不僅要求參與人知道全部博弈的規則,還要求參與人具有準確的判斷分析能力、極強的推理能力、完美的記憶能力、精確的預測能力等許多方面的能力,但在現實世界中卻幾乎找不到這樣的完人。如我們在動態博弈中舉的「海盜分寶」的例子,許多學生在幾天後仍未理性地推斷出第一個海盜能使得自己利益最大化而又獲得通過的分寶方案。這就提出了一個問題,既然沒有得到這個博弈的理性方案,參與人又怎能理性地判斷分配方案是合理的還是不合理的呢?是公平還是不公平的呢?一些學生憑直覺提出了自己的分配方案;一些學生從公正的立場提出了平均分配的方案;還有一些推出了答案的學生提出的分配方案在現實中真能得到實施嗎?如此等等。因此,進一步的問題是,即使完全理性的概念是清楚的,在哪些博弈中會得到執行和實施呢?現實的觀察是,在一些簡單的博弈問題中,參與人有可能是完全理性的,但在一些複雜的博弈問題中,參與人有完全理性則受到懷疑;對理性的不同理解,則可能得到不同的結論等。如在第四章中舉到的「蜈蚣博弈」,由於有過

多的參與人，或是過長的博弈階段，許多人會做出非理性的選擇。又如引例「誰是傻瓜」中的小孩，在一次博弈中可認為他是傻瓜，在長期博弈中則應該認為他是絕頂聰明的。可見，嚴格意義上的完全理性的參與人在現實中幾乎不存在，人們在現實中大多看到的是理性有限的參與人，這與人們在現實中觀察到許多非合作博弈中的均衡在實際上並未出現的現象基本上是一致的。但問題在於，有限理性的參與人的具體表現卻各不相同、五花八門。如一些參與人的記憶力超群，預見能力卻很差；另一些參與人善於推理，記憶力卻很差等。這就造成對有限理性如何界定的極大困難。而對完全理性的界定卻是清楚且唯一的，即在給定的約束條件下最大化自己的利益，這就不僅使得在完全理性假定下的博弈的分析相對簡單而清楚，也有了判斷的標準，而且也與大多數人的人性相符合。因此，完全理性假設也就有了現實的基礎。

因此，對存在有限理性參與人的博弈稱為「有限理性博弈」，對參與人都是完全理性的博弈則稱為「完全理性博弈」，非合作博弈都是在完全理性假設下進行分析的。

由於有限理性的具體表現各不相同，故對有限理性博弈的分析方法也多種多樣。但用得較多和發展較快的有兩類方法：一類是所謂的「進化博弈」方法，另一種是所謂的「實驗博弈」法。

「進化博弈」的基本出發點是，完全理性的假設是正確的，參與人之所以沒有達到完全理性下的最優選擇，是由參與人在理性能力方面的缺失而造成的，故而產生理性有限。但有限理性可以通過「學習」而達到或接近完全理性，故又稱為「學習博弈」。之所以稱為「進化博弈」，是人們從生物進化的過程受到的啟示，應該說，人類區別於其他動物的根本特徵正是人具有思維、分析、判斷、預見等能力，而動物則不具有這種能力，換句話說，人類的理性程度應該高於動物的理性程度。但人們發現，這些理性程度很低的動物在其長期的自然選擇淘汰的進化過程中，具有很強的模仿、學習能力，他們從自己的祖先、競爭對手甚至自己的錯誤中進行模仿、學習從而得以生存和進化。因此，具有理性程度至少比動物高的人類當然可以通過模仿、學習而改進理性的缺失而最終選擇到完全理性的最優戰略。

「實驗博弈」的基本出發點是，完全理性的假設就值得商榷，參與人對完全理性的不同理解則會導致不同的選擇，這與人們的心理心素有很大關係。實驗博弈就是結合心理學的知識進行實驗，從實驗結果來幫助博弈進行分析，而不是僅靠邏輯或數理推斷來進行博弈。當然，實驗博弈不僅可用於對參與人理性的檢驗，還可用於許多具體博弈的實驗。

二、學習博弈

由於有限理性參與人的具體表現多種多樣,反應在博弈中的表現也各不相同。如有的有限理性參與人找不到最優戰略,如在「海盜分寶」案例中,可能在短時間中找不到完全理性的分配方案,但給予較長的時間,則多數學生會通過對不同方案的比較而最終找到答案;有時表現為,即使找到了完全理性的最優戰略,有的有限理性參與人不會一開始就選擇完全理性的最優戰略,如前面涉及的「顫抖手均衡」,即參與人有可能在選擇時犯錯;有時即使開始就選擇了完全理性的最優戰略,但在後面階段時又偏離了這個均衡,如「蜈蚣博弈」中隨時可能中斷博弈的情況;等等。因此,對有限理性參與人進行的學習博弈分析很顯然不適合一次性或短期的博弈,而適合對於長期或重複博弈,這才可能使有限理性的參與人有一個學習和模仿的時間。而且,由於有限理性的參與人理性程度有高有低,因而有限理性的參與人學習和模仿速度有快有慢,這就產生了多種不同的學習博弈的類型。

可見,學習博弈分析的關鍵是確定參與人學習和戰略調整的模式,由於有限理性的參與人有很多理性層次,故學習和戰略調整的方式和速度也就有很大不同,因此必須用不同的模式來反應參與人的學習和戰略調整的決策過程。在所有學習博弈的類型中,有兩種最基本最典型的學習博弈類型。如當參與人的理性程度較低時,其學習和模仿速度較慢,則可以採用生物緩慢進化過程的「複製動態」模式來模擬參與人的學習和動態調整的情況,這種方法稱為「進化穩定博弈」,也稱為「複製動態」。而對一些理性程度較高的參與人,其學習和模仿速度較快,則可用一種「快速學習博弈」的模式來模擬參與人的學習和動態調整的情況,也稱為「最優反應動態博弈」。

(一) 進化穩定博弈

進化博弈理論是從模擬生物進化過程中得到啟示的。假如有一大群鳥,它們之間進行著某種形式的博弈(見第二章的鷹鴿博弈),各自要決定自己的戰略選擇。假設最初它們都採用同一種戰略,突然產生了一種變化,即當一隻鳥的戰略選擇發生了變化,在以後的博弈過程中,如果這種變化了的戰略比原來的戰略得到更高的利益,則會有更多的鳥選擇變化了的戰略,這種變異會得到擴散,直到採用新戰略的鳥在全部鳥中占到優勢地位並穩定下來(進化),在這種背景下,產生了進化穩定戰略(Evolutionarily Stable Strategy,簡稱 ESS)的概念,進化穩定戰略實際上是一種滿足附加穩定性要求的納什均衡,也就是要求具有面對突變和選擇時的穩定性。

動物是沒有什麼理性的或者說是理性程度很低的,更不具有推理和預測能力,但在它們的進化過程中卻有著本能的學習模仿能力。而人類有許

多與動物相似的行為(如對領地和配偶的競爭),許多人的戰略選擇是憑感覺來進行的,在進行集體決策時,有時的理性行為比動物好不了多少,甚至比動物理性還差的事情也時有發生。因此,借鑑動物進化過程來模擬人類的某些博弈問題就有了現實的依據。

進化博弈是假定有很多參與人,且參與人的理性程度很低,即是學習速度較慢的有限理性的參與人之間的博弈。一種最常見最基本的類型是對具有上述特點的許多有限理性人之間隨機配對進行反覆博弈,從而分析其動態戰略調整過程及解的穩定性。許多有限理性人之間隨機配對博弈意味著所有的參與人都是相同的,因而能夠簡化為博弈位置無差異的兩人對稱博弈來表示。

為了分析及計算上的方便,我們用一個簡單的兩人對稱博弈(見表6.7)來分析進化博弈的戰略調整及穩定戰略。表6.7是一個2×2的對稱博弈的收益矩陣,在非合作博弈中,該博弈有兩個納什均衡,即(戰略1,戰略1),(戰略2,戰略2)。很顯然,均衡(戰略1,戰略1)帕累托優於均衡(戰略2,戰略2),如果兩個參與人是完全理性的,則可預期雙方應選擇(戰略1,戰略1)的納什均衡。

表6.7　　　　　　　　　兩人對稱博弈

參與人2

		戰略1	戰略2
參與人1	戰略1	1,1	0,0
	戰略2	0,0	0,0

但如果兩個參與人的理性層次很低,則結果就很難說了。如果參與人的理性層次很低,很可能的情況是,一些參與人不可能一開始就找到最優戰略,即不可能所有的結果都是(戰略1,戰略1)。而是一些人選擇戰略1,另一些人選擇戰略2。假定在該博弈中,一開始選擇「戰略1」的比重是P,則選擇「戰略2」的比重是$(1-P)$。若將選擇不同戰略看成是參與人的「類型」,則在隨機配對進行該博弈時,每個參與人遇到的對手既可能是「選擇戰略1的對手」,概率為P,也可能是「選擇戰略2的對手」,概率為$1-P$。這樣,一個參與人的得益一方面取決於自己的類型,另一方面則取決於隨機配對遇到的對手類型。因此,「戰略1」和「戰略2」兩種類型的參與人各自的期望得益(分別用U_1和U_2表示)為:

$$U_1 = P \times 1 + (1-P) \times 0 = P$$
$$U_2 = P \times 0 + (1-P) \times 0 = 0$$

平均期望得益為:

$$\overline{U} = P \times U_1 + (1-P) \times U_2 = P^2$$

　　從上面的期望得益可看出，只要 P 不等於 0（$P = 0$ 意味著所有參與人開始時都選擇戰略2），則選擇戰略1的參與人的期望得益高於選擇戰略2的參與人的期望得益，也高於平均期望得益。這種得益上的差異可能是哪怕理性程度再低的參與人也能感覺到的，故當選擇戰略2的參與人觀察到（或預見到）選擇戰略1的參與人的收益高於自己時，選擇戰略2的參與人就會開始模仿（學習）選擇戰略1的參與人的選擇。這樣，P 和 $1-P$ 的數值就會發生改變，這就意味著，一旦有參與人進入學習過程，戰略的調整就開始了，就會改變選擇不同戰略的比例。這種比例的動態變化速度取決於參與人學習模仿的速度，而參與人學習模仿的速度又取決於兩個因素：一是模仿對象的數量大小（可用相應類型參與人的比例表示），這關係到觀察和模仿的難易程度；二是模仿對象的成功程度（可用模仿對象戰略得益超過平均得益的幅度表示），而這一點關係到判斷差異的難易程度和對模仿激勵的大小。這樣，就可得到戰略動態變化速度的動態微分方程。下面是以選擇「戰略1」的類型參與人的比例得到的動態變化速度的動態微分方程：

$$\frac{\mathrm{d}P}{\mathrm{d}t} = p(U_1 - \overline{U})$$

上式中，$\mathrm{d}P/\mathrm{d}t$ 意味著「選擇戰略1」的類型參與人的比例隨時間的變化率，P 是「選擇戰略1」的類型參與人的比例，U_1 是「選擇戰略1」的類型參與人的期望得益，$\overline{U}$ 是平均的期望得益。該動態微分方程的意義是，「選擇戰略1」的類型參與人的比例的變化率與該類型參與人的比例成正比，與該類型參與人的期望得益大於平均得益的幅度也成正比。上述動態微分方程與生物進化中描述特定性狀個體頻數變化自然選擇過程的「複製動態」方程是一致的，故上述動態微分方程也稱為「複製動態」或「複製動態方程」。

　　現把 $P, \overline{U}, U_1$ 代入動態微分方程，得到：

$$\frac{\mathrm{d}P}{\mathrm{d}t} = P(U_1 - \overline{U}) = P(P - P^2) = P^2 - P^3$$

上式中，P 有大於 0 和等於 0 兩種情況。當 $P = 0$ 時，則戰略調整的變化速度為 0，意味著如果初始時刻沒有參與人選擇「戰略1」，那麼選擇這種戰略的參與人就始終不會出現。當 $P = 0$ 時，沒有學習模仿的對象，因此所有的參與人都不會有意識地改變戰略。當 $P > 0$，也就是開始有選擇「戰略1」的參與人時，如果採用這種戰略的期望得益超過平均得益的幅度為正（本例中的 $P > P^2$），則變化率為正，意味著選擇「戰略1」的參與人會逐漸增加；當上述幅度小於 0 時（本例因 $0 < P < 1$，故不可能出現），上述變化率為負，即「選擇戰略1」的參與人會逐漸減少；當幅度為 0 時（本例只有在 $P = 1$ 時成立），變化率就等於 0，即選擇「戰略1」的參與人的比例不會發生變化。

在本例中，參與人的動態戰略調整的複製動態最終會使參與人的戰略趨向怎樣的情況？是否會出現某種穩定狀態呢？從上面的分析過程中，我們可以看到，除了開始時所有參與人都選擇「戰略2」，沒有一個參與人選擇「戰略1」這一種情況，也就是 $P = 0$ 以外，該博弈從其他所有初始情況出發的複製動態過程最終都會使所有參與人都趨向於選擇「戰略1」，也就是 $P = 1$。換句話說，$P = 0$ 和 $P = 1$ 是上述複製動態的兩個穩定狀態，其中 $P = 1$ 是對應大多數初始狀態的穩定狀態。

在本博弈中，複製動態描述的實際上就是有限理性的參與人學習如何博弈，學習選擇「戰略1」的過程。當複製動態過程達到 $P = 1$ 時，即所有的參與人都選擇「戰略1」以後，就停止學習了。因此，有限理性的參與人通過學習最終找到了本博弈比較有效率的納什均衡。從這個意義上講，有限理性博弈的複製動態機制是對完全理性博弈納什均衡分析的支持，因為上述結論意味著只要博弈方的理性滿足複製動態的學習過程要求的程度，完全理性假設下納什均衡就是合理的。

但當所有的參與人都通過學習找到了最好的戰略時，也有可能參與人還會犯錯誤而偏離最好的戰略，如果發生這種情況話，複製動態的均衡能否抵抗這種干擾而仍具有穩健性呢？答案是肯定的。假如參與人通過學習最終找到了本博弈比較有效率的納什均衡，即所有的參與人都收斂到選擇「戰略1」時，發生了比例為 ε 的少數參與人犯錯誤而選擇了「戰略2」的情況。這時，選擇「戰略1」的比例為 $1 - \varepsilon$。因此，選擇「戰略1」和選擇「戰略2」的參與人的期望得益和全體參與人的平均得益分別為：

$$U_1 = (1 - \varepsilon) \times 1 + \varepsilon \times 0 = 1 - \varepsilon$$
$$U_2 = (1 - \varepsilon) \times 0 + \varepsilon \times 0 = 0$$
$$\bar{U} = (1 - \varepsilon) \times U_1 + \varepsilon \times U_2 = (1 - \varepsilon)^2$$

因為 $U_1 = 1 - \varepsilon > 0$ 且接近於1，故犯錯誤的參與人的期望得益遠遠低於沒有犯錯誤的參與人，也遠低於全體參與人的平均得益，這時，犯錯誤的參與人又開始通過學習、模仿來逐步改正錯誤，最終仍然會趨向於 $P = 1$，即所有參與人的選擇又收斂到「戰略1」。

可見，$P = 1$（也就是所有參與人都選擇「戰略1」的戰略），不僅是複製動態的一個穩定狀態，而且具有抵抗對少量偏離時的穩健性，故 $P = 1$ 是這個有限博弈的進化穩定戰略。

前面我們已得到該博弈複製動態中的另一個穩定狀態 $P = 0$，也就是所有參與人都選擇「戰略2」的戰略，可證明，這個穩定狀態就不是該博弈的進化穩定戰略。雖然當處於 $P = 0$ 時，學習和模仿不會發生，但當有少量的參與人犯錯誤發生偏離時，參與人的學習模仿會使得結果離它越來越

遠,不會再收斂於它。如當有比例為 ε 的少量參與人犯錯誤而選擇了「戰略1」,這時,選擇「戰略2」的比例為 $1-\varepsilon$。因此,選擇「戰略1」和選擇「戰略2」的參與人的期望得益和全體參與人的平均得益分別為:

$$U_1 = \varepsilon \times 1 + (1-\varepsilon) \times 0 = \varepsilon$$
$$U_2 = \varepsilon \times 0 + (1-\varepsilon) \times 0 = 0$$
$$\overline{U} = \varepsilon \times U_1 + (1-\varepsilon) \times U_2 = \varepsilon^2$$

這時,由於偏離穩定狀態的參與人(由選擇「戰略2」改為選擇「戰略1」)的期望得益大於不偏離穩定狀態參與人的期望得益,也大於全體參與人的平均得益,故不偏離穩定狀態的參與人開始學習模仿偏離穩定狀態的參與人的戰略選擇,這種複製動態過程使選擇「戰略2」的參與人不斷減少,最終收斂到 $P=1$(也就是所有參與人選擇「戰略1」)而不是收斂到 $P=0$,可見,$P=0$ 不是該博弈的進化穩定戰略,因為當少量的參與人犯錯誤發生偏離時,它收斂於 $P=1$ 而不是 $P=0$。

將上面的有限理性兩人對稱博弈求解進化穩定戰略的思路,用於一般的有限理性兩人對稱博弈進化穩定戰略的求解過程就是:先根據選擇不同戰略的參與人的期望得益和全體參與人的平均得益得到複製動態方程,解複製動態方程求到博弈的所有穩定狀態,然後再加上微小偏離來分析戰略的收斂狀況,如果偏離時戰略會收斂到複製動態的穩定狀態,這時得到的戰略就是進化穩定戰略。

下面用一個一般的有限理性兩人對稱博弈來加以說明(見表6.8)。

表6.8　　　　　　　　　　　一般的兩人對稱博弈

		參與人2 戰略1	參與人2 戰略2
參與人1	戰略1	a,a	b,c
參與人1	戰略2	c,b	d,d

表6.8 是一個一般的有限理性兩人對稱博弈的得益矩陣,與表6.7 所給出的博弈不同的是,該博弈的得益矩陣表中的得益沒有給出具體數值。這樣,該博弈有哪些納什均衡就是未知數,而這一點對有限理性的參與人卻並不重要,因為我們是假定有限理性的參與人本身就不一定有能力找到納什均衡戰略,或者一開始也不一定會選擇納什均衡戰略,這就意味著任何戰略都會有一些參與人選擇它。我們關注的是,沒有能力找到納什均衡戰略或沒有選擇納什均衡戰略的有限理性的參與人通過學習和模仿,最終是否會找到最優戰略。

同樣,假定在該博弈中,一開始選擇「戰略1」的比重是 P,則選擇「戰略2」的比重是 $(1-P)$。則選擇「戰略1」和選擇「戰略2」的參與人的期望得益和全體參與人的平均得益分別為:

$$U_1 = P \times a + (1-P) \times b$$
$$U_2 = P \times c + (1-P) \times d$$
$$\bar{U} = P \times U_1 + (1-P) \times U_2$$

根據學習模仿速度的思想,可得到選擇「戰略1」的參與人的動態微分方程:

$$\frac{dP}{dt} = P(U_1 - \bar{U}) = P[U_1 - PU_1 - (1-P)U_2]$$
$$= P(1-P)(U_1 - U_2)$$
$$= P(1-P)[P(a-c) + (1-P)(b-d)]$$

當給定 a、b、c、d 的數值時,dP/dt 為 P 的函數,可把上述動態微分方程簡記為:

$$\frac{dP}{dt} = F(P)$$

令 $F(P) = 0$,即可求得所有的複製動態穩定狀,當 $F(P) = P(1-P)[P(a-c) + (1-P)(b-d)]$ 時,可解得 $P^* = 0$,$P^* = 1$ 和 $P^* = (b-d)/(a-b-c+d)$ 是該動態微分方程的三個穩定狀態(第三個穩定狀態有可能與前兩個中的一個相同)。得到穩定狀態後,就需要討論這些穩定狀態的進化穩定性,即一個穩定狀態必須對微小擾動具有穩健性才能稱為進化穩定戰略,也就是說作為進化穩定戰略的點 P^*,除了本身必須是均衡狀態以外,還必須具有這樣的性質,就是如果某些參與人由於偶然的錯誤偏離了它們,複製動態仍然會使 P 回覆到 P^*。在數學上,這相當於要求 $F'(P^*) < 0$,即當干擾使 P 出現低於 P^* 時,$dP/dt = F(P)$ 必須大於0,而當干擾使得 P 出現高於 P^* 時,$dP/dt = F(P)$ 必須小於0。這樣,我們可以得到有限理性的進化穩定戰略。

鷹鴿博弈是我們在第二章舉出的一個例子,它試圖模型化這樣一個事實:設有一群鳥互相為爭奪地盤而爭鬥。在爭鬥中,每只鳥的態度可能是凶猛的老鷹,也可能是溫和的鴿子。該博弈中有兩個完全理性的純戰略:(老鷹,鴿子),(鴿子,老鷹),另外還存在一個混合戰略,即兩只鳥分別按一定的概率選擇老鷹和鴿子。由於是對稱博弈,計算可得,這些鳥中 2/9 選擇老鷹,7/9 選擇鴿子,如表6.9所示。

表 6.9　　　　　　　　　　　　　鷹鴿博弈

鳥 1

		老鷹	鴿子
鳥 2	老鷹	-7, -7	4, 0
	鴿子	0, 4	2, 2

　　現在的問題是,該博弈的混合納什均衡是這些鳥中 2/9 選擇老鷹,7/9 選擇鴿子會不會是有限理性參與人的進化穩定戰略。

　　設 P 是選擇「老鷹」戰略參與人的比重,則 $(1-P)$ 是選擇「鴿子」戰略參與人的比重。

　　當 $a=-7,b=4,c=0,d=2$ 時,可求得動態微分方程為

$$\frac{dP}{dt} = P(1-P)[P(a-c)+(1-P)(b-d)]$$
$$= P(1-P)[P(-7-0)+(1-P)(4-2)]$$
$$= P(1-P)(2-9P)$$

令上式等於 0,可得到 $P^*=0, P^*=1, P^*=2/9$ 三個穩定狀態。不難證明,$F'(0)>0, F'(1)>0$,而 $F'(2/9)<0$。則該有限理性博弈的進化穩定戰略為 $P^*=2/9$。即表明,當有限理性的鳥即使開始不是按照這種比例來選擇「老鷹」的戰略,但通過不斷的學習和模仿,選擇「老鷹」戰略鳥的比例會收斂於 2/9。選擇「老鷹」戰略鳥的比例為 2/9,就意味著選擇「鴿子」戰略鳥的比例為 7/9,這說明當遇到衝突和利益爭奪時,大多數的鳥會選擇溫和協商的態度,而少數的鳥會選擇凶猛好鬥的態度。這與人類發生衝突和利益爭奪時,對態度選擇的情況很相似。

　　上面是用進化穩定戰略分析對稱博弈,這個理論同樣可以用於非對稱博弈的進化穩定戰略分析。

（二）快速學習博弈

　　所謂快速學習博弈,是針對一些理性程度較高的有限理性參與人進行的學習和戰略調整過程的分析。在這個過程中,理性程度較高的參與人具有快速學習的能力,主要體現在進行學習和戰略調整過程分析的特點上。首先,快速學習博弈中的參與人是根據前一期博弈的結果,本期所有的參與人就可以找到針對前一期的其他參與人戰略的最佳戰略（故反應是快速的）;其次,從後面的分析中可以看到,用這種方法進行的戰略調整,戰略收斂到某個均衡戰略的概率比收斂到另一個均衡戰略的概率要大得多,則意味著概率大的均衡在實際中更可能發生（快速的意思也可以用這種概率來反應）。

　　因此,快速學習博弈就是有限理性參與人在觀察到上一期的博弈結果

後,能進行正確的事後評估,並據此進行學習和戰略調整 戰略調整的結果會使戰略收斂於均衡戰略。

下面我們用第二章介紹的古諾產量博弈來說明快速學習的戰略調整過程。在古諾產量博弈中,我們得到的廠商1和廠商2的納什均衡產量和利潤分別是:

$$q_1^* = \frac{1}{3}(a-c) \quad ; \quad u_1 = \frac{1}{9}(a-c)^2$$

$$q_2^* = \frac{1}{3}(a-c) \quad ; \quad u_2 = \frac{1}{9}(a-c)^2$$

在完全理性的假定下,如果給出 a、c,兩個廠商都能計算出各自均衡產量並生產該均衡產量。但若兩個廠商都是有限理性的參與人,但理性程度較高(如知道自己的利潤及利潤函數,但不知道對方的利潤及利潤函數等),則可能在第一個時期的博弈時,兩個廠商選擇多少數量的產量就很難確定。為了分析的簡單,假定 $a=18$,$c=6$。則古諾產量是兩個廠商各生產4個單位的產量,各獲得16個單位的利潤。若有限理性的兩個廠商在第一個時期選擇的不是古諾產量,如廠商1選擇生產5個單位的產量,廠商2選擇生產6個單位的產量。當兩個廠商在第一個時期選擇的不是古諾產量時,於是開始調整自己的戰略,廠商1觀察到廠商2在第一個時期選擇的產量是6個單位,於是根據自己的反應函數 $q_2 = 6 - q_1/2$,則在第二個時期選擇生產3個單位的產量;廠商2觀察到廠商1在第一個時期選擇的產量是5個單位,於是根據自己的反應函數 $q_1 = 6 - q_2/2$,則在第二個時期選擇生產3.5個單位的產量。廠商1觀察到廠商2在第二個時期選擇生產3.5個單位的產量,則在第三個時期選擇生產4.25個單位的產量;廠商2觀察到廠商1在第二個時期選擇的產量是3個單位的產量,則在第三個時期選擇生產4.5個單位的產量。廠商1觀察到廠商2在第三個時期選擇生產4.5個單位的產量,則在第四個時期選擇生產3.875個單位的產量;廠商2觀察到廠商1在第三個時期選擇的產量是4.25個單位的產量,則在第四個時期選擇生產3.75個單位的產量。如此不斷地調整,可看出最終會趨近收斂於各生產4個單位的古諾均衡產量,這就是這個有限理性博弈中的穩定狀態,這個穩定狀態也有抗微小干擾的穩健性,故它是古諾產量博弈快速學習的進化穩定戰略。

從對古諾產量博弈快速學習的進化穩定戰略中可看出,參與人都是根據上一期的博弈結果,在本期就有了快速的反應,從這個例子可看出快速學習的第一個特點。

前面的分析是假定兩個廠商同時進行調整,即是靜態博弈。對於動態的古諾產量博弈,其結論也是成立的。另外,古諾產量博弈調整的是在兩個

廠商始終假定對方的產量不變的基礎上進行的。還有，古諾產量博弈調整的收斂是有條件的，即調整過程收斂的充分條件是兩個廠商反應函數的導數小於 1，這個條件在很多情況下是滿足的。

下面用另一個例子說明快速學習的第二個特點。有如下協調博弈矩陣（見表 6.10）。

表 6.10　　　　　　　　　　　協調博弈

		參與人 2	
		戰略 1	戰略 2
參與人 1	戰略 1	40，40	0，15
	戰略 2	15，0	20，20

在表 6.10 中的對稱博弈中，有兩個納什均衡，即（戰略 1，戰略 1），（戰略 2，戰略 2），其中，納什均衡（戰略 1，戰略 1）帕累托優於（戰略 2，戰略 2），在參與人是完全理性時，一個合理的預期是出現（戰略 1，戰略 1）。但當參與人是風險規避時，或者參與人對對方的完全理性有懷疑時，則實際中很可能出現的是（戰略 2，戰略 2）。故在一次性博弈中，對於有多個納什均衡的博弈，其博弈結果很難確定，也很難預測。

由於現實中的參與人大多是有限理性的，在有限理性的框架下進行分析，將會出現什麼結果呢？假定有 5 個相似的具有快速學習能力的有限理性參與人進行上面的博弈，由於參與人都是有限理性的，故可預見，在第一次進行博弈時，則有的參與人會選擇戰略 1，有的參與人會選擇戰略 2。這樣，在第一次進行博弈時會產生 $2^5 = 32$ 種情況，在這 32 種情況中，包括一種全部參與人都選擇戰略 1 的情況和一種全部參與人都選擇戰略 2 的情況，其餘的都是兩種戰略都有參與人選擇的情況，不過每種情況中參與人選擇不同戰略的數量和分佈不同。當有限理性的參與人觀察到第一次進行博弈的結果後，就會學習和調整自己的戰略。可以證明（證明略），在第一次進行博弈的所有 32 種情況中，只有一種是穩定於所有參與人選擇戰略 1 的狀況（就是在第一次進行博弈時，所有參與人選擇戰略 1 的情況）而其餘 31 種情況都會收斂到所有參與人選擇戰略 2 的狀況，這就意味著，所有參與人選擇戰略 1 的狀況和所有參與人選擇戰略 2 的狀況是這個博弈的穩定狀況（即參與人是完全理性時，該博弈有兩個納什均衡），而顯然，收斂到所有參與人選擇戰略 2 的狀況的概率要比收斂到所有參與人選擇戰略 1 的狀況的概率要高得多。這就表明，當參與人是有限理性時，帕累托最優的納什均衡在實際中很少發生。

上面對學習博弈兩種類型的方法進行了簡單的分析，從分析中可以看出，學習博弈的核心不是對參與人的最優戰略如何選擇進行分析，而是對有

限理性參與人組成的群體成員的學習模仿、戰略調整過程、趨勢和穩定性(穩定性是指群體成員採用特定戰略的比例不變,而不是說某個參與人的戰略不變)進行分析,有限理性參與人通過學習、模仿可以達到或趨於完全理性。

因此,有人認為,現實中的參與人基本上都是有限理性的,對在有限理性假設下的這種學習博弈的研究,就不僅具有理論意義,更具有現實意義。

三、實驗博弈

(一)實驗博弈的產生與發展

與實驗博弈不同的是,進化博弈認為完全理性的假設是正確的,只是因為各種因素的影響而使參與人在實際博弈中出現非理性的選擇,如果讓有限理性參與人通過學習則可達到完全理性。而實驗博弈(也稱為博弈實驗)則認為,在對非合作博弈的邏輯或數理分析中,有太多太強的假設條件,如非合作博弈中假設參與人的得益和參與人是完全理性的假設是共同知識等,而許多假設在現實的博弈中很難得到滿足。正是如此,才使得許多博弈的均衡在現實中不能實際發生。而且,現實的參與人面對的是許多具體的博弈問題,而理論抽象出的一般結論有時很難與此相符。於是人們認為,在考察人們的決策行為時,要與參與人的心理因素、時間、地點、環境等條件結合起來研究,這樣可能更符合現實。在這樣的背景下,實驗博弈就應運而生。博弈實驗的研究是目前博弈論研究中最熱門的領域之一,也被認為是博弈論突破現有理論框架限制的重要手段和發展方向。

實驗博弈實際上是在實驗經濟學的基礎上建立起來的。一直以來,經濟學面臨一種缺陷,它與自然科學不同,許多自然科學可以進行可控制、可重複性的實驗研究,許多理論成果和結論都可以通過實驗進行檢驗;而經濟學卻只能觀察現實而無法進行重複的實驗,經濟學的不可重複性和不可檢驗性造成了眾多彼此矛盾的經濟理論並存而難以決定取捨的現象。

20世紀50年代,隨著博弈論的發展,實驗經濟學也開始起步,經濟學沒有實驗室的狀況開始有了改觀。實驗經濟學一方面是研究在人為精心設計的實驗環境中如何考察人類的行為,另一方面是研究如何設計經濟實驗,即如何讓實驗做到是可控制、可重複、可測量的,這樣才能使結論可信。這就極大地擴展了經濟學的研究方法,讓經濟學理論更貼近人類實際行為。在實驗經濟學的發展過程中,博弈論為實驗經濟學提供了大量的實驗素材,如2002年獲得諾貝爾經濟學獎的丹尼爾·卡內曼(Daniel Kahneman)和弗農·史密斯(Vernon L Smith)就是兩位實驗經濟學大師,他們的研究成果大多是以對博弈為對象進行的實驗。20世紀80年代,實驗經濟學得到快速發展。

在1995年,卡格爾(Kagel)和羅斯(Roth)編著了《實驗經濟學手冊》

一書,書中總結了實驗經濟學的許多重要進展,比較全面地反應了實驗經濟學的研究現狀。

由於實驗經濟學和博弈實驗還是一門相當年輕的學科,故還未形成很科學的規範和體系,其成果還主要表現在一些具體的研究領域上。實驗經濟學和博弈實驗的一個重要的研究領域就是實驗機制設計,因為一個實驗結果的好壞很大程度上取決於實驗機制設計是否合理。一般認為,在設計一個博弈實驗時,至少要考慮博弈背景、博弈規則、理性要求、效用和偏好等因素,我們在這一方面不作進一步的介紹,有興趣的讀者可參閱相關文獻。實驗經濟學和博弈實驗的另一個重要的研究領域就是進行了大量的具體的博弈實驗來檢驗博弈論的一些理論成果,下面僅舉出一些具體博弈實驗的例子,以使我們對實驗博弈有一個直觀的感受。

(二) 博弈實驗的應用

1. 串謀實驗

這是美國得克薩斯 A&M 大學教授所做的一個博弈實驗,這個博弈實驗實際上是對古諾產量博弈的一個模擬實驗。在古諾模型中,我們得到的一個結論是,如果廠商之間合作共同生產壟斷產量,則所有廠商的利潤都有所提高,這是對所有廠商都有利的事。但在理性的廠商進行決策時,卻都選擇了古諾納什均衡的產量,而且即使廠商之間達成一個合作的協議,由於這個協議不是納什均衡的協議,廠商也沒有遵守的積極性,而有背叛的積極性,這是一個典型的囚徒困境的例子,但這個結論是否與現實相符呢?

串謀實驗是這樣進行的,教授讓他班上的 27 個學生進行這樣一個選擇,假定每個學生都有一個企業,在決定每個企業選擇生產多少數量的產量時,有兩種選擇,要麼選擇生產 1 個單位的產量,要麼選擇生產 2 個單位的產量,參加實驗的學生會按表 6.11 所示的情況得到利潤。

表 6.11　　　選擇不同產量人數的每個學生的利潤表

單位:美元

選擇 1 單位產量的人數	選擇 1 單位產量的利潤	選擇 2 單位產量的利潤
0		0.5
1	0.04	0.54
2	0.08	0.58
3	0.12	0.62
…	…	…
25	1.00	1.5
26	1.04	1.54
27	1.08	

從表 6.11 的利潤分配表可以看出，這個實驗實際是模擬這樣一種情況，假定 27 是總利潤最大的壟斷產量，如果 27 個學生合作生產壟斷產量，即意味著每個學生都選擇生產 1 個單位的產量，在這種情況下，每個學生的利潤為 1.08 美元，總利潤為 29.16 美元。但如果每個學生都選擇生產 2 個單位的產量，每個學生的利潤為 0.5 美元，總利潤為 13.5 美元。很顯然，如果 27 個學生合作，都選擇生產 1 個單位的產量，對每個學生都是有利的。但學生從表 6.11 中看到了什麼呢？不管選擇生產 1 單位產量人數有多少，每個選擇 2 單位產量的學生都比選擇 1 單位產量的學生的利潤多 0.5 美元。這是因為生產同質的產品，他們就靠多生產的這 1 單位產品來賺錢，所以生產多的總是比生產少的賺錢（但隨著選 2 單位的學生的人數增加，總利潤卻會減少）。另外，假定 27 個學生達成了一個合作協議，即都選擇生產 1 個單位的產量，這時，每個學生的利潤為 1.08 美元，但這時如果有一個學生不遵守協議而選擇了生產 2 個單位的產量，這個學生將獲得 1.54 美元的利潤，比遵守協議時的 1.08 美元增加了 0.46 美元的利潤。這時，選擇生產 1 個單位的學生由 27 人變為 26 人，人均利潤由 1.08 美元下降到 1.04 美元。此後每增加一個不遵守協議的學生，不遵守協議學生的利潤都會比他在遵守協議時的利潤增加 0.46 美元，而遵守協議學生的利潤都會減少 0.04 美元。因此，在這個規則下，選擇生產 2 個單位的利潤總是比選擇生產 1 個單位的利潤高，而且，每個學生從選擇生產 1 個單位改變到選擇生產 2 個單位時，自己的利潤總會提高（雖然總利潤減少了）。

實驗的結果怎樣呢？這個實驗開始時，不允許學生商量討論，完全自己進行選擇，學生幾乎都選擇的是生產 2 個單位。後來允許學生進行商量討論以便達成一些合作夥伴，這個實驗反覆進行多次後，發覺選擇生產 1 個單位的學生從 3 個到 14 個不等。這個實驗的最後一次時，選擇生產 1 個單位的學生人數是 4，選擇生產 2 個單位的學生人數是 23，這時的總利潤是 15.82 美元，比全部選擇生產 1 個單位的總利潤 29.16 美元少了 13.34 美元，平均利潤約為 0.59 美元，比全部選擇生產 1 個單位的平均利潤 1.08 美元少了 0.49 美元。這種結果出現時，領導這次串謀（合作）的學生自言自語地說：「我這輩子再也不會相信任何人了！」當問到這個學生他自己選擇了什麼時，這個學生說：「噢！我也選擇了 2。」

以古諾產量博弈為背景的串謀實驗印證了古諾模型結論與現實情況是基本相符的，同時也說明了博弈論中對參與人的理性假設是有現實依據的。

2. 分錢博弈

上面的串謀實驗說明了博弈論中對參與人的理性假設是有現實依據的，但現實中參與人理性的程度卻有差異，故對博弈論中參與人的理性的

爭論主要是集中在「完全」理性和「有限」理性上。

分錢博弈是描述這樣一個博弈：參與人 A、B 商量合夥分 100 元。博弈規則是：一個人提分配方案，另一個人表決，如果表決的人同意分配方案，則按該方案分錢；如果表決的人不同意分配方案，則兩人什麼都得不到。誰提方案、誰表決由抽簽決定。

假如抽簽抽到由 A 提議分配方案，由 B 來表決。由於是一次性博弈，提議方案的 A 會想，除了自己全部獨吞這 100 元的方案外，如果 B 是完全理性的話，其餘的任何方案 B 都會同意，哪怕只給 B 很少一點點，因為 B 同意的話，至少可以得到這一點點收益，而如果 B 不同意的話，則什麼也得不到。A 基於這種推理，於是提出了一個方案：A 分 99 元，B 分 1 元。按照參與人是完全理性的假設下，B 應該接受這個方案。但現實中的 B 是否會接受這個分配方案呢？可能大家的感覺是 B 不會接受這個分配方案。英國的一個博弈論學者賓謨對此進行的實驗結論是，對於提方案的參與人，大多傾向於提平均分配的方案，即兩人各得 50 元；而對於進行表決方案的參與人大多傾向於，如果分配方案給他的少於 30%，則會否決方案，如果分配方案給他的多於 30%，則會同意方案。

可見，按照博弈論中對完全理性的解釋，現實中的參與人則不那麼理性。進一步的問題是，在那個極端的分配方案中，到底是提分配方案的參與人是「非理性的」，還是表決方案的參與人是「非理性的」呢？

3. 斜坡陷阱

分錢博弈的實驗表明，現實中的參與人不像博弈論中的參與人那麼理性，而有限理性人的理性缺陷的表現卻各不相同。斜坡陷阱則是用來反應參與人在預見能力上的缺陷。

斜坡陷阱是耶魯大學教授馬丁·蘇比克（Martin Shubik）設計的一個實驗游戲：蘇比克教授拿出一張面值為 1 美元的鈔票進行拍賣，先請大家給這張鈔票開價，每次叫價的增幅以 10 美分為單位，出價最高者得到這張 1 美元鈔票，但出價最高和次高者都要向拍賣人支付出價數目的費用。本科學生毫不懷疑地與教授玩這個游戲，教授成了大贏家。

這個游戲是所謂「光滑斜坡」陷阱理論的一個著名例子。光滑斜坡理論是這樣一個模型：一旦你進入斜坡並開始向下滑，你就很難回頭，正像中國成語中「騎虎難下」的意思。

現在讓我們看看這個游戲的陷阱是什麼吧。假如起拍價低於 1 美元（如起拍價是 10 美分），則剩餘部分是競拍者可以營利的空間，在誘惑力驅使之下，層層加價就會沒完沒了，唯一的上限就是你錢包裡的美元數目。因為你在掏空錢包之後只得退出。為分析簡便起見，假定只有 A、B 兩個學生參加競價，每人身上都有 2.5 美元，這是共同知識。現用逆推歸納法進行分析，最

233

後如果A叫了2.5美元,A將贏得這張1美元鈔票(同時虧了1.5美元)。如果A叫了2.4美元,那麼B只有叫2.5美元才能取勝,因為多花1美元去贏1美元並不劃算。所以如果B現在的叫價是1.5美元或以下,A只要叫2.4美元就能取勝。如果A叫2.3美元,上述論證照樣行得通。B不可能指望叫2.4美元就可以取勝,因為A一定會叫2.5美元進行反擊。要想擊敗2.3美元的叫價,B必須一直叫到2.5美元。因此,2.3美元的叫價足以擊敗1.5美元或以下的叫價。

同樣,我們可以證明2.2美元、2.1美元一直到1.6美元的叫價都可以取勝。如果A叫了1.6美元,B應該預見到A不會放棄,一定會拼到叫價升上2.5美元不可。問題在於A固然已經鐵定損失1美元60美分,不過,這1美元60美分已經是沉沒成本,他應該把它忘掉,著眼點是現在再花90美分贏得那張1美元鈔票還是劃算的。這種賠錢的游戲還會繼續下去,直到輸光你口袋中所有的美元。

基於這樣的推理,可見,你一旦進入這個游戲,很可能就剎不住車,一直落到陷阱的深處。斜坡陷阱給我們的啟示是:當你不知道自己最後會滑落到哪裡時,最好的戰略是不參加這個博弈,教授也就無錢可賺了,除非你已經知道自己最後會滑落到哪裡。

讓我們將這個游戲繼續倒推下去,在這個博弈中,第一個叫價1.6美元的人勝出,因為這一叫價發出了一個信號,建立了一個承諾,即他一定會堅持到2.5美元。所以,我們在思考的時候,應該將1.6美元和2.5美元的叫價等同起來,視為制勝的叫價,要想擊敗1.5美元的叫價,只要追叫到1.6美元就夠了。

其實只要叫價70美分就能做到這一點。為什麼呢?因為一旦有人叫70美分,而別人已經超過這個數目,那麼他的70美分已經變成沉沒成本。在這種情況下,一路堅持到1.6美元而確保取勝,對於他是劃算的,道理是以90美分博取1美元。明白了這一切以後,叫價60美分或以下的對手,就會知道繼續跟進將得不償失。

我們可以預計,A或B一定有人叫到70美分,然後這場拍賣就會結束。雖然參與人袋中的美元數目可以改變,上述結果卻並不取決於只有兩個叫價者的前提,哪怕錢包裡的美元的數目不同,逆推歸納仍然可以得出上述答案。當然,上述推理很關鍵的一點是誰都知道別人口袋中的美元數目是多少,如果不知道別人的美元數,推理就相當困難。

這個游戲之所以成為陷阱,關鍵的一點是起拍價低於1美元,即使是耶魯大學的學生,當未預見到最後的結果時,也會成為這個陷阱的受害者。其實這個游戲有一個納什均衡,那就是一個學生從1美元開始叫價,則沒有學生會追加叫價,這樣,教授也就占不到便宜了。當然,如果學生結成一個聯

盟,串謀讓一個學生叫 10 美分開價,誰也不再追加叫價,全班同學就可以分享那 90 美分的戰利品了。

4. 旅遊者困境

串謀實驗的例子印證了博弈論中對參與人的理性假設是有現實依據的;分錢博弈和斜坡陷阱說明了有限理性的不同表現;也有些實驗則證明了理論上的推論與實際結果很不相符。

旅遊者困境是講 A、B 兩個旅遊者到一個出產瓷器的地方旅遊回來,兩人都買了價格一樣的一個花瓶。他們同乘一架飛機到達目的地,在取托運的行李時發覺花瓶被打碎了,於是兩人向航空公司索賠。航空公司知道這種花瓶的價格不會超過 100 元,但具體價格不清楚。航空公司於是向兩個旅遊者提議,他們各自背著對方寫出花瓶的價格,如果兩人寫的價格完全一樣,則認為他們講的是真話,則按所寫的價格賠償;如果一人寫的價格高,一人寫的價格低,則認為價格低講的是真話,則按低價格賠償,但對寫低價的旅遊者獎勵 2 元,而對寫高價的旅遊者罰款 2 元。

為了獲得最大賠償,若兩人都寫 100 元,這是最好的結果。但博弈論中兩個完全理性的聰明人是這樣分析的,旅遊者 A 想,要是 B 寫 100 元,我寫 99 元,加上獎勵的 2 元,我可得到 101 元,B 只得 99 元;哪知 B 更為聰明,預見到完全理性的 A 會寫 99 元,我寫 98 元,加上獎勵的 2 元,我可得到 100 元,A 只得 98 元;又哪知 A 的預見性更強,預見到完全理性的 B 會寫 98 元,我寫 97 元,加上獎勵的 2 元,我可得到 99 元,B 只得 97 元⋯⋯ 如此循環,兩個完全理性的旅遊者的推理和預見性越強,其結果愈加糟糕。在完全理性的假設下,這個博弈唯一的納什均衡是:兩個旅遊者都寫 0,什麼賠償也得不到。很顯然,這個結果與現實太不相符。博弈實驗表明,即使兩個旅遊者不是都寫 100 元,也是寫出接近 100 元的價格,哪怕他們寫的是不同的價格。

這是博弈的結論與現實很不相符的一個典型例子。

5. 囚徒困境實驗

由於囚徒困境是博弈論中最經典的例子,因此,在博弈實驗中也成為實驗的經典範例,不僅對博弈論如此,而且成為在對心理學、社會學及其他社會科學進行實驗時的典型對象,對囚徒困境實驗的次數多達幾百次,有關文獻也極豐富。當然,每次實驗的側重點都有所不同,最早的囚徒困境實驗可能是 1950 年由德雷希爾(Dresher)和弗勒德(Flood)進行的,他們對以下的博弈矩陣進行了博弈實驗(見表 6.12)。

表6.12　　　　　　　　　囚徒困境實驗

-1,2	0.5,1
0,0.5	1,-1

　　表6.12的左下角為納什均衡，右上角為囚徒困境合作結局。兩位研究者讓固定的參與者反覆進行這一局勢，單位為美分，重複100次，參與者收益是支付的總和。弗勒德(1952)報告的結果是，行的支付為0.4美元，列的支付為0.6美元，既非合作結局，也非不合作結局。

　　在第三章的重複博弈中，我們曾談到，囚徒困境在無限次重複博弈中將會走出囚徒的困境，即兩個囚徒為了長期利益會犧牲短期利益而採取合作行為，他們均會選擇抵賴的行動。為了使合作成功，需要一定的戰略措施來加以保證，其戰略措施有冷酷戰略和針鋒相對戰略等。羅伯特·阿克塞爾羅德(Robert Axelrod)對此用實驗來加以證實和檢驗，他讓一些博弈論專家及其他人提供一段計算機程序，描述自己的博弈戰略，然後讓這些戰略兩兩反覆配對進行重複的囚徒困境實驗。他共利用14段程序進行了200期模擬，結果是針鋒相對戰略獲得的得益最高，且採用針鋒相對戰略的人也最多。

　　在他進行的第二次囚徒困境實驗中，人們提交了62種戰略，這一次，參與者不知道重複多少次，但知道每次有0.003,46的概率就此停止，他利用五種分佈反覆進行了戰略之間的配對博弈，結果仍然是針鋒相對戰略獲勝。

　　他在第三次實驗中引入了選擇概率，也就是前面表現更好的戰略更有可能在後面得到採用，每種戰略被選中的概率與其前面的獲利有關，每輪之後都重新進行調整，結果發現，結束時針鋒相對戰略被採用的比例最大。

　　此後，他和其他的博弈論研究者組織了大量的類似實驗，由人直接進行或者將程序作為代理人，利用實際博弈過程或者程序模擬來研究戰略的進化過程，成了博弈論一種重要的研究方法。在各種囚徒困境博弈實驗中，最受關注的還是針鋒相對戰略。而動態博弈中的逆推歸納法似乎在實驗中未得到強有力的支持，這就使對逆推歸納法的批評者似乎有了實驗的佐證。但許多實驗也表明了這樣一個事實，即當博弈快臨近結束時，大多數參與者又會按照逆推歸納法的思維來選擇戰略。

　　6. 拍賣實驗

　　拍賣和招標是市場經濟中常見的一種經濟行為，它一般有兩個功能：發現價格和減少代理成本。拍賣和招標的機制設計直接影響到它的功能的發揮，故拍賣和招標是博弈實驗的一個重要的研究領域。

羅斯・阿爾文(Roth Alvin)等學者在2002年對網路拍賣行為進行了實驗研究。其背景是，在電子灣(eBay)網站和亞馬遜(Amazon)網站的拍賣規則有所不同，在電子灣網站上的拍賣有一個確定的最後時刻，到點後就終止。而亞馬遜網站上的拍賣有一個期限，但過了那一時刻並不即刻終止，而是10分鐘內沒有新的出價才終止。實驗發現，在電子灣網站上接近最後時刻才提交出價的現象大大超過了亞馬遜網站，更重要的是，在電子灣網站上，越是有經驗的人提交得越晚，而在亞馬遜網站上則正好相反。這表明，終止條件的不同造成了人們投標行為的較大差異。

　　在這兩個網站上，投標機制有以下特點：首先，它是次高價格拍賣，出價者提交其保留價格，最後，提交保留價格最高的人獲得拍賣物，但支付的價格是次高的保留價格加上一個最小的增量；其次，拍賣一般持續數天；最後，電子灣網站有確定的終止時刻，亞馬遜網站則是每次出價終止時刻自動延長10分鐘。

　　在電子灣網站，一般人們總是比較晚才提交自己的出價，並提交多次(一次不行再來一次)，開始數天常常沒有任何動靜，還有相當一部分在最後時刻前幾分鐘才提交價格(稱為狙擊價格)，這常常使很多人來不及提交出價，或者無法調高自己的價格。理論分析中，最後時刻可以被視為所謂的次高價格密封投標，而在此之前則是連續投標。

　　研究者在1999年10月至2000年1月對電子灣和亞馬遜網站「計算機」和「古董」兩類物品的拍賣記錄中，隨機選擇了2,279人參與的480次投標，兩個網站兩類物品各120個，分析其出價數目、投標者數目、保留價格、投標時刻和投標者反饋，還就投標過程、投標體會進行了調查。對現場數據的分析結果表明，決定最後時刻投標的原因中，策略性理由和非策略性理由都有。其中，策略性理由包括私有信息(如避免過早暴露、避免與逐漸加價的對手進行價格戰)、同謀(避免與類似理性的對手進行價格戰)等；非策略性理由包括個人習慣、網站搜索時首先列出快結束的拍賣等。在電子灣網站上，由於有限定的最後時刻，策略性理由表現得更為明顯。

　　但現場分析難以排除其他因素的影響，如網站的風格不同、顧客性質不同等。為了只研究終止時刻不同是否會對投標行為造成影響、有什麼影響，研究者想到了用實驗來解決這個問題。實驗設計是：兩個投標者參與投標；每個人在拍賣前被賦予從6～10美元的均勻分佈中隨機抽取的私有價值；投標中的勝利者獲得這一價值和投標價格之間的差價，投標失敗者則一無所獲；最低投標價格為1美元；最小增量為0.25美元。

　　研究者設計了數種投標制度進行實驗，而實驗結果驗證了現場的觀察和分析，即在電子灣網站上規定的終止時刻下，投標更遲，而且這種特點隨著參與者經驗的增加而越發明顯。而在亞馬遜網站上規定的終止時刻下，

则表现为,随著經驗的增加,投標時間有提早的趨勢。即終止條件的不同造成了人們投標行為的不同。

可見,實驗結論證實了從現場分析中得到的結論,因為實驗是在控制下進行的,能夠排除很多噪聲因素的干擾,一般情況下,其結論更為可信。

而且,拍賣和招標實驗還給了我們一個很大的啟示,在博弈論對拍賣和招標的分析中並沒有提供明確的結論,因此,當結論不清晰或者理論結論與直覺相矛盾時,博弈實驗為此提供了一個有力的工具。

此外,人們還對市場機制、公共產品的供給、聯盟博弈等許多具體的博弈類型進行了大量的博弈實驗,實驗中得到的結論對我們有許多有益的啟示(有興趣的讀者可參閱相關文獻)。

第三節　效用、期望與均衡的選擇

一、效用與期望

博弈論在實際應用中常常遇到的難題是,參與人的得益有時很難量化,這時,要用博弈模型對實際問題進行定量分析就會遇到很大的困難。由此帶來的一個相關問題是,由於得益是參與人選擇行動和戰略的依據,這就可能出現這樣的情況,由假設數據進行理論分析得到的均衡可能與人們在實際中觀察到的結果相矛盾。另外一個問題是,在有些能夠獲得得益數據的博弈中,這些得益數據是否可以作為參與人選擇行動和戰略的依據呢?如同樣是獲得100元的收益,富人可能感覺幾乎沒有得到什麼,窮人卻感覺收益頗豐,這100元對他們是不等價的。因此,對於得益難以量化或得益數據不等價時,人們認為用效用來表示既是可行的,也可能是更為合理的,並可用期望效用來進行行動或戰略的選擇。效用是經濟學中經常使用的一個概念,經濟學中對效用的解釋是某種物品滿足人們慾望程度的一種主觀感覺,既然效用是一種主觀感覺,這在實際運用中就會帶來許多麻煩和困難。

如在前幾章的博弈例子中,有大量用效用來反應得益的情況,如第二章中的山羊過橋博弈,我們假設兩只山羊在獨木橋上互不相讓時都掉下河裡被淹死時的效用各為 -3。這就會產生這樣一些問題,如為什麼用 -3 而不用 $-\infty$(因為生命是無價的);又如,為什麼都是相同的效用,如果一只羊更怕死,則負效用會更大,另一只羊對生死更為達觀,則負效用會小些;等等。當然,在山羊博弈中,其實用 -3 或用 $-\infty$ 來表示,或兩只羊對死的負效用不一樣(只要效用是負的)都不會影響所得的結論,這是支持效用的例

子。但就是這個例子,如果一只羊認為退讓比死更可怕,則得到的均衡就可能不一樣了。還有,即使效用本身沒有什麼問題,在使用效用時有一系列的公理限制,如偏好公理、傳遞性公理等,但在實際中,人們在使用效用時有時會出現與此矛盾的現象。

偏好公理是指,偏好如果有序,在 A 和 B 不是無差異的時候,要麼 A 優於 B,要麼 B 優於 A,不能兩者同時成立。但有人做了這樣一個博弈實驗:給一個人一個 A,然後告訴他,可以用 A 換 B,結果是他不願意換;換一種場景,給這個人一個 B,然後告訴他,可以用 B 換 A,結果他還是不願意換。而且這種現象不是來自於他認為 A 和 B 一樣好,因為他的表示是不願意換,而不是無所謂。但這裡卻出現如果先拿到 A,則 A 優於 B,如果先拿到 B,則 B 優於 A,這就和最基本的偏好公理相矛盾。有人認為這只能從心理學上加以解釋,人們似乎對於自己已有的更為看重,不願意失去。

傳遞性公理是指,如果 X 優於 Y,Y 優於 Z,則 X 優於 Z。下面是特沃斯基(Tversky)和卡尼曼(Kahneman)在 1981 年進行的效用實驗中的三道選擇題:

題一,在以下形勢中進行選擇:
  (A)肯定獲得 240 美元 (84%)
  (B)25% 的可能性獲得 1000 美元,75% 的可能性沒有任何收益
                  (16%)

題二,在以下形勢中進行選擇:
  (C)肯定損失 750 美元 (13%)
  (D)75% 的可能性損失 1000 美元,25% 的可能性沒有損失
                   (87%)

題三,在以下形勢中進行選擇:
  (E)25% 的可能性贏得 240 美元,75% 的可能性損失 760 美元
                   (0%)
  (F)25% 的可能性贏得 250 美元,75% 的可能性損失 750 美元
                  (100%)

括號內是選擇該選項的比例。這是一個設計很巧妙的題,仔細觀察後會發現,(E)正好是(A)+(D),也就是說同時參加 A 和 D 兩種抽彩的結果正好和 E 完全相同;同時(F)正好是(B)+(C)。這就產生了一個奇怪的現象,選擇 A 和 D 的都是大多數,卻沒有任何人選擇它們合成的 E;選擇 B 和 C 的較少,但卻有 100% 的人選擇 F。

於是有人認為,這不僅僅說明期望效用在現實決策中恐怕沒有什麼解釋力,甚至表明人們的偏好本身就存在著一種混亂的非邏輯現象,這與傳遞性公理相矛盾。

为此,特沃斯基和卡尼曼提出了一種新的理論——前景理論。前景理論的基本意思是:人們對收益和損失的態度是不一樣的,在獲得小概率收益時是風險喜好的,在小概率損失時是風險厭惡的;面對大概率收益時是風險厭惡的,面對大概率損失時是風險喜好的,他們提出用價值函數來替代期望效用來進行博弈戰略選擇。

前景理論對經濟學產生了相當大的影響,它表明人類的行為模式比所想像的更為錯綜複雜,人們的博弈行為遠沒有效用理論所表現的那樣規範有序,提醒我們經濟學理論的基礎仍然是相當薄弱的,有必要對於人類的行為模式進行更深入的直接實驗分析,而不是僅僅根據效用之類的數學工具得到抽象的數學模型。但由於前景理論在處理上的複雜性以及設定上的任意性,目前這一理論更多的仍處於探索性研究之中。

二、均衡選擇

博弈分析的目的是想預測均衡的實際發生,但從前幾章的博弈例子中可看到,許多博弈有多個甚至有無窮多個均衡,許多學者採取了許多辦法(如廉價磋商、相關均衡、聚點均衡、顫抖手均衡、序貫均衡等)來「精煉」均衡的個數。有些博弈經過這樣的「精煉」確實使博弈的均衡變成了唯一的。在唯一均衡解的情況下,這個唯一均衡很可能會實際發生(雖然不能保證在實際中一定會發生)。但也有許多博弈經過這樣的「精煉」後仍然存在多個合理的均衡,而均衡在實際上只會出現一個,這時要預測博弈的結果仍然會遇到很大的困難。因此,均衡選擇是研究在理論上同等有理的均衡中如何選擇一個作為博弈的唯一解。

在均衡選擇理論中,以海薩尼和澤爾滕在1988年提出的均衡選擇理論(簡稱HS理論)較為著名。在這個均衡選擇理論中,他們認為,要構成關於博弈結果的理性理論應滿足三個要求:首先,要能為每一個參與人提供唯一的戰略選擇的建議;其次,均衡是自我強制的;最後,要具有普遍適用性。在這一要求下,HS理論的基本思路是:將整個博弈分解為一系列更小的博弈,對所有這些小博弈採取同樣的過程,直到分解為基本博弈,然後用搜索過程來進行求解。

搜索過程中應用最廣泛的是風險優超這一均衡選擇的方法,風險優超的方法只適合 2×2 的且具有兩個純戰略納什均衡的博弈。風險優超的基本思想是,計算出兩個均衡犯錯誤的概率,然後用犯錯誤的概率作為兩個均衡的風險量度,風險小的均衡比風險大的均衡更占優,即說風險小的均衡優超風險大的均衡,這時建議參與人選擇風險優超的均衡。我們用一個簡單的例子加以說明(見表 6.13)。

表 6.13　　　　　　　　　　兩人對稱博弈

	a	b
a	6,6	0,5
b	5,0	4,4

表 6.13 是一個 2×2 的對稱博弈,該博弈有兩個合理的納什均衡,即 (a,a) 和 (b,b)。

很顯然,(a,a) 帕累托優於 (b,b),兩個完全理性的人應該選擇 (a,a)(這正是 HS 理論的結論)。但可以看到,對於均衡 (a,a),如果對方偏離 a 而選擇 b 的概率大於 1/5,則自己從 a 改選 b 會得到更大的期望效用。相應的,對於均衡 (b,b),如果對方偏離 b 而選擇 a 的概率小於 4/5,則自己堅持選 b 不變時的期望效用更大。從這個具體的博弈來看,對參與雙方而言,選 b 比選 a 要安全得多,風險優超的概念正是由此而引出的。

對於一般的具有兩個純戰略納什均衡的 2×2 的標準型博弈而言,若兩個純戰略納什均衡為 (a,a) 和 (b,b)。對於 (a,a) 而言,如果參與人 2 選擇時錯誤地選 b 的概率為 p_2,則當下式成立時,參與人 1 選 a 和 b 是無差異的:

$$(1-p_2)u_1(a,a) + p_2 u_1(a,b) = (1-p_2)u_1(b,a) + p_2 u_1(b,b)$$

若用 $d_i(a)$ 表示參與人 i 單方面偏離 (a,a) 受到的損失,如果 $d_1(a) = u_1(a,a) - u_1(b,a)$ [由於 (a,a) 為嚴格的納什均衡,則損失總是大於 0]。同理可定義 $d_i(b)$。則有:

$$p_2 = \frac{d_1(a)}{d_1(a) + d_1(b)}$$

這樣可得出,對於 (a,a),當參與人 2 出錯的概率小於 p_2 時,參與人 1 選 a 是他的最優戰略;當參與人 2 出錯的概率大於 p_2 時,參與人 1 由 a 改選 b 是他的最優戰略。因此,p_2 可用來反應 (a,a) 對參與人 1 的風險大小,p_2 越大,說明均衡 (a,a) 對參與人 1 越安全,p_2 越小,說明均衡 (a,a) 對參與人 2 越不安全。

同理可得到:

$$p_1 = \frac{d_2(a)}{d_2(a) + d_2(b)}$$

p_1 的含義可參照 p_2 作類似的解釋。

對於 (b,b),若令 q_i 為參與人 i 錯誤選 a 時的概率,則有:

$$q_i = 1 - p_i$$

這時,可用 $p_1 + p_2$ 作為衡量 (a,a) 的風險量度,此值越小,風險越大。將它與 $q_1 + q_2$ 進行比較,如果 $p_1 + p_2 < q_1 + q_2$,即 $p_1 + p_2 < 1$,則 (b,b) 風險

優超(a,a)；如果$p_1 + p_2 > q_1 + q_2$，即$p_1 + p_2 > 1$，則(a,a)風險優超(b,b)；如果$p_1 + p_2 = q_1 + q_2$，則(b,b)與(a,a)在風險上等價。一個等價形式是，如果$d_1(a)d_2(a) > d_1(b)d_2(b)$，則$(a,a)$風險優超$(b,b)$，因為如果偏離的損失大，那麼不偏離均衡更安全一些。

在表6.13的例子中，因為是對稱博弈，可得到(a,a)風險優超(b,b)的條件是$p_1 = p_2 > 1/2$。而計算$p_1 = p_2 = 1/5 < 1/2$，顯然是(b,b)風險優超(a,a)。

在 HS 理論中，另一種優超概念是得益優超，也就是帕累托優超。在表6.13的例子中，顯然是(a,a)得益優超(b,b)。按照海薩尼和澤爾滕的觀點，如果一個博弈的兩個均衡之間既存在得益優超關係又存在風險優超關係，則應以得益優超為準，因為這是唯一完全理性參與人的理性解。但庫珀等人在對此進行的博弈實驗表明，97%人選擇的是(b,b)而不是(a,a)。

前面已述，風險優超只適合2×2的且具有兩個純戰略納什均衡的博弈，對於更複雜的博弈，則要用跟蹤過程來分析。

此外，向前遞推理論，卡爾森和範‧丹米研究的一個接近不完全信息博弈極限理論，坎多里、梅勒思和羅布等人的「慣性、短視及變動」的動態理論等也是用來研究均衡選擇問題的。

以上有關博弈論的問題大致反應了目前博弈論發展趨勢及研究的熱點，其中的博弈實驗最為熱門，甚至有人認為，博弈實驗是對經濟學和博弈論的又一次革命。

博弈論似乎給了我們太多的不確定性、太多太強的假設條件、太多的推理及博弈模型。而且，許多博弈也並沒有給出明確的結論，更沒有唯一的答案或標準答案，許多時候會給人無所適從的感覺。但不可否認的是，博弈論確實解釋了一些別的理論無法合理解釋的社會經濟現象；揭示了許多悖論之謎；也給我們提供了一些新的分析思維方法等。而且，如果換一個角度來看，正因為博弈論的不確定性，才使得博弈論更為多彩，才使得很多人對它著迷；正因為它沒有提供唯一的答案或標準答案，才使得人們對博弈論的研究更為深入，也使得當人們面對具體的博弈問題時，要隨時提醒自己，世界上沒有完全相同的兩片樹葉，人的理性也是千奇百怪的，只有「知己知彼」才能「百戰不殆」。

參考文獻

1. 朱·弗登博格,讓·梯若爾.博弈論[M].黃濤,等,譯.北京:中國人民大學出版社,2002.
2. 張維迎.博弈論與信息經濟學[M].上海:上海人民出版社,上海三聯書店,1997.
3. 謝識予.經濟博弈論[M].上海:復旦大學出版社,2002.
4. 施錫銓.博弈論[M].上海:上海財經大學出版社,2002.
5. 普拉伊特 K 杜塔.策略與博弈[M].施錫銓,譯.上海:上海財經大學出版社,2005.
6. 阿維納什 K 迪克西特,巴里 J 奈爾伯夫.策略思維[M].王爾山,譯.北京:中國人民大學出版社,2003.
7. 朱·弗登博格,戴維 K 萊文.博弈學習理論[M].肖爭豔,侯成琪,譯.北京:中國人民大學出版社,2004.
8. 羅素 W 庫珀.協調博弈[M].張軍,李池,譯.北京:中國人民大學出版社,2001.
9. 馬丁 J 奧斯本,阿里爾·魯賓斯坦[M].博弈論教程[M].魏玉根,譯.北京:中國社會科學出版社,2000.
10. 約翰·馮·諾依曼,奧斯卡·摩根斯特恩.競賽論與經濟行為[M].王建華,譯.北京:科學出版社,1963.

國家圖書館出版品預行編目(CIP)資料

經濟博弈與應用 / 張照貴 著. -- 第二版.
-- 臺北市：崧燁文化, 2018.08
　　面；　　公分
ISBN 978-957-681-389-4(平裝)
1.經濟學 2.博奕論
550.16　　　　　　107011663

書　　名：經濟博弈與應用
作　　者：張照貴 著
發行人：黃振庭
出版者：崧燁文化事業有限公司
發行者：崧燁文化事業有限公司
E-mail：sonbookservice@gmail.com
粉絲頁　　　　　網　址：
地　　址：台北市中正區重慶南路一段六十一號八樓815室
8F.-815, No.61, Sec. 1, Chongqing S. Rd., Zhongzheng Dist., Taipei City 100, Taiwan (R.O.C.)
電　　話：(02)2370-3310　傳　真：(02) 2370-3210
總經銷：紅螞蟻圖書有限公司
地　　址：台北市內湖區舊宗路二段121巷19號
電　　話：02-2795-3656　傳真：02-2795-4100　網址：
印　　刷：京峯彩色印刷有限公司（京峰數位）

　　本書版權為西南財經大學出版社所有授權崧博出版事業股份有限公司獨家發行電子書繁體字版。若有其他相關權利需授權請與西南財經大學出版社聯繫，經本公司授權後方得行使相關權利。

定價：400 元
發行日期：2018 年 8 月第二版
◎ 本書以POD印製發行